U0897285

我们的经典 02

余世存 李克 主编

尚书
儒化的创世纪

化学工业出版社
·北 京·

图书在版编目（CIP）数据

儒化的创世纪：尚书 / 余世存，李克主编．—北京：化学工业出版社，2018.2
（我们的经典）
ISBN 978-7-122-31493-2

Ⅰ.①儒… Ⅱ.①余… ②李… Ⅲ.①中国历史－商周时代 ②《尚书》－译文 Ⅳ.①K221.04

中国版本图书馆CIP数据核字（2018）第024745号

责任编辑：周天闻　龚风光　　装帧设计：今亮后声 HOPESOUND pankouyugu@163.com
责任校对：边　涛

出版发行：化学工业出版社（北京市东城区青年湖南街13号 邮政编码 100011）
印　　装：北京新华印刷有限公司
880mm×1230mm 1/32 印张 $11^1/_2$ 字数 250千字 2018年6月北京第1版第1次印刷

购书咨询：010-64518888（传真：010-64519686） 售后服务：010-64518899
网　　址：http://www.cip.com.cn
凡购买本书，如有缺损质量问题，本社销售中心负责调换。

定　价：49.00元

我们的经典

传统学问有正义、集解一类的方式。正义又名“疏”，也称“注疏”“义疏”，是一种经注兼释的注释。集解则是汇集诸家对同一典籍的语言和思想内容的解释，断以己意，以助读者理解。何晏曾说：“今集诸家之善，记其姓名；有不安者，颇为改易，名曰《论语集解》。……”裴駰则说：“采经传百家并先儒之说，豫是有益，悉皆抄内。删其游辞，取其要实，或义在可疑，则数家兼列……号曰《集解》。”

多数人以传统正、解的方式阅读经典。但跟传统以经解经的方式不同，在“正解”之外，本书称为和解。本书有离经叛道之处，即是对经典的注解不仅只依从于自家经典，如一些儒生们习惯的只能以儒家经典来注孔孟；编者从经典的文句、义理等出发，联接古今中外，让读者看到一段经典话语下，有孔子、老子、苏格拉底、亚里士多德、莎士比亚、康德、黑格尔、鲁迅、胡适、罗尔斯、汤因比等经典作家们在互动、对话，在辩难、阐发，“观古今于须臾，抚四海于一瞬”。在某种意义上，本书既是传统图书的新成果，又鲜明体现了网络时代的精神：万物相互联接。

在网络阅读当令的时代，纸质经典阅读已经成为一种非常奢侈的人生体验。现代人已经习惯了轻阅读、快悦读、消费式阅读、网络阅读，等等，纸质经典阅读似乎已经过时，我们从网络上随时可以猎取柏拉图、亚里士多德、孔子、墨子等经典人物的言行事迹。但返回到纸质经典阅读，是每一个人的权利，更是他对自己的责任。

在传统社会，无数寒门子弟的心愿是：“我要读书！”无数的苦难大众，那些终生劳作不得温饱的“睁眼瞎”们的心声是：“我连到学堂里面去摔一跤的机会都没有。”今天的文明在整体上已经迈过了短缺、匮乏的时代，知识大规模下移，使任何一个卜居或旅居偏远地带的人，都能随时阅读；只要有一手机在，他就可以连接人类文明的图书宝库。

网生代享受的文明福祉是空前的。但跟文明史上那些传媒介质咸与维新的革命有所不同，网络阅读并不会取代纸质阅读。跟专家们预测的网络阅读取代纸质阅读的趋势相反，纸质阅读仍是今日人类个体最宝贵的生活内容。如果我们能够理解网络精神，我们当知在网络时代，新的革命不是推翻旧的、取代旧的，而是对旧的包容。即使从小生活在无纸化的新一代人，他们的大脑皮层有异于上代人，他们仍会向传统归队，会获得纸质经典阅读的生命成就。

对纸质经典阅读的乐观不仅是源自网络精神，网络的共生精神跟古典文化的认知一致，道并行而不相悖，万物并育而不相害；甚至说，古典文化未能实现的梦想今天由网络实现了。网络不会推倒纸质图书，更不会解构经典阅读。更为重要的是，在共生的网络时代，纸质经典阅读对习惯无纸化的网生代来说是一种重要的修行。

谈论网络阅读和纸质经典阅读的差异还为时过早，一般人理解的网络阅读多不走心，是刷屏，是走马观花，是采集狩猎，等等，并非网络阅读的本质，网络阅读同样能够求知问学、明心见性。但从网络的角度理解，纸质经典确实过于沉重、晦涩、凝固了，过于安静了。纸质经典乃是用纸质把人类流传千年的文明精神“封印”了。这些先人的精神文化血脉，如仅仅靠网络阅读是不足以消化为阅读者自身的资粮的。现代人要打开人类的文明精神、听取先贤们的深刻思想，仅仅靠网络的音频视频介质去阅读听取是不够的。在打开“封印”的文明之旅中，尤其是在跟先人对话并滋养自身的修行中，专注、精纯的纸质经典阅读几乎是不二之路。一份调查显示，在美国著名大学的阅读榜上，占前一二十名的仍是古往今来的人类经典。

跟一般阅读有所不同，经典阅读是一种对自己的打开，是把自己从外在的世界中找回来。这一特征可以判定一个人是否读进了经典、读出了自己。有人拿着书“一目十行”，有人拿着书“心不在焉”，这些阅读都非对经典的正当态度。经典并非“咳风唾地”的时语或“明日黄花”，而是文明演进的界石、台阶。在知识爆炸的网络时代，这些界石、台阶需要我们去一一领略。在日常生活中阅读经典是如同信徒做礼拜一样听闻福音的方式，更是我们成全自己、安顿自己的方式。遗憾的是，现代人容易忽略经典，容易倾向于在网上冲浪去获取知识。但用网友们的总结，知识易得，智慧难求。

传统社会的读书，首先是调心。礼闻来学，无闻往教。没有对自己心的把握，机械地认字识文，是难以读好书，难以打开自己和经典的“封印”状态，更难以获得智慧。如同中西贯通的大儒马一浮先生所说，“故欲读书，先须调心。心气安定，自易领会。若以散心读书，博而寡要，劳而少功，必不能入。以定心读书，事半功倍。随事察识，语语销归自性。然后读得一书，自有一书之用。不是泛泛读过。须知读书，即是穷理博文之一事。然必资于主敬，必赖于笃行。不然，则只是自欺欺人而已。”

马一浮先生还说：“读书如人行远，必假舟车。舟车之行，须由轨道，待人驾驶。驾驶之人，既须识途，亦要娴熟。不致迷路，不致颠覆，方可到达。故读书之法，须有训练，存乎其人。书虽多，若不善读，徒耗日力。不得要领，陵杂无序。不能入理，有何裨益？”

《我们的经典》以华夏经典为经，以其他文明经典为纬，构建“万书之书”的格局，正是希望给读者提供有效的“轨道”“舟车”。编者曾经有过在国外旅行生活的经历，对其很多酒店房间放置经典的做法很是欣赏，也从中获得阅读之乐和教益。而关于国民阅读的倡导是近年我国社会的热点话题，其中既有我国国民对经典文化的疏离问题，也有我国国民人均图书阅读量较为低下的问题。对这些问题如何解决，如何让大家从纷繁复杂的世界和生活中有所解脱，使浮躁的心得以安顿，“云何应住，云何降伏其心”，显然，阅读经典仍是方便，“安禅制毒龙”，借用孟子的话，经典之道无他，求其放心而已。

经典的传统出版形式，要么是经典文本的直接再现，要么加上专家的导读，或各家各派内部的以经解经。本书则是面向社会读者，以跨界域跨门派的方式呈现经典的多维角度。从某种意义上说，让上述古今中外的经典作家在书中聚会，既是经典的复调、多声部的发现，又是读者的嘉年华，是话语的狂欢。

在经典面前，我们的很多说辞属于“佛头着粪”，但本书有着编辑“再建构”和“重新发现”的用心，因此，我们愿在此书以新形式呈现之际，饶舌一二，希望读者能够善待经典，善待自己的人生百年。

是为序。

余世存

2017 年 12 月写于北京

商书

目录

虞夏书

虞夏书

尧典

——昔在帝尧，聪明文思，光宅天下。将逊于位，让于虞舜，作《尧典》。

曰若稽古，帝尧曰放勋。钦明文思安安，允恭克让，光被四表，格于上下。克明俊德，以亲九族。九族既睦，平章百姓。百姓昭明，协和万邦。黎民于变时雍。

▲ 语译 - 从前在唐尧称帝的时候，聪慧睿智，治理天下很有计谋，他的光辉天下普赞。后来，他打算把帝位禅让给虞舜。史官据此写下了《尧典》。

考察过去之事，帝尧名为放勋，他处世谨慎节俭、明察是非、善于治理、思虑通达、温和宽容，对人真正恭谨，而且能够让贤。他的德行天下四方皆知。他能够彰显才智与美德，来使家族和睦；家族和睦之后，又能明辨百官优劣；百官优劣明了，又能让各个氏族协调和顺，众人在尧的教化下就得以和睦相处了。

◎ **和解**

1.《论语·述而》："子曰：'述而不作，信而好古，窃比于我老彭。'"

2. 自古以来，中华文化就有"法先王/法后王之辩"，其中最著者如北宋熙宁年间的王安石变法，清朝光绪年间康南海的托古改制。汤因比在《历史研究》中曾经指出："原始社会和文明社会的根本区别，不在于其制度和分工，而在于前者模仿先人和传统习惯，因此为静止的，而后者模仿具有创造性精神的人物，因此为变化的。"

3."黎民于变时雍"句是"黎民"一词的出处。

4.《大学》"物格而后知至，知至而后意诚，意诚而后心正，心正而后身修，身修而后家齐，家齐而后国治，国治而后天下平"正是对这段文字的注解。

5. 柏拉图："只有在某些必然性碰巧迫使当前被称为无用的那些极少数的未腐败的哲学家，出来主管城邦（无论他们出于自愿与否），并使得公民服从他们管理时，或者，只有在正当权的那些人的儿子、国王的儿子或当权者本人、国王本人，受到神的感化，真正爱上了真哲学时——只有这时，无论城市、国家还是个人才能达到完善。"

6. 亚里士多德："古代各邦一般都通行王制，王制所以适于古代，由于那时贤哲稀少，而且各邦都地小人稀。另一理由是古代诸王都曾经对人民积有功德，同时少数具有才德的人也未必对世人全无恩泽，但功德特大的一人首先受到了拥戴。”

——**乃命羲和，钦若昊天，历象日月星辰，敬授民时。分命羲仲，宅嵎夷，曰旸谷。寅宾出日，平秩东作。日中，星鸟，以殷仲春。厥民析，鸟兽孳尾。申命羲叔，宅南交，曰明都。平秩南讹，敬致。日永，星火，以正仲夏。厥民因，鸟兽希革。分命和仲，宅西，曰昧谷。寅饯纳日，平秩西成。宵中，星虚，以殷仲秋。厥民夷，鸟兽毛毨（xiǎn）。申命和叔，宅朔方，曰幽都。平在朔易。日短，星昴，以正仲冬。厥民隩（yù），鸟兽氄（rǒng）毛。帝曰：“咨！汝羲暨和。期三百有六旬有六日，以闰月定四时，成岁。允厘百工，庶绩咸熙。”**

▲ 语译 - 于是帝尧命令羲氏与和氏，遵循广阔无际的上天的意旨，观测推算日月星辰的运行，制定出历法让人民使用。分别命令羲仲，定居在东海之滨，地名叫旸谷。恭敬地主持日出时的祭祀，测定它升起的时刻。当昼夜长短相等，在黄昏的南天看到了朱雀七宿时，就将这一天定为春分。这时的人民散布在田野中耕作，鸟兽开始繁殖。又命令羲叔，定居在南方，地名叫明都。观测太阳向南移动的情况，恭敬主持好祭祀。当白昼到达

最长，在黄昏的南天看到苍龙七宿中的大火星时，就将这一天定为夏至。这时的人民选择高地居住，鸟兽的羽毛开始变得稀疏。又命令和仲，定居在西方，地名叫昧谷。恭敬地主持祭祀，测定太阳落下的时刻；当昼夜长短相等，在黄昏的南天看到玄武七宿的虚星时，就将这一天定为秋分。这时的人民再次回到平地上居住，鸟兽生出了新的羽毛。又命令和叔，定居在北方，地名叫作幽都。测定太阳向北移动的情况；当白昼到达最短，在黄昏的南天看到白虎七宿时，就将这一天定为冬至。这时的人民居住在室内，鸟兽长出浓密的细毛。帝尧说："啧！你们羲氏与和氏。太阳南北移动的周期是三百六十六天，用设定闰月的方法来确定四季成为一年。以此确定各个官员的职责，各项政务就可以很好地执行了。"

◎ **和解**

1. 董作宾《殷历谱》考证商周间置闰法有无节、无中和岁终三种，前两种根据本月节气或中气的有无设置闰月，都优于岁终置闰法。

2. 节气与西方文化中的黄道十二宫有对应的关系，然而黄道十二宫是时间段而不是时间点。对应关系如下：白羊座对应于春分到谷雨，金牛座对应于谷雨到小满，双子座对应于小满到夏至，巨蟹座对应于夏至到大暑，狮子座对应于大暑到处暑，处女座对应于处暑到秋分，天秤座对应于秋分到霜降，天蝎座对应于霜降到小雪，射手座对应于小雪到冬至，摩羯座对应于冬至到大寒，水瓶座对应于大寒到雨水，双鱼座对应于雨水到春分。

3. 古希腊历法是一种阴阳历，它以夏至为岁首，由夏至到翌年的夏至为 1 年，而月份则用朔望月，大月 30 日，小月 29 日，通常是大小相间，也有连续大月的情况，这样 12 个月约为 354 日至 355 日，为了使每年和回归年的长度相近，也采用置闰的办法，按这种置闰方法定出的历法，其回归年长度为 365.2467 日，朔望月长度为 29.53059 日，精度都相当高。

4. 希腊神话里被称为太阳神的有三位。最早的是十二提坦神（Titans）中的许配利翁（Hyperion），他是乌拉诺斯与该亚之子，司掌光明与日光之力，是原始太阳球体的化身；第二位赫利乌斯（Helius）是真正的驾着太阳车的太阳神。他每天驾驶着四匹火马拉的太阳车划过天空，给世界带来光明；第三位就是世人熟知的光明之神福波斯 · 阿波罗。

5. 世界上的太阳崇拜有五大发源地：中国、印度、埃及、希腊和玛雅。19 世纪西方宗教研究领域自然神话学派的代表人物麦克斯 · 缪勒提出，人类所塑造出的最早的神是太阳神，最早的崇拜形式是太阳崇拜。

6. 詹姆斯 · 弗雷泽在《金枝》中论及原始社会政治形态时，指出当时的最高统治者同时是“祭司兼帝王”。部落首领具有

弗雷泽（1854—1941）

詹姆斯·弗雷泽在《金枝》中论及原始社会政治形态时，指出当时的最高统治者同时是“祭司兼帝王”。部落首领具有半神的性质，仿佛具有控制自然的能力，这种虚拟的能力被弗雷泽称之为“交感巫术”。

半神的性质，仿佛具有控制自然的能力，这种虚拟的能力被弗雷泽称之为“交感巫术”。华夏文明在其发展过程中，逐渐抛弃了其“巫术”的外壳，最终具有“天人感应”的社会文化内涵。在对神话做政治性阐发的去魅化过程中，交感巫术被理解为某种可掌握的技术性能力。根据这种观点，巫师并非是掌握了控制万物的能人，而是具有超群的智慧、参透并能够总结自然规律的人，能够根据物候的变化推测自然的变化。这种趋势后来逐渐转化为人们对技术的崇拜，部落首领往往被技术性人员所充当，如中国古代传说中的“燧人氏”“有巢氏”等。

帝曰：“畴，咨，若时登庸？”放齐曰：“胤子朱。启明。”帝曰：“吁！嚚（yín）讼，可乎？”帝曰：“畴，咨，若予采？”驩兜曰：“都！共工方鸠僝（zhuàn）功。”帝曰：“吁！静言庸违，象恭滔天。”

▲ 语译 - 帝尧说：“唉，谁能够顺应上天继承帝位呢？”放齐说：“您的儿子丹朱，他通晓政事。”帝尧说：“哼！言语不实，又喜好争斗，他怎么可以？”帝尧说：“唉，谁能为我处理政务呢？”驩兜说：“嗯！共工已经做出了很多功绩。”帝尧说：“哼！花言巧语，表面态度恭敬，内心却连上天都敢怠慢。”

◎ **和解**

1.《太平御览》引《尚书逸篇》："尧子不肖，舜使居丹渊为诸侯，故号曰丹朱。"但《山海经·海内南经》中另有说法："苍梧之山，帝舜葬于阳，帝丹朱葬于阴。"据此说法，丹朱曾经登上帝位。

2. 从这段文字可以推测，在确定继承者人选问题时，原始社会设置部落联盟会议，氏族部落的首领是该会议的成员。尧舜等联盟首领虽然具有相当大的权力，但最终还得服从联盟会议的决定。这可以称为古代的朴素民主，但应该注意的是，这种民主仅仅局限于部落首领，有点类似于神圣罗马帝国的选帝侯制度。

—— **帝曰："咨！四岳！汤汤洪水方割，荡荡怀山襄陵，浩浩滔天，下民其咨，有能俾乂？"佥曰："於！鲧哉。"帝曰："吁！咈哉，方命圮族。"岳曰："异哉，试可乃已。"帝曰："往！钦哉。"九载，绩用弗成。**

帝曰："咨！四岳。朕在位七十载，汝能庸命巽朕位？"岳曰："否德忝帝位。"曰："明明扬侧陋。"师锡帝曰："有鳏在下，曰虞舜。"帝曰："俞！予闻，如何？"岳曰："瞽子。父顽，母嚚，象傲。克谐，以孝烝烝，乂不格奸。"帝曰："我其试哉！"女于时，观厥刑于二女。厘

降二女于妫（guī）汭（ruì），嫔于虞。帝曰："钦哉！"

▲ 语译 - 帝尧说："唉，四方氏族的首领，洪水肆虐为害四方人民，围困了高山，淹没了丘陵，臣民们都在叹息，有谁能去治理吗？"佥说："啊，鲧吧！"帝尧说："唉！他恐怕会违背众人意志，忽视责任，危害到自己的族人。"四方氏族的首领说："未必如此，试一下不行再说。"帝尧说："去吧，一定要小心啊！"过了九年，鲧没有成功。

帝尧说："唉！四方氏族的首领！我登上帝位七十年了，你们谁能够顺应上天，接替我的位置？"四方氏族的首领说："我们德行不足，不配登上帝位。"帝尧说："可以举荐地位卑微的贤士。"众人向尧进言说："民间有个穷困的百姓，叫虞舜。"帝尧说："是啊，我也听说过。他怎么样？"四方氏族的首领说："他是乐官瞽叟的儿子，父亲品行不佳，后母言语不实，弟弟象傲慢蛮横，舜却能够和他们和睦相处。这是因为他的孝行深厚美好，修养自身不至于流于邪恶。"帝尧说："我就考察他一下吧。"把女儿嫁给他，通过两个女儿来观察他的德行，命令两个女儿去妫水转弯处，嫁给了虞舜。帝尧说："严肃谨慎地处理政事吧！"

◎ **和解**

1. 洪水浩浩汤汤的记载，反映出远古时代人类曾经遭受过毁灭性洪灾。无独有偶，在世界很多地方的创世神话中，都有洪水的记载，《圣经·旧约》中有诺亚方舟的故事，苏美尔神话中有众神决定以水毁灭人类的故事，希腊神话中也是如此。在其他文明中，洪水故事都表现出某种共通之处：①人类犯下罪恶或过错；②众神决定以洪水来惩罚和毁灭人类；③有数个敬神者得到神的怜悯（在犹太神话中为诺亚，苏美尔神话中为纳普西丁姆，希腊神话中为丢卡利翁），在洪水中存活下来，并成为后世人类的始祖。而在中国典籍中，先人们并没有将洪水视为对人类罪恶的惩罚的思想。

2. 尧禅位于舜之事，历史上众说纷纭。最早提出质疑的是荀子，他说，“夫曰尧舜擅让，是虚言也，是浅者之传，陋者之说也”，“天子者，势位至尊，无敌于天下，夫有谁与让矣？”韩非子记载的当时某些人的言论更是说：“舜逼尧，禹逼舜，汤放桀，武王伐纣。此四王者，人臣弑其君者也……”而《竹书纪年》亦有记载：“昔尧德衰，为舜所囚也。……舜囚尧，复偃塞丹朱，使不与父相见也。”当代疑古派史学家顾颉刚也指出：“禅让之说乃是战国学者受了时势的刺激，在想象中构成的乌托邦。”“是墨家为了宣传主义而造出来的。”但禅让、逼位之事都应是历史实有之事。

舜典

——虞舜侧微，尧闻之聪明，将使嗣位，历试诸难，作《舜典》。

曰若稽古帝舜，曰重华协于帝。浚哲文明，温恭允塞，玄德升闻，乃命以位。慎徽五典，五典克从。纳于百揆，百揆时叙。宾于四门，四门穆穆。纳于大麓，烈风雷雨弗迷。

帝曰："格！汝舜。询事考言，乃言厎（dǐ）可绩，三载。汝陟帝位。"舜让于德，弗嗣。

▲语译－虞舜出身卑微，帝尧听说他精明睿智，想让他继承自己的帝位，屡次用艰难的事考验他，史官据此写下了《舜典》。

考察过去之事，帝舜名为重华，圣明与帝尧比肩。他深沉睿智，温和谦逊，世人皆知，潜心修养自身道德，官员们都有所耳闻，于是他被授予了官职。舜真诚善良地阐释了父义、母慈、兄友、弟恭、子孝这五种伦常道德，使人们能够遵循这五种规范。然后帝尧又命他管理所有事务，各种事务都被他处理得井井有条。之后又命他去明堂迎接四方部落首领，前来朝觐的部落首领都肃然起敬。派他进入深山密林，暴风骤雨都没有让他迷路。

帝尧说："来吧！舜。我向你询问政事，又考察你的言论，你提出的看法都收到了成效，已经三年了。你就继承帝位吧。"舜想推让给有德的贤人，不愿继承帝位。

◎ **和解**

1. 徐北文《泰山崇拜与封禅大典》："传说中的大舜，是新石器时代东夷人的圣王，殷墟卜辞中的文字，舜字是鸟头人身的象形字（据王国维之说）。《山海经》也写作'帝俊'，并说他与羲和女神（又写作常义）生下了十个太阳和十二个月亮，又是大地各族人民的始祖。"

2. 五典，谓父义、母慈、兄友、弟恭、子孝。《孟子·滕文公上》云："……使契为司徒，教以人伦：父子有亲，君臣有义，夫妇有别，长幼有序，朋友有信。"

3. 亚里士多德："古时候的城邦只有少量的居民，因而难得发现德性超群之人，所以王制的起源更为久远。而且，成为君王的人一般都凭借其光辉业绩，而只有善良之人才能做出光辉的业绩。然而随着在德性方面堪与王者相媲美的人不断增多，他们就不再甘居人下，转而谋求共和体制，并建立了相应的政体。但他们很快就堕落了，从公共财产中大饱私囊，便自然而然地转向了寡头政体，因为财富已成为名位的资格。各种寡头政体首先又产生出僭主制，从僭主制中随后又产生了平民制，因为当权者贪婪成性，导致权力集团的人数不断减少，相应地扶植了群众的力量，以致最终受到平民大众的践踏，从而形成平民政体。既然今日诸邦的规模业已扩大，在平民政体之外，就很难再建立其他形式的政体了。”

—— **正月上日，受终于文祖。在旋玑玉衡，以齐七政。肆类于上帝，禋于六宗，望于山川，遍于群神。辑五瑞，既月乃日，觐四岳群牧，班瑞于群后。**

岁二月，东巡守，至于岱宗，柴，望秩于山川。肆觐东后，协时月正日，同律度量衡。修五礼、五玉、三帛、二生、一死贽。如五器，卒乃复。五月南巡守，至于南岳，如岱礼。八月西巡守，至于西岳，如初。十有一月朔巡守，至于北岳，如西礼。归，格于艺祖，用特。

五载一巡守。群后四朝，敷奏以言，明试以功，车服以庸。

肇十有二州，封十有二山，浚川。

▲ 语译 - 正月的某个吉日，舜在太庙接受了尧禅让的帝位。他观测北斗七星，列出了七项政事。之后祭告天帝，又祭祀天地四时，以及山川诸神。又聚敛了四方民族首领的五种圭玉，选择吉

月吉日，接受四方氏族的朝见，将圭玉又颁发给各部落的首领。

当年的二月，舜到东方巡视，到了泰山，在那里举行祭祀。又对其他山川按照等级依次举行祭祀，之后接受东方部落首领的朝见。舜协调确定四时、月份以及天数，统一了音律、度、量、衡。制定了公、侯、伯、子、男五等诸侯朝见的礼仪；规定了诸侯朝见所持的五种圭玉；红、白、黑三色丝帛；卿大夫所执的活羔羊和活雁，以及士所执的死雉。而那五种圭玉，最后会还给诸侯。五月舜到南方巡视，到了南岳，按照祭祀泰山的规格加以祭祀。八月舜去西方巡视，到了西岳，像先前那样进行祭祀。十一月初一舜到北方巡视，到了北岳，像祭祀西岳那样进行祭祀。回来之后，到尧的太庙中祭祀，用一头公牛作为祭品。

舜规定五年巡狩一次，巡狩之年，诸侯按四方之位各朝于方岳之下。朝见时，诸侯须口头奏告政事，然后根据其所言明确考察实绩，按功劳来赏赐车马冠服。

舜将天下划分为十二州，在十二座名山上筑坛用于祭祀，又将河道加以疏浚。

◎ 和解

1. 在文明发展的初期，人们由于对自然的敬畏，相信山川有播风雨的神力，从而开始了最初的山川祭祀。此后，随着农业生产方式和思维能力的发展，这种自然崇拜被归纳为对天地的崇拜。当帝皇出现后，与天地相交通的职权也随之为最高统治者所掌握，天子祭祀天地的场所逐渐神圣起来，显示出从自然崇拜走向神道设教的政教结合。所谓“五岳”“四渎”，就是在这种文化背景基础上形成的。

2. 远古时代，人们有崇拜山川的习俗。上古帝王有郊祀天帝、望秩山川的礼制。封禅祭祀即是古代大山崇拜及郊祀天地的发展和嬗变。泰山雄踞东方，巍峨耸立于华北大平原，在古代被认为是“万物之始，交代之处”，因而被推为五岳之宗，成为历代帝王封禅、朝拜的圣地。同时，也为宗教的发展提供了土壤。

3. 中国的玉文化起源于石器时代后期，因为玉石特殊的材质，使其得以区别于普通石材，从而脱离生产性的石器而成为祭祀礼器。由于“巫”阶层逐渐成为贵族阶层，所以玉进而成为身份地位的象征，流变出华夏文化独特的玉崇拜。《周礼》：以玉作六瑞，以等邦国：王执镇圭，公执桓圭，侯执信圭，伯执躬圭，子执谷璧，男执蒲璧。…以玉作六器，以礼天地四方，以苍璧礼天，以黄琮礼地，以青圭礼东方，以赤璋礼南方，以白琥礼西方，以玄璜礼北方。

—— 象以典刑，流宥五刑，鞭作官刑，扑作教刑，金作赎刑。眚（shěng）灾肆赦，怙终贼刑。钦哉，钦哉，惟刑之恤哉！

流共工于幽洲，放驩兜于崇山，窜三苗于三危，殛鲧于羽山，四罪而天下咸服。

二十有八载，帝乃殂落，百姓如丧考妣，三载，四海遏密八音。月正元日，舜格于文祖，询于四岳，辟四门，明四目，达四聪。

咨十有二牧，曰："食哉惟时！柔远能迩。惇德允元，而难任人，蛮夷率服。"

▲ 语译 - 舜又在器物上刻出五种刑罚的图画。用流放的方式对触犯五州的人进行宽大处理，将用鞭子抽打作为官府的刑罚，将用木棍抽打作为学校的刑罚，还可以拿出铜来赎罪。因为过失而犯罪就赦免，不知悔改就加以惩戒。谨慎呀，谨慎呀，刑罚务必要慎重使用啊！

将共工流放到幽州，将驩兜流放到崇山，将三苗人驱逐到三危地区，将鲧流放到羽山，这四凶受到惩戒，天下人都顺服了。

舜继承帝位二十八年之后，帝尧去世了。人民好像死了父母那样悲伤，三年之内，四方寂静，停止演奏所有音乐。三年后正月的某个吉日，舜来到尧的太庙，与四方诸侯商讨政事，打开明堂四面的大门，意在让四方百姓都能看得明白，听得清楚。

告诫十二州的长官说："生产民食，务必不违农时！安抚远方的人民，爱护近处的臣民，只有这样才能使远近百姓和睦亲善。亲近有德之士，疏远奸佞之徒，这样四境的蛮夷才会归服。"

◎ **和解**

1. 将刑法铸在青铜器皿鼎上，成为国家的大法，昭告于天下，增加法律威信，这样的鼎就是刑鼎。郑简公十二年（前554）子产为卿，二十三年（前543）子产执政郑国。郑简公三十年（前536）三月，子产铸大鼎，将国家法律条文铸在上边，把鼎放在城中繁华之处，向世人公布。

2. 古巴比伦的《汉谟拉比法典》是迄今发现的最早的、保存完整的成文法典。据说，国王汉谟拉比每天要处理的案件太多，难以应付。他就让臣下把过去的一些法律条文收集起来，再加上社会上已形成的习惯，编成一部法典，并把它刻在石柱上，竖立在巴比伦的神殿里。其目的是维护社会秩序。

3. 苏轼《刑赏忠厚之至论》："当尧之时，皋陶为士。将杀人，皋陶曰'杀之'三。尧曰'宥之'三。故天下畏皋陶执法之坚，而乐尧用刑之宽。"

4.《荀子·礼论》："……三年之丧，称情而立文，所以为至痛极也。齐衰、苴杖、居庐、食粥、席薪、枕块，所以为至痛饰也……君之丧，所以取三年，何也？曰：君者，治辨之主也，文理之原也，情貌之尽也，相率而致隆之，不亦可乎？"

——舜曰："咨！四岳。有能奋庸熙帝之载，使宅百揆，亮采惠畴？"

佥曰："伯禹作司空。"

帝曰："俞！咨禹，汝平水土，惟时懋哉！"禹拜稽首，让于稷、契暨皋陶。

帝曰："俞！汝往哉！"

帝曰："弃，黎民阻饥，汝后稷，播时百谷。"

帝曰："契，百姓不亲，五品不逊，汝作司徒，敬敷五教，在宽。"

帝曰："皋陶，蛮夷猾夏，寇贼奸宄。汝作士，五刑有服，五服三就。五流有宅，五宅三居。惟明克允。"

▲ 语译 - 舜说："唉，四方诸侯的首领，有能够奋发图强，广大帝尧的事业，统领管理百官辅佐政事的人吗？"

众人说："可以让伯禹做司空。"

帝舜说："好！禹啊，你负责去平治水土，一定要勤勉努力！"禹跪拜作礼，推让给稷、契和皋陶。

帝舜说："好了，还是你去吧！"

帝舜说："弃，百姓都在忍饥挨饿，你负责管理农事，教百姓播种作物。"

帝舜说："契，百姓之间不亲顺和睦，父母兄弟子女之间互不融洽。你负责教化百姓，认真地宣扬传播伦常道德，注意以宽厚为本。"

帝舜说："皋陶，南北边境的外族作乱进犯，掠夺杀戮，内外混乱。你负责管理刑狱，用五种刑罚酌情惩处，五刑可以在郊野、市中、朝堂三个地方施行。五种流放各有地点，可以酌情流放到三个远近不同的地方。一定要明察实情，公正处理，众人才能信服！"

◎ **和解**

1. 相传皋陶在掌管司法时，"画地为牢"，成为最初监管犯罪之人的囚禁场所，我国从此有了监狱，而造狱的先驱皋陶，则被尊为狱神。据说皋陶曾饲养了一只獬豸，这种动物形似羊，青毛，四足，头上有独角，善辨曲直，见人争斗即以角触不直者，因而也称直辨兽、触邪。当人们发生冲突或纠纷的时候，独角兽能用角指向无理的一方，甚至会将罪该万死的人用角抵死，令犯法者不寒而栗。古体的"法"字写作"灋"，而"廌"即为獬豸。

2. 在古希腊，雅典最高的司法机关是陪审法庭，由6000名陪审法官组成。这6000人，每年用抽签的办法，在10个地区部落从30岁以上的公民中选出。古希腊没有出现像古罗马那样职业化的法官群体，审判人员和陪审团有时不懂法律，即使懂法律的，其兴趣也不在于分析适用的法律条款，而是发现所谓“公平”“正义”等抽象概念。

—— **帝曰：“畴若予工？”**

佥曰：“垂哉！”

帝曰：“俞！咨垂。汝共工。”垂拜稽首，让于殳（shū）、斨（qiāng）暨伯与。

帝曰：“俞！往哉，汝谐。”

帝曰：“畴若予上下草木鸟兽？”

佥曰：“益哉！”

帝曰：“俞！咨益，汝作朕虞。”益拜稽首，让于朱虎熊罴。

帝曰：“俞！往哉，汝谐。”

帝曰：“咨！四岳。有能典朕三礼？”

佥曰：“伯夷。”

帝曰：“俞！咨伯。汝作秩宗。夙夜惟寅，直哉惟清。”伯拜稽首，让于夔、龙。

帝曰：“俞，往，钦哉！”

帝曰：“夔！命汝典乐，教胄子。直而温，宽而栗，刚而无虐，简而无傲。诗言志，歌永言，声依永，律和声。八音克谐，无相夺伦，神人以和。”

夔曰："於！予击石拊石，百兽率舞。"

帝曰："龙！朕堲(jí)谗说殄行，震惊朕师。命汝作纳言，夙夜出纳朕命，惟允！"

帝曰："咨！汝二十有二人，钦哉，惟时亮天功。"三载考绩。三考黜陟幽明。庶绩咸熙，分北三苗。

舜生三十征庸，三十在位，五十载陟方乃死。

▲ 语译 - 帝舜说："谁能够管理百工？"

众人都说："垂可以！"

帝舜说："好！垂啊，你就负责管理百工吧。"垂跪拜作礼，推让给殳斨和伯与。

帝舜说："好了，你去吧！让他们随你一起去。"

帝舜说："谁能够管理山川林木鸟兽呢？"

众人说："益可以！"

帝舜说："好！益啊，你就做我的虞官吧。"益跪拜作礼，推让给朱虎熊罴。

帝舜说："好了，你去吧！让他们随你一起去。"

帝舜说："啊！四方诸侯的首领，谁能为我主持祭祀天神、地祇和人鬼的三礼呢？"

众人说："伯夷可以！"

帝舜说："好！伯夷啊，你就做掌管祭祀的秩宗吧。每天早晚都要恭敬、正直、清明地祭祀。"伯夷跪拜叩头，推让给夔和龙。

帝舜说："好了，还是你去吧，一定要谨慎地去做啊！"

帝舜说："夔！让你掌管音乐，教导年轻人，要让他们正直而温和，宽宏而严谨，坚毅而不暴虐，大气而不高傲。诗是用来表达思想的，歌是用来咏唱表达思想的语言的，五音是根据咏唱的规律制定的，六律是用来使五音和谐的。八种乐器能够演奏出和谐的乐曲，不使其相互乱了次序，那么神鬼与人也可以和谐共处了。"

夔说："嗯！我敲打石磬，百兽都会跟着舞动起来。"

帝舜说："龙！我厌恶那些毁谤的话语和贪婪凶残的行径，这些会使我的百姓惊恐不安。任命你做纳言，随时传达我的命令，一定要准确真实！"

帝舜说："唉！你们这二十二个人，要恪尽职守啊！要妥善处理天下大事啊。"三年一次考核政绩，三次考核之后，罢免昏庸，提拔贤明，各种事业都兴盛了起来。还分别对三苗进行了处置，分出一部分迁到北方。

帝舜三十岁的时候被征召任用，当官三十年，在帝位五十年，巡狩南方的时候去世了。

◎ 和解

1. 在儒家的音乐美学思想中，“和”始终被当作评价音乐的重要标准，因此《论语·八佾》说：“《关雎》乐而不淫，哀而不伤。”《史记·乐书》云：“正教者皆始于音，音正而行正。”“和”本来是一种乐器的名称，是将高低不同的音管组合起来以发出声响的乐器，类似于笙，其本身就有将差异调和起来的意义。

2. “八音”指的是八类用不同材料制造的乐器，通常为金、石、丝、竹、匏、土、革、木八种。《三字经》有言：“匏土革，木石金，与丝竹，乃八音。”

3. 对于《舜典》的真实性，学术界多有质疑。钱穆云：“唐、虞时代的情形，决不能如《尚书·尧典》所记之美盛。”“尧曲虞廷九官（上有百揆，即宰相）：禹为司空（主治水而司内政）；弃后稷（司农政）；契司徒（司教化）；皋陶为士（主司法与军事）；垂共工（司工务）；益掌虞（司山泽）；伯夷为秩宗（司郊庙祭祀）；夔典乐（司诗歌音乐助祭）；龙纳言（司出纳诏命，如周之内史、汉之尚书）。较之秦汉之九卿，意义深长远矣。此正见为儒者之托古改制。否则唐、虞时中国政制已如此完美，何以二千年后至秦、汉之际，转倒退乃尔。”

4. 关于夔的传说。《山海经·大荒东经》：“东海中有流波山，入海七千里。其上有兽，状如牛，苍身而无角，一足，出入水则必风雨，其光如日月，其声如雷，其名曰夔。黄帝得之，以其皮为鼓，橛以雷兽之骨，声闻五百里，以威天下。”《说文》称“夔，神魖也。如龙，一足……象有角、手、人面之形。”夔龙纹是商晚期和西周时期青铜器的主要纹饰，形象多为张口、卷尾的长条形，外形与青铜器饰面的结构线相适合，以直线为主，弧线为辅，具有古拙的美感。青铜器上的龙纹常被称为夔纹和夔龙纹，自宋代以来的著录中引用了古籍中“夔一足”的记载，把凡是在青铜器上表现为一足的、类似爬虫的物象都称之为夔。也有学者认为夔即是海牛。

大禹谟

——皋(gāo)陶(yáo)矢厥谟，禹成厥功，帝舜申之。作《大禹》《皋陶谟》《益稷》。

曰若稽古，大禹曰："文命敷于四海，祗承于帝。"曰："后克艰厥后，臣克艰厥臣，政乃乂，黎民敏德。"

帝曰："俞！允若兹，嘉言罔攸伏，野无遗贤，万邦咸宁。稽于众，舍己从人，不虐无告，不废困穷，惟帝时克。"

益曰："都！帝德广运，乃圣乃神，乃武乃文。皇天眷命，奄有四海为天下君。"

禹曰："惠迪吉，从逆凶，惟影响。"

益曰："吁！戒哉！儆戒无虞，罔失法度，罔游于逸，罔淫于乐。任贤勿贰，去邪勿疑。疑谋勿成，百志惟熙。罔违道以干百姓之誉，罔咈百姓以从己之欲。无怠无荒，四夷来王。"

禹曰："於！帝念哉！德惟善政，政在养民。水、火、

金、木、土、谷，惟修；正德、利用、厚生、惟和。九功惟叙，九叙惟歌。戒之用休，董之用威，劝之以九歌，俾勿坏。”

帝曰：“俞！地平天成，六府三事允治，万世永赖，时乃功。”

▲ 语译 - 皋陶讲述他的策略，大禹陈说他的功绩，帝舜很重视这些。史官据此写下了《大禹谟》《皋陶谟》和《益稷》。

考察过去之事。大禹说：“将文德教化传播到四海。恭敬地秉承尧舜的教导。”又说：“君主能够认识到做君主的艰难，臣下能够认识到做臣下的艰难，政事才能够得以顺利推行，百姓才能努力修养道德。”

帝舜说：“是啊，当真如此，善言不会被掩盖，民间没有被埋没的贤士，四方诸侯太平无事。考察众人的看法，舍弃自身的错误想法，遵从他人的正确意见，不凌虐无处倾诉的鳏寡孤独之人，不忽视无所依靠的贫穷困苦之人，只有帝尧能够做到。”

伯益说：“啊！帝尧的德行宏大且深远，是那么的圣明神妙，能平定四方，又能治理天下；皇天顾念致福，使他能够执掌四海，成为天下的君主。”

禹说：“顺应大道则吉祥，违背大道则凶险，如影随形，如响应声。”

益说："唉！要谨慎提防啊！要谨慎提防，不要出现失误，切勿破坏法规制度，切勿放纵游冶，切勿过分享乐。任用贤士不要受小人干扰，驱除奸佞不要犹疑不决，举棋不定的计划不会成功，考虑事情要全面广泛。切勿违背常道去贪求百姓们的赞誉，不要压迫百姓使其屈从于自己的私欲。不怠慢职守，不荒废政事，四方边境的部落就会前来朝见归服。"

禹说："唉！舜帝您要深思啊！德行是用来完善政事的，政事是为了让百姓生活得更好。水、火、金、木、土、谷六件事要好好经营，端正德行、便利财用、富足民生三件事相辅相成，上述九件事要安排得井然有序，安排好了就会受到百姓的歌颂。用美好的事物去劝诫，用严肃的刑罚来监督，用九德之歌来劝勉，使德政不遭到败坏。"

帝舜说："是啊！水土的灾害得到了整治，万物得以生发，六府三事都切实得到了安排，这样造福后世，这是你的功劳。"

◎ 和解

1. 自禹开始，古中国的政体由禅让制演变为世袭制。因此，后人对禹的评价也众说纷纭。《史记·燕召公世家》曰："禹荐益，已而以启人为吏。及老，而以启人为不足任乎天下，传之于益。已而启与交党攻益，夺之。天下谓禹名传天下于益，已而实令启自取之。"

2.《礼记·礼运篇》中曾经记载孔子的话："大道之行也，天下为公。选贤与能，讲信修睦，故人不独亲其亲，不独子其子，使老有所终，壮有所用，幼有所长，矜、寡、孤独、废疾者，皆有所养……是谓大同。今大道既隐，天下为家，各亲其亲，各子其子，货力为己，大人世及以为礼……禹、汤、文、武、成王、周公，由此其选也。”此处，孔子没有将禹与尧舜并列，而是将他和汤、文武并列，其中颇有深意。

3. 天宝六年（747）正月，玄宗想广求天下贤能之士，于是命通一艺以上者皆至京师。李林甫恐草野之士在对策中斥责其奸恶，遂建言说：所举贤能之士多卑贱愚陋，恐有言语污辱圣上德行。于是玄宗命郡县长官精加试练，其中超群出众者，写名籍送省，委尚书复试，由御史中丞监试，取其中名实相符者奏上。诸人至京师后，皆试以诗、赋、论，竟无一人及第。因此，李林甫上表祝贺野无遗贤。

4. 五行与五运六气，简称“运气”。“运”指木、火、土、金、水五种元素的相互推移；“气”指风、火、热、湿、燥、寒六种气候的转变。运气学说的基本内容，是在中医整体观念的指导下，以阴阳五行学说为基础，运用天干地支等符号作为演绎工具，来推论气候变化规律及其对人体健康和疾病的影响，在古代医学以及气象学上有着极高的地位。

5. 清・王用臣《续幼学歌》：“……颛顼为水帝喾木，唐火虞土夏金存。商水周木相生说，秦水汉土后汉火。魏土晋金宋为水，齐木梁水陈土纪。后魏水兮后周木，隋为火德唐土继。后唐仍土晋为金，汉水周木宋火是。”

6. 黑格尔《历史哲学》：“‘五’这个数目，中国人把它当作基本数目，就像我们的‘三’那样屡见不鲜。他们有五种天然的元素（五行）——空气、水、土、金和木。他们承认天有四方和一中心。凡建筑祭坛的神圣场所，都有四个坛和正中的一个坛。”

7. “罔违道以干百姓之誉，罔咈百姓以从己之欲”，这句话表明了圣王在处理各种事务时的价值先后轻重顺序：先为道，次为百姓，末为私欲。这和柏拉图的“哲学王”理念是相吻合的，在《理想国》中，柏拉图阐释说：哲学王首先必须是追求真理（道）的立法者，然后他应该关注正义（民），在这以后，他才能谋求自身的合理私利。

——**帝曰：“格，汝禹！朕宅帝位三十有三载，耄期倦于勤。汝惟不怠，总朕师！”**

禹曰：“朕德罔克，民不依。皋陶迈种德，德乃降，黎民怀之。帝念哉！念兹在兹，释兹在兹。名言兹在兹，允出兹在兹，惟帝念功。”

帝曰：“皋陶，惟兹臣庶，罔或干予正。汝作士，明于五刑，以弼五教，期于予治。刑期于无刑，民协于中。

时乃功，懋哉。”

皋陶曰：“帝德罔愆，临下以简，御众以宽；罚弗及嗣，赏延于世。宥过无大，刑故无小；罪疑惟轻，功疑惟重；与其杀不辜，宁失不经；好生之德，洽于民心。兹用不犯于有司。”

帝曰：“俾予从欲以治，四方风动，惟乃之休。”

▲ 语译 - 帝舜说：“来吧，禹！我身居帝位三十三年，年近百岁，疲于政事。你从不懈怠，来统领我的民众吧。”

禹说：“以我的德行无法胜任，民众不会依从。皋陶全力布施德行，德行普及到百姓之间，民众感念他。舜帝您仔细考虑吧！怀有德行的是皋陶，喜爱德行的是皋陶，称道德行的是皋陶，切实推行德行的也是皋陶。舜帝您应当考虑他的功绩啊！”

帝舜说：“皋陶啊！这些臣属庶民，没有人违背我的德政，你作为执掌刑狱的官员，申明五种刑罚，用以辅助五伦教化，来帮助我治理政事。使用刑罚是为了能有一天不再使用刑罚，民众顺应正道。这是你的功绩，应当鼓励！”

皋陶说：“舜帝您的德行没有过失。对臣下简要不繁琐，对民众宽宏不苛刻；刑罚不牵连子嗣，奖赏泽被后代；无意的过失，再大都能原谅；有意的犯罪，再小都不姑息；可轻可重的案件都从轻处罚，可重可轻的功劳都从重奖赏；与其错杀无辜之人，宁愿漏放不法之徒，这样爱惜民众生命的德行，为百姓所牢记。因此人们不会触犯刑罚。”

帝舜说：“使我能够如愿治理国家，四方百姓像草随风动一样响应，这是你的功劳。”

◎ 和解

1. 成语“念兹在兹”“刑期无刑”的出处。

2.《左传·昭公二十年》：“郑子产有疾，谓子大叔曰：‘我死，子必为政。唯有德者能以宽服民，其次莫如猛。夫火烈，民望而畏之，故鲜死焉；水懦弱，民狎而玩之，则多死焉，故宽难。’”

3. 对“五刑”的说法，历来有多种。唐朝以后的五刑则为：笞刑、杖刑、徒刑、流刑、死刑。吕思勉在《中国通史》中说：“刑字的初义，乃起于战阵，施诸敌人及间谍内奸的，并不施诸本族。所以司用刑之官曰士师，士是战士，士师谓战士之长……于此见残酷的刑罚，全是因战争而起的。”

4. 贝卡里亚《论犯罪与刑罚》：“如果犯罪是肯定的，对他只能适用法律所规定的刑罚，而没有必要折磨他，因为，他交代与否已经无所谓了。如果犯罪是不肯定的，就不应折磨一个无辜者，因为在法律看来，他的罪行并没有得到证实……在法官判决之前，一个人是不能被称为罪犯的。只要还不能断定他已经侵犯了给予他公共保护的契约，社会就不能取消对他的公共保护。”

5. 法国《人权宣言》第九条：“任何人在其未被宣告为罪犯以前应被推定为无罪。”

6. 欧美国家普遍奉行的都是无罪推定原则，简而言之，任何人在未经证实和判决有罪之前，都应被视为无罪。它强调对被告人所指控的罪行，必须有充分、确凿、有效的证据，如果证据不足，就应推定其无罪。这种人道主义原则和《尚书》中的“与其杀不辜，宁失不经”是相吻合的。

7.《论语·颜渊》：“君子之德风，小人之德草。草上之风，必偃。”柳永《永遇乐·天阁英游》：“吴王旧国，今古江山秀异，人烟繁富。甘雨车行，仁风扇动，雅称安黎庶。”

——帝曰：“来，禹！降水儆予，成允成功，惟汝贤。克勤于邦，克俭于家，不自满假，惟汝贤。汝惟不矜，天下莫与汝争能；汝惟不伐，天下莫与汝争功。予懋乃德，嘉乃丕绩，天之历数在汝躬，汝终陟元后。人心惟危，道心惟微，惟精惟一，允执厥中。无稽之言勿听，弗询之谋勿庸。可爱非君？可畏非民？众非元后，何戴？后非众，罔与守邦？钦哉！慎乃有位，敬修其可愿。四海困穷，天禄永终。惟口出好兴戎，朕言不再。”

禹曰：“枚卜功臣，惟吉之从。”

帝曰："禹！官占惟先蔽志，昆命于元龟。朕志先定，询谋佥同，鬼神其依，龟筮协从，卜不习吉。"

禹拜稽首，固辞。

帝曰："毋！惟汝谐。"

正月朔旦，受命于神宗，率百官若帝之初。

▲ 语译 - 帝舜说："来吧，禹！洪水警示我们，你兑现承诺，完成了治水的功业，这证明了你的贤能；能够为国操劳，能够简朴度日，不自满自夸，这也说明了你的贤能。你不夸耀自己的才能，天下没有人与你争才能的高下；你不夸耀自己的功绩，天下没有人与你争功绩的大小。我赞许你的德行，称颂你的功绩。上天决定的命运落在了你的身上，你终有一天要登上君王之位。人的心肠大多自私，向道之心也幽暗不明，只有专一精研，才能合乎中正之道。没有得到验证的话不要听信，没有咨询过众人的策略不要使用。臣民拥戴的不是君主吗？君主畏惧的不是臣民吗？臣民没了君主还能拥戴谁？君主没了臣民用什么来守卫国家？要谨慎啊！谨慎地对待你所得到的君位，恭敬地去做百姓企盼的事。天下的百姓困顿穷苦，上天赐给君主的福泽就会永远失去。言辞既可以彰显善行，也可以导致战乱，我就不再重复了。"

禹说："还是对有功之臣逐一占卜，挑选显示出吉兆的即位吧。"

帝舜说："禹！用占卜的方法选官，首先要断定志向，之后再用大龟来卜问吉凶。我的志向已经确定了，询问众人的意见都和我一样，鬼神同意，用龟甲和蓍草卜筮的结果也与之一致，况且占卜本不必重复出现吉兆。”

禹跪拜叩头，坚持推辞。

帝舜说：“不必推辞了！你是最合适的。”

正月初一早晨，禹在帝尧的宗庙内接受禅让，统率百官像帝舜接受帝尧的帝位一样完成了禅让的礼仪。

◎ **和解**

1. 克勤克俭。在朱元璋的故乡凤阳，还流传着四菜一汤的歌谣：“皇帝请客，四菜一汤，萝卜韭菜，着实甜香；小葱豆腐，意义深长，一清二白，贪官心慌。”朱元璋给皇后过生日时，只用红萝卜、韭菜，青菜两碗，小葱豆腐汤，宴请众官员。而且约法三章：今后不论谁摆宴席，只许四菜一汤，谁若违反，严惩不贷。无独有偶，英国女王伊丽莎白二世经常说的英国谚语是“节约便士，英镑自来”，每天深夜她都亲自熄灭白金汉宫小厅堂和走廊的灯，坚持王室用的牙膏要挤到丝毫不剩。

2. 功成不居。1796 年 9 月 17 日，美国国父华盛顿在他任期将满两届的时候发表了一个告别演说，表示不再出任总统。他的自行引退，开创了美国总统任期不超过两届的光辉典范，为后人结束终身制、消除个人独裁的隐患提供了弥足珍贵的先例。

3. “人心惟危，道心惟微，惟精惟一，允执厥中”被后世儒学奉为古代圣人秘不示人的“十六字心传”。《二程遗书》：“人心，私欲，故危殆；道心，天理，故精微。灭私欲则天理明矣。”然而，清朝著名的考据家阎若璩考证这十六个字是后人的杜撰，使理学家们进退失据，非常狼狈，沉重地打击了宋明理学，甚至在某种程度上触动了儒家经典的权威，其思想影响也是极为深远的。从历史上看，这伪托的圣王心传确实反映了儒者的精神。

4. 苏格拉底认为，人的自由意志本质上是向善的，因为只有善事才对他有好处，恶事则使他亲受其害。一个人之所以要去作恶，也只是因为他以为那是善的，只要他知道了那是恶，他就不会主动去作恶了。

5. “君权神授”的观点，在中西无不如此。古埃及的法老也自称为“太阳的儿子”；巴比伦的汉谟拉比王自称为“月神的后裔”；古罗马国王自称为“战神马尔斯的后裔”；迈锡尼国王阿伽门农是主神宙斯的后裔；大卫王是耶和华亲手膏立的以色列王……奥古斯丁据此在《上帝之城》中说：上帝的选民才有资格成为上帝之城的居民，地上之城只能是“上帝的弃民”的住所，但两者都在上帝的掌控之中。地上的君主职位是上帝为实现其旨意而设立的。他的理论奠定了中世纪西欧“君权神授”的理论基础。

6. 无稽之言。距今 2400 多年的雅典瘟疫，最初只是在小范围内爆发，有人散布谣言说“城邦的宿敌在蓄水池投药”，于是人们四处巡游抓间谍，使得病菌扩散。最初谈不上规模、范围极其有限的传染病，扩展成了一场不可收拾、殃及希腊半岛整个阿卡提地区生灵的大瘟疫。

——帝曰：“咨，禹！惟时有苗弗率，汝徂征。”

禹乃会群后，誓于师曰：“济济有众，咸听朕命。蠢兹有苗，昏迷不恭，侮慢自贤，反道败德。君子在野，小人在位。民弃不保，天降之咎。肆予以尔众士，奉辞伐罪。尔尚一乃心力，其克有勋。”

三旬，苗民逆命。益赞于禹曰：“惟德动天，无远弗届。满招损，谦受益，时乃天道。帝初于历山，往于田，日号泣于旻天，于父母，负罪引慝（tè）。祗载见瞽叟，夔（kuí）夔斋栗，瞽亦允若。至諴（xián）感神，矧兹有苗。”禹拜昌言曰：“俞！”班师振旅。帝乃诞敷文德，舞干羽于两阶，七旬有苗格。

▲语译 - 帝舜说：“唉，禹啊！三苗不服从管理，你要去征讨！”

禹于是召集四方诸侯，在军中誓师说：“诸位头领，都要听从我的号令！三苗蠢蠢欲动，迷惑不敬，轻慢自大，违逆正道，败坏德行。贤能之士不被任用，奸佞之徒身居高位。百姓被弃之不顾，不得安宁，上天对其降下灾祸。我要率领你们这些将士，奉舜的命令讨伐有罪之人。你们要同心协力，如此方能建立功勋。”

三十天后，三苗依旧违抗命令。伯益作为助手，对禹说：“德行能够感动上天，无论多远都能够推行。自满会招致祸患，谦虚会有所收益，这是自然的道理。从前舜在历山耕种，往来于田间，每天都向上天呼号哭泣，对父母，宁愿背负起不孝的名声；他恭敬地侍奉父亲，总是一副庄重敬畏的样子。他的父亲也开始变得和顺了。至诚之心会让神灵感动，何况是三苗呢？”禹接受了伯益的善言说：“对！”整顿军队撤了回去，帝舜广施德政，人们拿着盾牌和羽毛在台阶前跳舞。七十天之后，三苗就来归服了。

◎ **和解**

1. 三苗，与驩兜、共工、鲧合称为“四罪”。我国传说中黄帝至尧舜禹时代的古族名。又叫“苗民”“有苗”。主要分布在洞庭湖和鄱阳湖之间。梁启超认为，三苗的苗就是蛮，系一音之转，尧舜时称三苗，春秋时称蛮。

2. 屈原《卜居》：“黄钟毁弃，瓦釜雷鸣；谗人高张，贤士无名。”

3.《荀子·宥坐》：孔子观于鲁桓公之庙，有欹器焉。孔子问于守庙者曰：“此为何器？”守庙者曰：“此盖为宥坐之器。”孔子曰：“吾闻宥坐之器者，虚则攲，中则正，满则覆。”孔子顾谓弟子曰：“注水焉。”弟子挹水而注之，中而正，满而覆，虚而攲。孔子喟然而叹曰：“吁！恶有满而不覆者哉！”

4. 芝诺：“人的知识就好比一个圆圈，圆圈里面是已知的，圆圈外面是未知的。你知道得越多，圆圈也就越大，你不知道的也就越多。”

5. 拿破仑晚年被放逐到南大西洋的圣赫勒拿岛上，临死前他感慨地说：“我曾率领过百万雄师，而今连一兵一卒都没有了！我曾横扫三大洲，建立雄霸天下的大帝国，而今连立足之地都没有了！我远比不上拿撒勒的木匠耶稣基督，他没有一兵一卒，也没有占领过分寸土地，可是他的国却建立在人心里，他已经得了千千万万的心灵，使他们心甘情愿为他牺牲，为他服务，并且把他的福音传遍天下……”

皋陶谟

曰若稽古，皋陶曰："允迪厥德，谟明弼谐。"

禹曰："俞！如何？"

皋陶曰："都！慎厥身，修思永。惇叙九族，庶明励翼，迩可远在兹。"

禹拜昌言曰："俞！"

皋陶曰："都！在知人，在安民。"

禹曰："吁！咸若时，惟帝其难之。知人则哲，能官人。安民则惠，黎民怀之。能哲而惠，何忧乎驩兜，何迁乎有苗，何畏乎巧言令色孔壬（rén）？"

▲ 语译 - 考察过去之事。皋陶说："如实遵循先王圣德，则决策得当而且群臣同心。"

大禹说："好，那么如何施行呢？"

皋陶说："噢！要持身谨慎，坚持修养道德。使族人宽厚有序，庶民也会勉力辅佐，由近及远，要从这里开始做起。"

大禹听闻善言拜谢说："好啊！"

皋陶说："噢！关键在于有知人之明，能够安抚民心。"

大禹说："啊！确实如此，可是即使是尧、舜二帝也会感到困难的。有知人之明就是明智，才能选官得当。能安抚民心就是仁德，百姓就会感念他。能做到明智而且仁德，为何还担心驩兜？为何还驱逐三苗？为何还畏惧巧言令色的共工？"

◎ **和解**

1.《孟子·离娄上》："规矩，方员之至也；圣人，人伦之至也。欲为君，尽君道；欲为臣，尽臣道。二者皆法尧舜而已矣。"

2. 黑格尔《历史哲学》："皇帝虽然站在政治机构的顶尖上，具有君主的权限，但是他像严父那样行使他的权限。他便是大家长，必须首先赢得国人的尊重……家庭关系更加真切地体现了这种命令与服从的关系。中国完全是建立在这种道德结合上的，国家的特点就是客观的'家庭孝悌'。中国人将自己看作是属于家庭的，同时又是国家的儿女……家庭义务由法律规定，对个人具有绝对的约束力。"

3. 孔安国、马融、郑玄等认为，九族仅限于父宗，包括上自高祖下至玄孙的九代直系亲属，即玄孙、曾孙、孙、子、身、父、祖父、曾祖父、高祖父；许慎等则认为，九族包括父族

四、母族三、妻族二。父族四是指姑之子（姑姑的子女）、姊妹之子（外甥）、女儿之子（外孙）、己之同族（父母、兄弟、姐妹、儿女）；母族三是指母之父（外祖父）、母之母（外祖母）、从母子（娘舅）；妻族二是指岳父、岳母。

—— **皋陶曰："都！亦行有九德。亦言其人有德，乃言曰，载采采。"**

禹曰："何？"

皋陶曰："宽而栗，柔而立，愿而恭，乱而敬，扰而毅，直而温，简而廉，刚而塞，强而义。彰厥有常吉哉！

"日宣三德，夙夜浚明有家。日严祇敬六德，亮采有邦。翕受敷施，九德咸事，俊乂在官，百僚师师，百工惟时。抚于五辰，庶绩其凝。"

▲ 语译 - 皋陶说："啊！考察人的行为有九种美德。以众人的言辞来印证，如果某人果真有德行，就让他去管理一些政务。"

大禹说："是哪九种美德呢？"

皋陶说："宽宏而且谨慎，柔顺而且刚强，小心而且庄重，干练而且认真，虚心而且果决，正直而且温和，直率而且方正，刚正而且充实，坚韧而且好义。天子如能奖励那些德行有常的人，就称善政了！

“每天彰显九德中的三种，早晚都恭敬努力地执行，诸侯就得以保有其封地；每天庄重恭敬地执行九德中的六种，就可以辅佐天子处理政务。三德与六德并用，普遍施行，让有德之士都担任官职。官员们相互学习，忠于职守，顺从天子，那么诸多事务就能够成功处理了。”

◎ **和解**

1. 汉武帝确立了独尊儒术的基本政策，选拔统治人才特别重视人的品德，强调为人立身以孝为本，任官从政以廉为方，因此，察举孝廉被确定为选拔人才的最重要的科目，成为汉代察举制度最有代表性的典型科目。察举孝廉原为两个科目，汉武帝元光元年（前 134）初令郡国举孝廉各一人，就是举孝一人，察廉一人。然而终两汉之世，孝廉往往连称而混同于一科。自汉武帝之后，至于东汉，从地方官吏到朝廷的名公巨卿，有不少是孝廉出身，对汉代政治影响很大。通过举孝廉，在社会上造成“在家为孝子，出仕做廉吏”的舆论和风尚，起到了“化元元，移风俗”的社会教育作用。

2.《老子》：“是以圣人方而不割，廉而不刿，直而不肆，光而不耀。”

3.《论语·述而》：“子温而厉，威而不猛，恭而安。”

4.《荀子·不苟》：“君子宽而不僈，廉而不刿，辩而不争，察而不激，直立而不胜，坚强而不暴，柔从而不流，恭敬谨慎

老子（约前 571—前 471）

是以圣人方而不割，廉而不刿，

直而不肆，光而不耀。

而容，夫是之谓至文。”

5. 西方理想人格是围绕着理性的灵魂和自由意志这个中心展开的。古希腊人以智慧、勇敢、节制与正义为四种主要美德，文艺复兴时期主张大力发展人的潜能的全才观念，近代社会则将真正自由的人视为他们的理想人格。

——“无教逸欲，有邦兢兢业业，一日二日万几。无旷庶官，天工，人其代之。天叙有典，勑（chì）我五典五惇哉！天秩有礼，自我五礼有庸哉！同寅协恭和衷哉！天命有德，五服五章哉！天讨有罪，五刑五用哉！政事懋哉！懋哉！

“天聪明，自我民聪明。天明畏，自我民明威，达于上下，敬哉有土。”

皋陶曰：“朕言惠可底行。”

禹曰：“俞！乃言底可绩。”

皋陶曰：“予未有知，思日赞赞襄哉！”

▲ 语译 -“不要贪图安逸和沉溺于私欲，为政要兢兢业业，每天的情况都千变万化。不要任用不称职的官员，事务由上天决定，由人来代替完成。上天规定了伦常秩序，告诫我们要做到父义、母慈、兄友、弟恭、子孝，并且使这五种关系深厚亲近。上天规定了尊卑礼仪，我们就要遵循天子、诸侯、卿、大夫、士这五个

等级的礼仪。君臣要相互敬重，团结一致！上天任命有德之人，用五个等级的礼服来表彰他们！上天责罚有罪之人，用五种刑罚惩治他们！处理政务要勤勉啊！要勤勉啊！

“上天所听到看到的，都是从臣民的反应而来。上天表彰好人惩治恶人，也是依据臣民的反应和态度。上天与臣民的心意是相通的，要谨慎啊，拥有领土的君主们！”

皋陶说：“我的话能够实行吗？”

大禹说：“当然！你的话实行之后会收到成效的。”

皋陶说：“我什么都不知道，只想着怎样帮天子治理天下。”

◎ 和解

1. 成语“兢兢业业”“日理万机”的出处。

2. 欧阳修《新五代史·伶官传》：“忧劳可以兴国，逸豫可以亡身。”

3. “达摩克利斯之剑”：公元前4世纪，西西里东部的叙拉古王狄奥尼修斯打击了贵族势力，建立了雅典式的民主政权，但遭到了贵族的不满和反对，这使他感到虽然权力很大，但地位却不可靠。达摩克利斯不了解狄奥尼修斯的真正处境，只一味羡慕他的权力和地位。为了满足达摩克利斯的贪欲，狄奥尼修斯将宫殿交托给他，并赋予他有完全的权力来实现自己的任何欲望。西西里这个追求虚荣、热衷势利的达摩克利斯在庆祝宴会上，抬头看到在自己的座位上方天花板下，沉甸甸地倒悬着一把锋利的长剑，剑柄只有一根马鬃系着，眼看就要掉在头上，吓得他离席而逃。这时狄奥尼修斯王便走出来说道："这把利剑就是每分钟都在威胁国王的危险象征，至于国王的幸福和安乐，只不过是外表的现象而已。"

4. 君权神授。中世纪时期，查士丁尼皇帝竭力歌颂君主的权力，第一个提出君权神授思想，竭力将世俗君权和宗教神权结合起来，从而使东罗马帝国（拜占庭）逐渐发展成为一个神权君主国，实行专制主义的政治体制。

益稷

——帝曰："来！禹，汝亦昌言。"禹拜曰："都！帝，予何言？予思日孜孜。"皋陶曰："吁！如何？"禹曰："洪水滔天，浩浩怀山襄陵，下民昏垫。予乘四载，随山刊木，暨益奏庶鲜食。予决九川距四海，浚畎浍距川；暨稷播，奏庶艰食鲜食。懋迁有无化居。烝民乃粒，万邦作乂。"皋陶曰："俞！师汝昌言。"

▲ 语译－帝舜说："来吧，禹！你也来说说你的高见吧。"禹拜谢道："啊！舜帝！我有什么可说的呢？我只是想每天勤勤恳恳、孜孜不倦地工作罢了。"皋陶说："哦！那么你做了什么工作呢？"禹回答说："洪水弥漫天际，浩浩荡荡包围着高山，漫过了丘陵，天下万民都陷没在洪水之中。我乘坐四种交通工具，沿着山路前行，并砍削沿途的树木作为路标，与伯益一同将刚刚宰杀的鸟兽的肉送给百姓充饥。我疏通了九条大河，使洪水由此注入四海；又疏通了田间的沟渠，使洪水由此汇入大河。我与后稷一同播种百谷，把收获的粮食和鸟兽的肉送给百姓食用。让百姓交换剩余的物资，使他们得以互通有无、调整余缺。这样，百姓

就安定下来了，四方诸侯也开始得到治理。”皋陶说：“好啊！你说的这些真是太好了！”

◎ 和解

1. 成语“懋迁有无”的出处。

2. 古代交通工具。《史记·夏本纪》：“予陆行乘车，水行乘舟，泥行乘橇，山行乘暐。”吕思勉在《中国通史》中说：“《易经·系辞传》说‘服牛乘马，引重致远’，虽不能确定其在何时，然其文承黄帝、尧、舜垂衣裳而天下治之下，可想见黄帝、尧、舜时，车的使用，必已很为普遍了。”

3.《理想国》：“人们分点东西给别的人，或者从别的人那里拿来点东西，每个人却觉得这样有进有出对他自己有好处。”“是不是每个成员要把各自的工作贡献给公众，我的意思是说，农夫要为四个人准备粮食，他要花四倍的时间和劳力准备粮食来跟其他的人共享呢？还是不管别人，只为他自己准备粮食——花 1/4 的时间，生产自己的那份粮食，把其余 3/4 的时间，平均花费在造房子、做衣服和做鞋子上，免得同人家交换，各自为我，只顾自己的需要呢？”

4. 中国西、北两面均无海，而古人却以“四海”指代天下，对此，吕思勉解释说：“四海的海字乃晦暗之义。古代交通不便，又各部族之间，多互相敌视，本部族以外的情形，就茫昧不明，所以夷、蛮、戎、狄，谓之四海。”

——禹曰："都！帝，慎乃在位。"帝曰："俞！"禹曰："安汝止，惟几惟康。其弼直，惟动丕应。徯志以昭受上帝，天其申命用休。"

帝曰："吁！臣哉邻哉，邻哉臣哉。"禹曰："俞！"

帝曰："臣作朕股肱耳目。予欲左右有民，汝翼。予欲宣力四方，汝为。予欲观古人之象，日、月、星辰、山、龙、华虫，作会；宗彝、藻、火、粉米、黼、黻，絺绣。以五采彰施于五色作服，汝明。予欲闻六律五声八音，在治忽，以出纳五言，汝听。予违汝弼，汝无面从，退有后言。钦四邻。庶顽谗说，若不在时，侯以明之。挞以记之，书用识哉，欲并生哉。工以纳言，时而飏之，格则承之庸之，否则威之。"

禹曰："俞哉！帝光天之下，至于海隅苍生，万邦黎献，共惟帝臣。惟帝时举，敷纳以言，明庶以功，车服以庸，谁敢不让，敢不敬应。帝不时，敷，同，日奏，罔功。"

▲ 语译 - 禹说："啊！舜帝，您要慎重对待你的职位啊！"帝舜说："是呀！"禹说："要恪守您的职责，考虑到臣子的安危。如果让正直的人做您的辅臣，那么只要您有所行动，天下万民就会大力响应。重用有德之人，明明白白地接受上帝的命令，上帝就

会不断地将美好的事物赐予您。”

帝舜说：“啊！大臣就是我最亲近的人！我最亲近的人就是这些大臣！”禹附和道：“是啊！”

帝舜说：“大臣就如同我的手臂、大腿、耳朵和眼睛，是我的得力帮手。我要治理天下百姓，你们就要辅佐我；我要花费气力治理四方，你们就要帮助我。我要观察古人衣服上面的图案，把太阳、月亮、星辰、高山、龙、雉这六种图案画在上衣上面；把老虎、水藻、火焰、白米、黑白相间的斧形和黑青相间的两个‘已’字相背的图形绣在下裳上面。用五种颜料制成五种色彩鲜明而迥异的衣服，要从衣服的颜色和图画的不同，表示出地位的高低，这件事你们一定要做好。我想听六种乐律、五种声音、八种乐器的演奏，从音乐当中考察天下的治乱，听取各方诸侯的意见，你负责把这件事做好。假如我犯有过错，你们就应该指出来要团结，而不要当面顺从我，背地里却大发议论，我尊敬的左右近臣！至于那些愚蠢而又喜欢散布谗言的人，如果不能明察为臣之道，就要用射侯之礼来教育他们，用鞭挞的方式来警告他们，还要将他们的罪行以书面形式记录下来，从而督促他们改过自新、追求上进！为官之人要多听取下面的意见，对于好的意见要褒奖、宣扬，对于正确的提议要呈报给君主以便采纳，如果为官之人做不到这一点，就要用刑罚对其加以惩处。”

禹说：“好啊！舜帝，普天之下，四海之内的百姓、各方侯国的贤人，都是您的臣子，您要善于起用他们。广泛采纳他们的意见，严明地考察他们的功绩，以车马、服饰作为奖赏。如果能够做到这一点，又有谁胆敢不互相谦让？又有谁不恭恭敬敬地听从您的号令？假如您不善于分辨是非，将贤臣、庸官混为一谈，那么即便天天起用新人，最终也会徒劳无功。”

◎ **和解**

1. 亚里士多德：“独自治理天下还有个困难，就是他实际上不能独理万机。他还得任命若干官员，帮助处理各项政务。”

2. 沈从文《中国服饰史》：“西周时，等级制度逐步确立，‘非其人不得服其服’也就成为一种与之适应的冠服制度。周王朝并设‘司服’‘内司服’官职，掌管王室服饰。根据文献记载和出土文物分析，中国冠服制度，初步建立于夏商时期，到周代已完整完善，春秋战国之交被纳入礼治。王室公卿为表示尊贵威严，在不同礼仪场合，顶冠既要冕弁有序，穿衣着裳也须采用不同形式、颜色和图案。最著名的为《尚书·益稷》所载十二章服：‘日、月、星辰、山、龙、华虫作绘，宗彝、藻、火、粉米、黼、黻絺绣，以五彩彰施于五色作服。’十二章纹遂成为历代帝王上衣下裳的服章制度，一直沿用到清帝逊位、袁世凯复辟称帝。”

3. 上衣下裳的历史与演变。据考证，商朝时期已出现上衣下裳制，分为常服和礼服。当时上衣的袖较短，裳较窄；西周时，常服仍以上衣下裳为主，衣裳的款式不变，但逐渐变宽，衣袖日渐变大，形成大袖、袪袂款式；春秋战国时，常服、礼服依旧是上衣下裳制，样式日趋精致，但大袖在此时只用做礼服；秦汉时，民间常服是上衣下裳制和深衣制并存，但此时，深衣已逐渐取代上衣下裳，最为流行。此时裳比以前更加宽大；魏晋时，由于受玄学的影响，衣裳日趋宽大飘逸，衣袖也变为魏晋风骨式的敞口，此时，上衣下裳的装束已逐渐式微；隋唐五代仍有，但已更加少见。

4. 六律五声。《周礼·春官·宗伯下》："大师掌六律、六同以合阴阳之声。阳声：黄钟、大簇、姑洗、蕤宾、夷则、无射。阴声：大吕、应钟、南吕、函钟、小吕、夹钟。皆文之以五声：宫、商、角、徵、羽。"《国语·周语下》："律所以立均出度也。古之神瞽考中声而量之以制，度律均钟，百官轨仪，纪之以三，平之以六，成于十二，天之道也。夫六，中之色也，故名之曰黄钟，所以宣养六气、九德也。由是第之：二曰太蔟，所以金奏赞阳出滞也。三曰姑洗，所以修洁百物，考神纳宾也。四曰蕤宾，所以安靖神人，献酬交酢也。五曰夷则，所以咏歌九则，平民无贰也。六曰无射，所以宣布哲人之令德，示民轨仪也。为之六间，以扬沉伏，而黜散越也。元间大吕，助宣物也。二间夹钟，出四隙之细也。三间仲吕，宣中气也。四间林钟，和展百事，俾莫不任肃纯恪也。五间南吕，赞阳秀也。六间应钟，均利器用，俾应复也。"

5. 萨义德《知识分子论》："在我看来最该指责的就是知识分子的逃避……害怕看来具有争议性……想要保有平衡、客观、温和的美誉；希望能被请教、咨询，成为有声望的委员会的一员，以留在负责可靠的主流之内……"

6. 梁启超《中国之旧史》："二十四史非史也，二十四姓之家谱而已。其言似稍过当，然按之作史者之精神，其实际固不诬也。吾国史家，以为天下者君主一人之天下，故其为史也，不过叙某朝以何而得之，以何而治之，以何而失之而已，舍此则非所闻也。"

——**"无若丹朱傲，惟慢游是好，傲虐是作。罔昼夜頟頟，罔水行舟。朋淫于家，用殄厥世，予创若时。娶于涂山，辛壬癸甲。启呱呱而泣，予弗子，惟荒度土功。弼成五服，至于五千。州十有二师，外薄四海，咸建五长。各迪有功，苗顽弗即功，帝其念哉！"**

帝曰："迪朕德，时乃功惟叙。"皋陶方祗厥叙，方施象刑惟明。

▲ 语译 -"不要像丹朱那样傲慢，他除了懒散贪玩、戏谑作乐之外没有什么别的爱好。不论白天还是黑夜，他都胡作非为，洪水已经消退，他还坐在船里让人推着玩。他还伙同其他人在家中肆意淫乱，因此我没让他继承尧的帝位。我对他的所作所为感到十

分悲伤。当初我在辛日娶了涂山氏的女儿为妻，经过壬日、癸日，到了甲日这天，我就去治理洪水了。当我的儿子启出生，呱呱啼哭的时候，我顾不上对他加以爱抚，心里只是想着如何完成治理水土的大业。我重新划分了五个等级的服役区域，一直到五千里以外的地方。全国分为十二个州，每个州征集诸侯中的贤者为州长，从天下九州到四海之滨，每五个诸侯国设立一名长官，由他们领导诸侯治理洪水，只有三苗违抗命令，不肯接受任务，恐怕舜帝您要为此事操心了！”

帝舜说：“用我的德教去开导他们吧，如果适时行事，他们一定会顺从的。”皋陶敬重那些顺从的臣子，而对于那些违抗命令的，则把刑杀的图像刻在器物之上以示警戒，这样一来，人们就会明白抗命的后果。

◎ 和解

1. 梅尧臣《涂山》：“古传神禹迹，今向旧山阿。莫问辛壬娶，从来甲子多。夜淮低激射，朝江上嵯峨。荒庙立泥骨，岩头风雨过。”

2. 苏辙《和子瞻濠州七绝·涂山》：“娶妇山中不肯留，会朝山下万诸侯。古人辛苦今谁信，只见清淮入海流。”

3. 尼采《查拉图斯特拉如是说》：“我爱那些不想望保全自己的人们，我以我的全心的爱去爱那些下降而死灭的人们：因为他们走向着超越。”

4. 干支纪法最早只用于纪日，后来才用来纪年。考古发现，在商朝后期帝王帝乙时期的甲骨上，就刻有完整的六十甲子，可能是当时的日历。这表明，至少在商朝时，先民们已经开始使用干支纪日了。梁启超在考证十天干和十二地支时，猜测中国古代干支纪法的发明，可能与腓尼基的二十二字母有关联；但郭沫若却认为，十天干属于十进位记数法的自然结果，多半是殷人所创制的，而十二地支则可能是从巴比伦流传到商朝的。此外，还有其他学者主张十天干起源于我国古代“羲和生十日”的神话传说，产生于渔猎时代的原始社会；“十二地支”则从“常羲生月十有二”的神话演变而来。

5. 古希腊罗马的纪年法。据古史记载，希腊古代城邦数目众多，各邦几乎都有自己的纪年系统与方法。公元前 5 世纪末，出现了以 4 年一次的奥林匹克赛会纪年的全新体系，而第一届赛会（公元前 776 年）则成为古希腊正式纪年的起点。罗马在公元前一世纪征服了地中海地区以后，采用了奥林匹克赛会纪年、雅典执政官年以及罗马执政官年的综合纪年法，从而将古希腊传统与罗马历史联系起来。至于罗马自身的纪年方法，最具年代学研究价值的是公元前三世纪的大祭司年代记，这种逐年记事方法对早期罗马史家产生了深远的影响。罗马历史学家加图接受了埃涅阿斯在特洛伊陷落后率部到意大利建立罗马城的古希腊传统，并把罗马城的建立定在特洛伊战争后的 423 年。公元前一世纪的史学家瓦罗认为罗马城创建于公元前 753 年，他采用了“自建城以来”的纪年体系。奥古斯都统治时制定的卡皮托执政官表部分继承了瓦罗年表，但在每年的起止算法上存在着分歧。除了上述纪年以外，罗马纪年方法还有行省纪年、戴克里先纪年以及耶稣诞生纪年法（即当今流行的公元纪年法）。由于这些纪年的起止年代各有差异，所以换算成现行的公元纪年也各不相同。

—— **夔曰：“戛击鸣球、搏拊、琴瑟，以咏。”祖考来格，虞宾在位，群后德让。下管鼗鼓，合止柷敔。笙镛以间，鸟兽跄跄；箫韶九成，凤皇来仪。**

夔曰：“於！予击石拊石，百兽率舞。”

庶尹允谐，帝庸作歌曰：“敕天之命，惟时惟几。”乃歌曰：“股肱喜哉！元首起哉！百工熙哉！”皋陶拜手稽首飏言曰：“念哉！率作兴事，慎乃宪，钦哉！屡省乃成，钦哉！”乃赓载歌曰：“元首明哉，股肱良哉，庶事康哉！”又歌曰：“元首丛脞（cuǒ）哉，股肱惰哉，万事堕哉！”

帝拜曰：“俞！往，钦哉！”

▲ 语译 - 夔说：“敲起玉磬，打起搏拊，弹奏琴瑟，在乐器的伴奏下唱起歌来吧！”列祖列宗以及亡父的魂灵降临了，前代帝王的后裔现在已作为舜帝的宾客就位了，各方诸侯国君也在庙堂之

上相互揖让。堂下管乐和小鼓演奏起来，以击柷作为乐曲的开始，以击敔作为乐曲的尾声，其间笙和大钟交替奏鸣。扮演鸟兽的舞队伴着节奏翩翩起舞，韶乐的曲子变换了九次以后，扮演凤凰的舞队便成双成对地出来起舞了。

夔说："啊！我敲击着石磬，扮演百兽的舞队纷纷跳起舞来，各位官长也随着音乐一起来跳舞吧！"

百官互相信任，和睦团结。帝舜因此作歌。他说："努力按照天命行事，事事都要小心谨慎。"于是便唱起歌来："得力的大臣乐意效力啊！君王精神振奋啊！天下任何事业都会兴旺发达！"皋陶向帝舜跪拜叩头，说道："对此要念念不忘啊！您率领臣子统治天下，小心谨慎地对待您所制定的法度，一定要认真啊！时常考察自己的成绩，一定要认真啊！"于是他继续唱道："君王圣明啊！大臣贤良啊！百事安康啊！"他又唱道："君王胸无大志而执著于琐碎之事啊！大臣懒惰闲散而不能勤于政务啊！任何事情都要荒废啊！"

帝舜拜谢道："是啊！我们就去认真做事吧！"

◎ **和解**

1. 屈原《离骚》："奏《九歌》而舞《韶》兮，聊假日以偷乐。"
2. 李泽厚《美的历程》："这种原始的什么意识和艺术创作并不是观照活静观，不像后世美学家论美之本性所认为的那样。相反，它们是一种狂烈的活动过程。之所以说'龙飞凤舞’，正因为它们作为图腾所标记、所代表的，是一种狂热的巫术礼仪活动。”“作为巫术礼仪的意义内核的原始神话不断人间化和理性化，那种种含混多以不可能作合理解释的原始因素日见削弱或减少，巫术礼仪、原始图腾逐渐让位于政治和历史。……在这之前，原始歌舞的图腾活动仍然是笼罩着整个社会意识形态的巨大身影。”

3. 凤凰崇拜。凤凰的起源约在新石器时代，原始社会彩陶上的很多鸟纹是凤凰的雏形，距今约 7400 年的湖南洪江高庙文化遗址中，出土了一件白色陶罐，其颈部和肩部各戳印有东方神鸟（包括兽面、太阳）图案，一只朝向正面，一只侧面回首。据考古专家鉴定，这件陶器上的神鸟图案即凤凰，要比浙江余姚河姆渡文化遗址中发现的凤凰图案至少要早 400 年，是迄今为止我国发现的最早的凤凰图案。

4. 古希腊神话中的“不死鸟”也被称为凤凰，郭沫若《凤凰涅槃》序：“天方国古有神鸟名‘菲尼克司’（Phoenix），满五百岁后，集香木自焚，复从死灰中更生，鲜美异常，不再死。”

禹贡

禹别九州，随山浚川，任土作贡。

禹敷土，随山刊木，奠高山大川。

冀州：既载壶口，治梁及岐。既修太原，至于岳阳；覃（tán）怀底绩，至于衡漳。厥土惟白壤，厥赋惟上上错，厥田惟中中。恒、卫既从，大陆既作。岛夷皮服，夹右碣石入于河。

济、河惟兖（yǎn）州。九河既道，雷夏既泽，澭、沮会同。桑土既蚕，是降丘宅土。厥土黑坟，厥草惟繇，厥木惟条。厥田惟中下，厥赋贞。作十有三载，乃同。厥贡漆、丝，厥篚织文。浮于济、漯，达于河。

海岱惟青州。嵎夷既略，潍、淄其道。厥土白坟，海滨广斥。厥田惟上下，厥赋中上。厥贡盐、絺（chì），海物惟错。岱畎丝、枲、铅、松、怪石。莱夷作牧，厥篚、檿（yǎn）丝。浮于汶，达于济。

海岱及淮惟徐州。淮、沂（yí）其乂，蒙、羽其艺，大

野既猪，东原厎平。厥土赤埴坟，草木渐包。厥田惟上中，厥赋中中。厥贡惟土五色，羽畎夏翟，峄(yì)阳孤桐，泗滨浮磬，淮夷蠙珠暨鱼，厥篚玄纤缟。浮于淮、泗，达于河。

淮海惟扬州。彭蠡既猪，阳鸟攸居。三江既入，震泽厎定。篠(xiǎo)簜既敷，厥草惟夭，厥木惟乔。厥土惟涂泥，厥田惟下下，厥赋下上上错。厥贡惟金三品，瑶、琨篠、簜、齿、革、羽、毛，惟木。岛夷卉服，厥篚织贝，厥包橘柚锡贡。沿于江海，达于淮、泗。

▲ 语译 - 大禹划分九州的疆界，顺延山势开拓道路，标注路标，疏通河道，依据土地的肥沃程度来制定相应的缴税纳贡标准。

禹划分土地的疆界，砍伐树木制成路标，为大河高山命名。

冀州：从壶口完成水利施工后，随后着手治理梁山及其支脉。太原地区被治理好后，又修建到了太岳山的南侧。覃怀周边的治理取得了非常好的成效，又对横流汇入大河的漳水进行治理。这周围都是白壤，赋税是头等的，也有部分区域是第二等赋税，而这里的土壤属于第五等。等到恒水与卫水沿着河道流进大海当中后，禹开始着手治理陆泽。岛夷人用皮服进贡，先前往碣石山，再进入黄河。

济水与黄河之间的区域是兖州。黄河下游的九大支流被逐一疏通，雷夏成为了湖泽，澭水以及沮水汇合后流进雷夏泽中。可以栽种桑树的区域都开始养蚕，因此人们都从山上搬到平地上生活。此处的土地极为肥沃，草木都极为茂盛，长势很好。此处的田地属于第六等，赋税为第九等，辛劳耕种了十三个年头才与另外的八个州处于同一水平线上。此处上贡的物品是漆与蚕丝，以及用竹筐装的彩绸。进贡的道路从济水以及漯水乘船进入黄河。

渤海和泰山之间的区域是青州。嵎夷在被治理好后，潍水以及淄水也已然疏通好了。那里土壤既白又肥，海边还有一片很广阔的盐碱地。这一带的土地属于第三等，赋税则为第四等。此处进贡的物品乃是盐以及细葛布，还有多种海产。还有泰山的丝、麻、锡、松以及独特的奇石。莱夷周围能够放牧。进贡的物品是用筐装的柞蚕丝。进贡的船只从汶水通向济水。

黄海、泰山以及淮河之间的地带是徐州。淮河、沂水被治理好后，蒙山、羽山四周的区域已然能够种植庄稼了，大野泽当中有着很深的积水，东原四周也得到极好的治理。那里的土显露出红色，显得既黏又肥，草木不断生长而很是茂盛。此处的田地划为第二等，赋税则属于第五等。此处的贡品为五色土，羽山山谷的大山鸡，峄山南面的特产桐木，泗水河畔的可以制作成磬的石头，淮河的蚌珠以及鱼类。还有用筐子装的黑色绸缎与白色丝绢。进贡的船只是在淮河与泗水行进，达到与济水连通的菏泽，由济水入黄河。

淮河与黄海之间是扬州。彭蠡泽已经汇集了深水，南方各岛都能够安居。三条江水已经流到了大海当中，震泽也得到了安定。小竹以及大竹已经在各地生长，草极为茂盛，树木也很是高大。此处的土属于潮湿的泥。田地是第九等，赋税属于第七等，也有部分土地缴纳第六等的赋税。这里的贡品有金、银、铜、美玉、奇石、小竹、大竹、象牙、犀皮、鸟羽、旄牛尾以及优良木材。东南沿海的各个岛屿上的人穿着用草编成的衣服。这一带将那种用筐装的贝锦，将橘柚包裹起来作为贡品。进贡的船沿着长江、黄海来到淮河、泗水。

◎ **和解**

1. 吕思勉："中国民族，最初大约是湖居的。水中可居之处称洲，人所聚居之地称州，'州'、'洲'虽然异文，实为一语，显而易见。古州岛同音，洲字即岛字。"

2.《中国赋税史》："夏禹在治理水患时，也考察了各地的地形和土质，将全国各地的田土，按高下、肥瘠分为九等，又根据使用的情况规定了赋税等级。其征收比率，据说是'十一而税'"。

"夏代的田赋征收有两种：一种是按田土的农产品产量征收定额的田赋；一种是根据各地的特产，强行规定贡纳土特产品。据史籍记载，夏代把全国分为五个区域，在王城之外，每五百里为一区，根据各区距离王城的远近和运输负担，确定缴纳物品的精、粗。赋税的比率，一般是收获量的十分之一。因年成有好坏，夏代的做法是将相邻几年的收获，

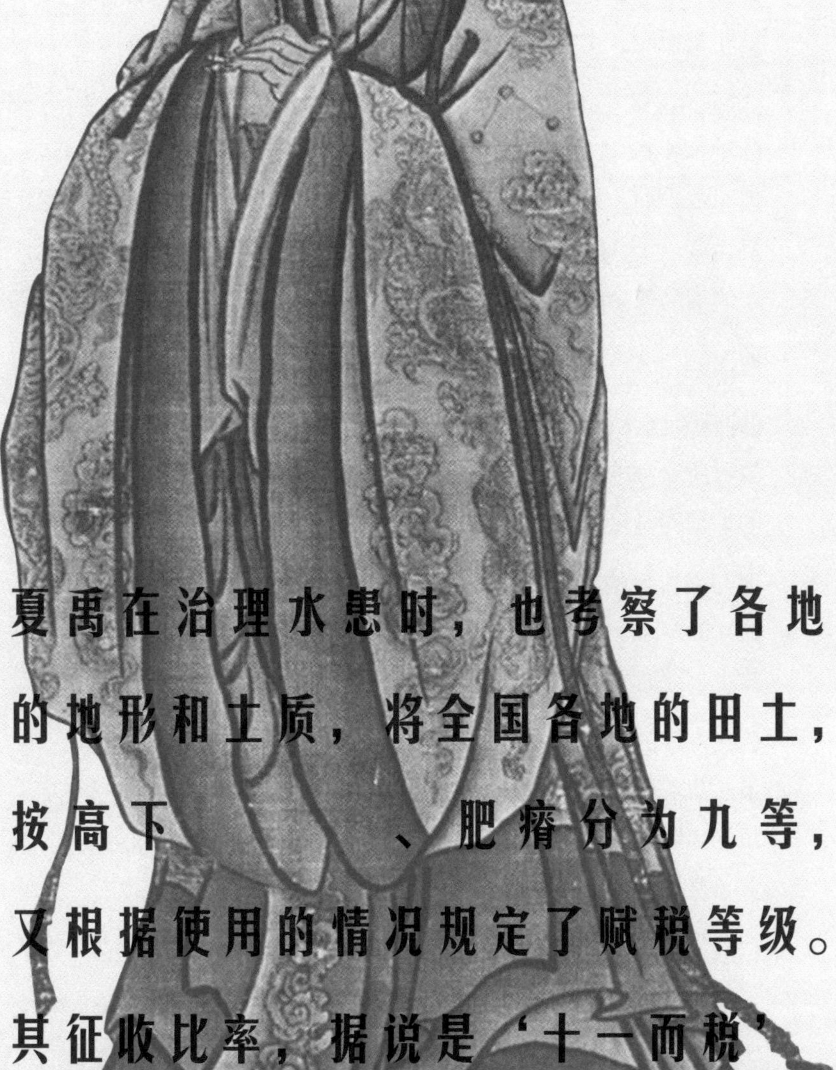

夏禹（生卒年不详）

夏禹在治理水患时，也考察了各地的地形和土质，将全国各地的田土，按高下、肥瘠分为九等，又根据使用的情况规定了赋税等级。其征收比率，据说是‘十一而税’

求出一个平均数，以其平均收获量的十分之一，作为贡赋定额，不分凶年、丰年，都要缴纳规定数量的粮食。所以，夏朝的税赋，实际上是一种农业定额税。”

“除赋税之外，还有土贡，即各地诸侯、臣属向夏国王贡纳的土产、珍宝。如扬州贡金二品、瑶、琨（美玉）、竹箭、齿、革、羽、旄、橘、柚；徐州贡五色土、孤桐、浮磬、珠及鱼等。这里面又分常贡和临时贡纳，后者一般是那些难得的物品或新鲜果品。”

3. 地图。

《坤舆万国全图》是意大利耶稣会的传教士利玛窦在中国传教时所绘制的世界地图，是国内现存最早的，也是绝无仅有的据刻本摹绘的世界地图。

现存最古老的地图分别是距今约 4700 年的苏美尔人和距今约 4500 年的古代巴比伦人绘制的地图，后者绘制在黏土陶片上，绘有山脉、四个城镇和流入海洋的河道。

近代发现的太平洋海岛原始部落会用木柱制作海岛图，用柳条、贝壳编缀海道图，爱斯基摩人也草绘有海港图，这些图画表明原始地图可能都是些示意的模型地图，起着确定位置、辨识方向的作用。

—— **荆及衡阳惟荆州。江、汉朝宗于海，九江孔殷，沱、**

潜既道，云土、梦作乂。厥土惟涂泥，厥田惟下中，厥赋上下。厥贡羽毛齿革，惟金三品，杶（chūn）榦栝柏，砺砥砮丹，惟箘（jùn）簵（lù）、楛（hù）。三邦底贡厥名，包匭（guǐ）菁茅，厥篚玄纁玑组，九江纳锡大龟。浮于江、沱、潜、汉，逾于洛，至于南河。

荆河惟豫州。伊、洛、瀍、涧既入于河，荥波既猪。导菏泽，被孟猪。厥土惟壤，下土坟垆。厥田惟中上，厥赋错上中。厥贡漆、枲、絺、纻，厥篚纤。纩，锡贡磬错。浮于洛，达于河。

华阳黑水惟梁州。岷、嶓既艺，沱、潜既道，蔡、蒙旅平，和夷底绩。厥土青黎，厥田惟下上，厥赋下中三错。厥贡璆、铁、银、镂、砮、磬，熊、罴、狐、狸、织皮。西倾因桓是来，浮于潜，逾于沔，入于渭，乱于河。

黑水西河惟雍州。弱水既西，泾属渭汭，漆、沮既从，沣水攸同。荆、岐既旅，终南、惇物，至于鸟鼠。原隰底绩，至于猪野。三危既宅，三苗丕叙。厥土惟黄壤，厥田惟上上，厥赋中下。厥贡惟球琳琅玕。浮于积石，至于龙门西河，会于渭汭。织皮昆仑、析支、渠搜，西戎即叙。

▲ 语译 - 荆山与衡山南侧的区域是荆州。长江、汉水犹如诸侯

朝见天子一般奔流进入海洋，洞庭湖的水系安定了，沱水、潜水被疏通后，云梦泽周围能够耕作了。此处的土是潮湿的泥，田地则属于第八等，赋税为第三等。此处的贡物为羽毛、旄牛尾、象牙、犀皮以及金、银、铜、椿树、柘树、桧树、柏树、粗磨石、细磨石、可以制造箭头的石头、丹砂以及美竹、楛木。三个诸侯国进贡各自的名产，被包裹好的杨梅、菁茅，放到筐中的彩色丝绸以及成串的珍珠，九江则负责进贡大龟。这些贡品由船承载经过长江、沱水、潜水、汉水，抵达汉水的上游，改走陆路来到洛水，再前往南河。

荆山、黄河之间的地区是豫州。伊水、瀍水以及涧水在此地都已流入到洛水，又流进黄河，荥波泽有着大量积水。疏通菏泽后，还在孟猪泽修建了堤防。此处的土属于柔软壤土，低地的土则属于肥沃的黑色硬土。此处的田地属于第四等，赋税则为第二等，也有少部分地区的赋税属于第一等。贡物有漆、麻、细葛、苎麻，用筐装的丝绸以及细绵，又进贡了可以制作玉磬的石头。进贡的船只需要在洛水中航行就能来到黄河。

华山南部与黑水之间的区域是梁州。岷山、嶓冢山得到治理后，沱水、潜水也已然疏通了。峨眉山、蒙山得到治理后，和夷周围区域也得到了有效治理。此处的土属于疏松黑土，田地算是第七等，赋税为第八等，也有部分地区是第七或第九等。贡物为美玉、铁、银、钢铁、作箭镞的石头、磬，熊、马熊、狐狸、野猫等用以制作衣裘的兽皮。西倾山的贡物沿桓水行进，进贡的船只在潜水中航行，然后上岸陆行，再坐船经过沔水、渭水，最后横渡渭水抵达黄河。

黑水与西河之间的区域是雍州。弱水经过疏通，已经朝着西方流淌，泾河流到渭河之湾，漆水、沮水已经与洛水会合并流入黄河，沣水也向北流淌并与渭河会合。荆山、岐山得到治理后，终南山、惇物山直到鸟鼠山也全都得到了有效治理。原隰的治理取得了很好的成效，甚至猪野泽都得到了治理。三危山已经有人居住，三苗也就安定了。此处的土为黄色，田地属于第一等，赋税为第六等。贡物为美玉、美石以及珠宝。进贡的船只从积石山附近的黄河，行进到龙门、西河，与从渭河逆流而上的船只在渭河北面会合。织皮的人民居住在昆仑、析支、渠搜三座山下，西戎各族也就随着顺从了。

◎ **和解**

1. 云梦泽。孟浩然《望洞庭湖赠张丞相》：“气蒸云梦泽，波撼岳阳城。”
2. 荆楚之地出产金属。学者扬之水在《诗经名物新证》中说，西周之所以征讨楚国（即如今的河南南部、湖北北部之间的汉淮流域地区），除了文化和交通上的原因以外，更重要的原因就是：长江中下游有蕴藏丰富的铜矿带，该地出产的“南金”，正是中原地区青铜器制作的原料来源。吕思勉也在《中国通史》中印证了楚地采矿业的发达：“在古代，因为技术所限，铜尤要于铁……《左氏》僖公十八年，‘郑伯始朝于楚。楚子赐之金。既而悔之。与之盟，曰：无以铸兵。’可见是时的兵器，还以南方为利。”

3. 三危山，又名卑羽山，位于现敦煌市东南25公里处，绵延60公里，主峰在莫高窟对面，三峰危峙，故名三危。

4. 当代考古发现，大象曾经出现在古代中国的许多地方：1970年代，甘肃省合水县出土了距今250万年的剑齿象化石；1980年代，云南省昭通市陆续出土了若干古象化石；2007年，湖北省房山县出土了距今200万年的远古大象门齿化石；2011年，北京市昌平区北运河出土了象骨化石，并被初步鉴定为距今约一万年的古菱齿象化石。

5. 枲、絺、纻都是古代用麻布做出的衣服。《礼运》记载：“未有麻丝，衣其羽皮。”吕思勉认为，先民的衣服，大抵用草或皮革做成。农耕之民，大约以草为原料（如屈原《离骚》中的“制芰荷以为衣兮，集芙蓉以为裳”即为明证）；渔猎之民，则以皮为衣服的原料。麻丝的发明，自然是个很大的进步。此后，织法也应运而生。

—— **导岍及岐，至于荆山，逾于河，壶口、雷首，至于太岳。厎柱、析城至于王屋，太行、恒山，至于碣石，入于海。西倾、朱圉、鸟鼠至于太华；熊耳、外方、桐柏至于陪尾。导嶓冢，至于荆山，内方，至于大别。岷山之阳，**

至于衡山，过九江，至于敷浅原。

导弱水，至于合黎，余波入于流沙。

导黑水，至于三危，入于南海。

导河积石，至于龙门；南至于华阴，东至于厎柱；又东至于孟津，东过洛汭，至于大伾；北过降水，至于大陆；又北播为九河，同为逆河，入于海。

嶓冢导漾，东流为汉，又东为沧浪之水，过三澨，至于大别；南入于江，东汇泽为彭蠡，东为北江，入于海。

岷山导江，东别为沱，又东至于澧；过九江，至于东陵，东迤北会于汇；东为中江，入于海。

导沇水，东流为济，入于河，溢为荥；东出于陶丘北，又东至于菏；又东北会于汶，又北东入于海。

导淮自桐柏，东会于泗、沂，东入于海。

导渭自鸟鼠同穴，东会于沣，又东会于泾；又东过漆、沮，入于河。

导洛自熊耳，东北会于涧、瀍，又东会于伊，又东北入于河。

▲ 语译 - 开通了岍山以及岐山的道路，抵达荆山，穿越黄河。又开通了壶口山、雷首山，抵达太岳山。又开通厎柱山、析城山，抵达王屋山。又开通了太行山、恒山，抵达石碣山，从此处流进

渤海。开通西倾山、朱圉山、鸟鼠山，抵达太华山。又开通了熊耳山、外方山、桐柏山，抵达陪尾山。开通嶓冢山到达荆山。开通内方山到达大别山。开通岷山的南面到达衡山，经过洞庭湖到庐山。

疏通弱水到合黎山，下游则流向沙漠。疏通黑水抵达三危山，流到南海。

疏导黄河，从积石山起始，抵达龙门山；再向南抵达华山的北侧；再向东来到底柱山；又向东则抵达孟津；又向东经过洛水与黄河交会处，到达大伾山；然后向北经降水，到大陆泽再次向北，分为九条支流，再会合成一条逆河，流到大海。

从嶓冢山开始疏导漾水，向东流成为汉水；又向东流，成为沧浪水；经过三澨水，到达大别山，向南流进长江。向东便汇成大泽，即彭蠡泽；向东，称为北江，流进大海。

从岷江开始疏导长江，向东另外分出一条支流称为沱江；又向东到达澧水；经过洞庭湖，到达东陵；再向东斜行向北，与淮河会合；向东被称为中江，流进大海。

疏导沇水，向东流就被称为济水，流入黄河，河水溢出形成了荥泽；又从定陶的北侧向东流淌，再向东到达菏泽；又向东北流淌，与汶水会合；再朝北，转而向东，流进大海。

从桐柏山处开始对淮河进行疏导，向东与泗水、沂水交会，向东流到大海。

从鸟鼠同穴山开始对渭水进行疏导，向东与沣水会合，再向东与泾水交会；再向东经漆沮水，汇集到黄河中。

从熊耳山开始对洛水进行疏导，向东北，与涧水、瀍水交会；又朝东，与伊水交会；又朝向东北，流进黄河。

◎ **和解**

1. 经过现代科学考察，黄河上游有三个源头：西源玛曲，又称约古宗列渠，源于巴颜喀拉山脉中部的雅拉达泽山东麓的约古宗列盆地西南缘；中源卡日曲，又称喀喇渠，发源于巴颜喀拉山脉中部的各姿各雅山北麓；南源多曲，源于巴颜喀拉山脉北麓的日吉山附近。

2. 黄河之水患。钱穆考证说，殷商时代，黄河流经之地，都是沃土，此时未闻水患之事。水患始见于周定王五年，此后，由于战国时期各国长期战争，竞筑堤坝，或者决堤以淹没敌国，壅塞水源以危害邻国，遂造成两汉之间的严重水患。直到东汉王景治河成功，此后九百年又未见水患。

—— **九州攸同，四隩既宅。九山刊旅，九川涤源，九泽既陂。四海会同，六府孔修。庶土交正，厎慎财赋，咸则三壤成赋。中邦锡土姓。祗台德先，不距朕行。**

五百里甸服。百里赋纳总，二百里纳铚，三百里纳秸

服，四百里粟，五百里米。

五百里侯服。百里采，二百里男邦，三百里诸侯。

五百里绥服。三百里揆文教，二百里奋武卫。

五百里要服。三百里夷，二百里蔡。

五百里荒服。三百里蛮，二百里流。

东渐于海，西被于流沙，朔南暨声教，讫于四海。禹锡玄圭，告厥成功。

▲ 语译 - 九州的水患都被消除了，四方的土地都能够居住了，九条山脉都修建好了，道路能够通行了，九条河流的水源都被疏通了，九个湖泽都修建好了堤防，四海之内进贡的通道尽皆畅通无阻。水火金木土谷六府都被治理得非常好，各地都能够征收赋税，并且细致规定了征取财物赋税的数额，要根据土地的各个等级来确定。九州的土地都赏给诸侯，并赋予他们姓氏。诸侯们应该把尊敬我的德行放在首要地位，不准违背我所推行的德教。

国都以外五百里的区域称作甸服。离国都最近的一百里范围内要缴纳连秆的禾；距离二百里范围内的，缴纳禾穗；三百里内的，缴纳带稃的谷；四百里的，应当缴纳粗米；五百里的则应当缴纳精米。

甸服以外五百里区域称作侯服。离甸服最接近的一百里替天子服差役；二百里区域，作为国家差役；三百里区域的，担当侦察工作。

侯服以外的五百里区域称为绥服。三百里的依据天子的政教在自己的封地里推行；二百里区域内，应当奋扬武威守卫天子。

绥服以外五百里内称为要服。三百里区域内，约定必须要和平相处；二百里区域内，约定一定要遵守条约。

要服以外五百里范围内被称为荒服。三百里区域，维持隶属关系；二百里的，进贡与否由他们自己决定。

东方进入大海，西方抵达沙漠，从北方到南方，国王的德教都已远达外族居住之地。于是禹被赐给玄色美玉，表示已大功告成。

◎ **和解**

1. 丧服五服，古代服丧期间有五种丧服样式，依据与死者亲缘关系的远近，穿着不同样式的丧服。这五种丧服分别是斩衰、齐衰、大功（大红）、小功（小红）、缌麻。

2. 西方人偏爱数字“3”，古希腊人偏爱数字3和3的倍数，基督教文化中，数字“3”以及数字“12”的出现十分频繁：以色列有三大圣祖；先知约拿在鱼腹中活了三天三夜；耶稣降生时“三王来朝”；彼得三次不认主；犹大出卖耶稣要了三十银元；基督受难第三日复活；基督教教义中有“三位一体”的说法，这都为数字“3”披上了神秘的色彩。

3. 这段文字描述出了后世共主制度的雏形。张荫麟在《中国史纲》中这样论述周朝的共主制度："名义上这整个的帝国是'王土'，整个帝国里的人都是'王臣'，但事实上周王所直接统属的只是王畿之地……王畿之地，在周人的估计中，是约莫一千里左右见方。王畿之外，周室先后至少封立了130个以上（确数不可考）的诸侯国，诸侯对王室的义务不过按期纳贡朝觐，出兵助王征伐，及救济畿内的灾患而已。诸侯国的内政几乎完全自主……另一方面，周王在畿内，诸侯在国内，各把大部分的土地，分给许多小封君。每个小封君是其封区内政治上和经济上的世袭主人，人民对他纳租税，服力役和兵役，听凭他生杀予夺，不过他每年对诸侯或王室有纳贡的义务。"

甘誓

—— **启与有扈战于甘之野，作《甘誓》。**

大战于甘，乃召六卿。

王曰：“嗟！六事之人，予誓告汝：有扈氏威侮五行，怠弃三正。天用剿绝其命。今予惟恭行天之罚。左不攻于左，汝不恭命；右不攻于右，汝不恭命；御非其马之正，汝不恭命。用命，赏于祖；弗用命，戮于社，予则孥（nú）戮汝。”

▲ 语译 - 夏启同有扈氏在甘地郊野作战，史官记下了夏启作战誓师的言辞，写成《甘誓》。

夏启与有扈氏即将在甘地的野外进行一场大战，于是夏启召集了统领军队的六卿将领。

王说：“啊！所有的将军啊，我要对你们宣告誓词作为告诫：有扈氏违背了天命，轻视五行规律，违背天道，对天地人三道不敬。上天因此要断绝其国祚，现在我尊奉上天的旨意，对他们进行惩罚。战车左侧的士兵假如不好好用箭射杀敌人，你们就没有奉行我的命令；战车右侧的士兵如果不好好努力用矛刺杀敌人，你们也同样是不奉行我的命令；身处中间，负责驾车的士兵假如没能很好地驾驭战马，你们也等同于没奉行我的命令。服从命令的人，我就在祖先的神位前进行赏赐；没有服从命令的人，我就在社稷的神位前进行惩罚，我将把你们变成奴隶，或是干脆杀掉。”

◎ **和解**

1. 范文澜在《中国通史》中解释启攻伐有扈氏的原因：“夏启袭位以后，召集众部洛酋长在钧台（河南禹州北门外）大宴会，表示自己正式继位。夷族当然不满意，启放弃阳翟，西迁到大夏（汾、浍流域），建都安邑（山西安邑县西）。与夏同姓姒的部落有扈氏（陕西户县）起兵，反对启破坏禅让旧制。启战败有扈，罚有扈氏做牧奴……帝位世袭是一种新制度，经数十年混乱争斗以后，终于战胜了传统旧制度‘禅让’，有扈氏是这个旧制度的牺牲者。后世称他‘为义而亡’，其实适合时宜才叫作义，违反时宜便是不义，有扈氏的亡，不是因为‘为义’而是因为为‘不义’。”

2. 古代其他国家的战车建制。古埃及战车配置驭手一名，士兵两名，装备组合弓、标枪和长矛，作战时先以弓箭袭击敌人，待到敌阵散乱时发动冲锋，突入敌阵前投掷标枪，然后用长矛格斗。亚述战车乘员四人，装备弓箭、长矛和斧刀，士兵先远距离射箭，然后挺矛冲入敌阵，跳下车来以斧刀厮

夏启袭位以后，召集众部落酋长在钧台大宴会，表示自己正式继位。夷族当然不满意，启放弃阳翟，西迁到大夏，建都安邑。

夏启（生卒年不祥）

杀，战车的作用类似现代的装甲运兵车。

3. 军法。在古罗马军队中，如果在战场上丧失了本队的旗帜、鼓号，要实行所谓“什一法”，士兵报数后，逢十抽一斩首，撤销该部队番号，剩余士兵分散编入其他部队，这被认为是最严酷的军法。

4. 希罗多德《历史》：“他们（拉凯戴孟人）随身带着枷锁，因为他们相信那不可靠的神托，以为他们将会使铁该亚人变成他们的奴隶。然而在这次战争中他们失利了；变成了敌人俘虏的那些人被迫给铁该亚人耕地，他们带上了他们自己带去的枷锁，并用绳索来测量土地。”

五子之歌

——太康失邦，昆弟五人须于洛汭，作《五子之歌》。

太康尸位，以逸豫灭厥德，黎民咸贰。乃盘游无度，畋于有洛之表，十旬弗反。有穷后羿因民弗忍，距于河。厥弟五人御其母以从，徯于洛之汭。五子咸怨，述大禹之戒以作歌。

其一曰："皇祖有训，民可近，不可下。民惟邦本，本固邦宁。予视天下，愚夫愚妇一能胜予。一人三失，怨岂在明？不见是图。予临兆民，懔乎若朽索之驭六马，为人上者，奈何不敬？"

其二曰："训有之，内作色荒，外作禽荒。甘酒嗜音，峻宇雕墙。有一于此，未或不亡。"

其三曰："惟彼陶唐，有此冀方。今失厥道，乱其纪纲，乃底灭亡。"

其四曰："明明我祖，万邦之君。有典有则，贻厥子孙。关石和钧，王府则有。荒坠厥绪，覆宗绝祀！"

其五曰："呜呼曷归？予怀之悲。万姓仇予，予将畴依？郁陶乎予心，颜厚有忸怩。弗慎厥德，虽悔可追？"

▲ 语译 - 太康失去帝位，他的五个弟弟在洛水北岸等待他回国，作《五子之歌》。

太康地位尊崇却又不理政务，由于纵情享乐而丧失了良好的德行，普天下的百姓都怀有二心。太康游玩起来没有丝毫节制，出发去洛水的南面打猎，盘桓一百余天还不返回。此时有穷国的君主羿趁着民众对太康极度不满的机会，领兵在黄河岸边阻拦住太康，使得他无法回国。太康有五个弟弟，侍奉他们的母亲跟随太康打猎，在洛水的转弯处等候他，五人都不断埋怨太康，追忆大禹的教诲而写下诗歌。

第一首说："伟大的祖先大禹曾有教诲，对于人民应当亲近而不能够轻视，人民是国家的根本，根本稳固，国家才能够安宁。我看天下之人，即便是愚夫愚妇都能胜过我。一个人会有很多过错，民怨难道要等到极为强烈时才能想办法去解决吗？应当趁着民怨还没显露时就化解掉。我们治理亿万民众，就犹如用腐烂的缰绳驾驭着六匹马那样，让人恐惧，做君主的人怎么能如此不谨慎呢？"

其中第二首唱道："禹王曾有这样的教诲，在内沉迷于女色，在外沉湎于游猎；对于饮酒与音乐过于热衷，居住在雄伟的宫殿当中，却还要进一步奢华装饰。这些情况只要出现一种，就没有不亡国的。”

其中第三首唱道：“当年的陶唐氏尧帝，曾占有冀州之地。如今太康废弃了他的治道，紊乱他的法纪，才使得自身灭亡！”

其中第四首唱道：“我们英明的祖先大禹，是天下之共主。颁布了典章、法度，传给子孙后代。征赋计量平均，民众感到平和，朝廷的府库也很充盈。现在太康丧失了祖宗的基业，宗庙覆灭，祭祀也随着断绝！”

其中第五首唱道：“唉！我们可以回到哪里？我们思念故乡，悲伤不已。天下百姓都仇视我们，我们能依靠谁？我们极为郁闷，惭愧无地，内疚不已。平时不能谨慎修德，尽管后悔，难道可以挽回吗？”

◎ **和解**

1.《楚辞·离骚》：“不顾难以图后兮，五子用失乎家巷。羿淫游以佚畋兮，又好射夫封狐。固乱流其鲜终兮，浞又贪夫厥家。浇身被服强圉兮，纵欲而不忍。日康娱而自忘兮，厥首用夫颠陨。”

2. 唐代同谷子据典改编《五子之歌》：

邦惟固本自安宁，临下常须驭朽惊。何事十旬游不返，祸胎从此召殷兵。

酒色声禽号四荒，那堪峻宇又雕墙。静思今古为君者，未或因兹不灭亡。

唯彼陶唐有冀方，少年都不解思量。如今算得当时事，首为盘游乱纪纲。

明明我祖万邦君，典则贻将示子孙。惆怅太康荒坠后，覆宗绝祀灭其门。

仇雠万姓遂无依，颜厚何曾解忸怩。五子既歌邦已失，一场前事悔难追。

3. 亚里士多德："某种政体如果想要达到长治久安的目的，必须使全邦各部分（各阶级）的人都能参加而且怀抱着让它存在和延续的意愿。"

4. 斯宾诺莎《神学政治论》："在国家或王国之中，最高的原则是全民的利益，不是统治者的利益……"

5. 傅斯年在《夷夏东西说》中考证说："然则夏后一代的三段大事开头的益启之争便是夏夷之争，中间的羿少康之争又是夷夏之争，末后的汤桀之争还是夷夏之争。夏代东西的斗争如此厉害，而春秋战国的大一统主义哲学家都把这些显然的史迹抹杀了，或曲解了！"

6. 钱穆《国史大纲》："此事（即太康失国而后少康复国的故事）见夏代国家规模已颇扩大。有共主、属邑、分国、敌国等关系，不得仅以游牧民族看待。而其间自太康失国迄于少康复国，绵延数十年，战争蔓延及于大河南北两岸，诚

斯宾诺莎（1632—1677）

在国家或王国之中，最高的原则是全民的利益，不是统治者的利益……

古代一大事也。夏之放武观、灭寒浞、逐东夷，皆见其势力之逐步东伸。”

7. 郁陶。高适《送别》：“昨夜离心正郁陶，三更白露西风高。萤飞木落何淅沥，此时梦见西归客。曙钟寥亮三四声，东邻嘶马使人惊。揽衣出户一相送，唯见归云纵复横。”

胤征

——羲和湎(miǎn)淫，废时乱日，胤(yìng)往征之，作《胤征》。

惟仲康肇位四海，胤侯命掌六师。羲和废厥职，酒荒于厥邑。胤后承王命徂征。告于众曰："嗟！予有众。圣有谟训，明征定保。先王克谨天戒，臣人克有常宪，百官修辅，厥后惟明明。每岁孟春，遒人以木铎徇于路。官师相规，工执艺事以谏。其或不恭，邦有常刑。

"惟时羲和颠覆厥德，沈乱于酒，畔官离次，俶扰天纪，遐弃厥司。乃季秋月朔，辰弗集于房。瞽奏鼓，啬夫驰，庶人走。羲和尸厥官罔闻知，昏迷于天象，以干先王之诛。《政典》曰：'先时者杀无赦，不及时者杀无赦。'

"今予以尔有众，奉将天罚。尔众士同力王室，尚弼予钦承天子威命。火炎昆冈，玉石俱焚。天吏逸德，烈于猛火。歼厥渠魁，胁从罔治。旧染污俗，咸与维新。呜呼！威克厥爱，允济；爱克厥威，允罔功。其尔众士懋戒哉！"

▲ 语译 - 羲氏、和氏沉迷酒色，玩忽职守，搞乱了天时节令，胤侯去征讨他们，史官作《胤征》记述这件事。

仲康刚开始治理天下时，胤侯受命执掌六师。羲氏、和氏玩忽职守，在自己的驻地嗜酒迷乱，胤侯尊奉仲康的命令，出师征讨。胤侯对众位将士们大声宣告：“啊！我的诸位将士，圣人富有谋略，有训诫，这些谋略与训诫已经被证实能够安邦定国。先王可以恭敬地顺从上帝的训诫，臣民能奉公守法，官员可以尽忠职守，辅佐君主，这样一来，君王才能够称得上贤明。每一年的孟春三月，遒人沿途摇铃行进，宣布各种教令、政令，各位官员彼此规劝并教诲，工匠们用包含在工艺技术当中的道理实施劝谏，假如他们对君王所做的骄奢淫逸的事不能够进行规劝，国家会对他们予以处罚。

“羲氏、和氏德行败坏，沉湎于酒色当中，应当处理的政事不能及时完成，背离了自己的职守。开始对天时历法有所扰乱，放弃了自己应当负起责任的职责。于是在九月初一的这天，太阳与月亮并没有在房宿相会，而是出现了异常现象，太阳被遮掩，出现日食，乐官击鼓，啬夫负责驱驰，众人都在尽力奔走，为了救助太阳而忙碌。羲和负责观察天地四时，出现了日食，天象如此昏暗不明，因此触犯了先王制定的诛杀罪人的律令。先王的政典规定：‘预测的天象要是比实际的天象出现的早，应当诛杀；要是比实际天象出现的晚，也应当被诛杀，并且不能赦免。’

“现在我带领你们全体将士，实行上天的惩罚。诸位将士要为了王室而拼命效力，辅佐我恭敬地秉承天子威仪，完成讨贼任务。昆仑山燃起大火时，无论是美玉还是顽石都会被烧毁。官员犯下了大错，危害要比大火更加巨大。我们只需要杀掉首恶，那些被迫跟随他们的人不予惩治，其余过去沾染污秽习俗的人，都准许他们痛改前非，重新做人。啊！假如君王的威严能够战胜恶贼的势力，那就确信可以成功；如果君王的威严不能战胜恶贼的势力，那必定不能成功。诸位将士，你们一定要奋进而又谨慎啊！”

◎ **和解**

1. 成语“玉石俱焚”“咸与维新”的出处。

2. 余英时：“根据中国人的传统观点，大传统是从许多小传统中逐渐提炼出来的，后者是前者的源头活水。不但大传统（如礼乐）源自民间，而且最后又必须回到民间，并在民间得到较长久的保存，至少这是孔子以来的共通见解……《左传》襄公十四年条说：‘自王以下，各有父兄子弟以补察其政：史为书，瞽为诗，工诵箴谏，士传言，庶人谤，商旅于市，百工献艺。故夏书曰：遒人以木铎徇于路。’《国语·周语上》也说：‘故天子听政，使公卿至于列士献诗，瞽献曲，史献书，师箴，瞍赋，蒙诵，百工谏，庶人传语，近臣尽规，亲戚补察，瞽史教诲，耆艾修之，而后王斟酌焉。’这种记载虽不免有理想化之嫌。但可见《诗》《书》

余英时（1930— ）

根据中国人的传统观点，大传统是从许多小传统中逐渐提炼出来的，后者是前者的源头活水……

等经典中确反映了部分民间各阶层人的思想和情感。”

3. 据科学家推测，这则日食记录可能是中国最早的日食记录（很可能也是世界上最早的日食记录），被后世称为“书经日食”“仲康日食”，大约发生于公元前1961年10月26日。国外最早的日食记录是发生在巴比伦的日全食，时间是公元前763年6月15日。

4. 宗教史专家约·阿·克雷维列夫说：“（在原始时代）日常现象未必会引起原始人特别注意。每天的日出使他感到无所谓，因为这种现象并没有破坏他的生活秩序，而日食倒会引起他的兴趣、恐惧和惊奇。”

商书

汤誓

——伊尹相汤伐桀，升自陑(ér)，遂与桀战于鸣条之野，作《汤誓》。

王曰："格尔众庶，悉听朕言。非台小子敢行称乱，有夏多罪，天命殛之。今尔有众，汝曰：'我后不恤我众，舍我穑事而割正夏？'予惟闻汝众言，夏氏有罪。予畏上帝，不敢不正。今汝其曰：'夏罪其如台？'夏王率遏众力，率割夏邑，有众率怠弗协，曰：'时日曷丧，予及汝皆亡！'夏德若兹，今朕必往。

"尔尚辅予一人，致天之罚，予其大赉(lài)汝。尔无不信，朕不食言。尔不从誓言，予则孥(nú)戮汝，罔有攸赦。"

▲ 语译 - 伊尹辅佐商汤讨伐夏桀，从陑地北上，于是与夏桀在鸣条的郊外进行了大战，写下了《汤誓》。

王说："来吧！各位，你们都应当服从于我，并非我胆大妄为地发动战争，是由于夏王犯了太多的罪行，上天命令我前去征伐他。现在，大家时常说：‘我们的国君实在不怜悯我们这些百姓，使得我们连耕种都荒废掉了，犯了这样的大错，怎么可能纠正别人呢？’我尽管听到你们的这些话，但夏王确实犯下了诸多罪行，我恐怕上帝发怒，不敢不去征伐夏国。现在你们也许要问我：‘夏桀究竟犯下了哪些罪行呢？’夏桀几乎耗尽了民力，极端残酷地剥削压迫人民，人民对其统治感到了极度的不满。大家都对他极为怠慢，敌视国君，说：‘国君这个太阳呀，为什么还不消失呢！我愿意和你一起毁灭！’夏王的品德已经败坏到如此程度，现在我下决心要去讨伐他。

“希望你们尽心辅助我，奉行上天的命令去讨伐夏国，我将重赏你们！你们应当坚信，我是绝不会食言的。假如你们不服从我的命令，我就会惩罚你们，让你们成为奴隶，或是直接杀掉你们，不会有所宽恕。”

◎ **和解**

1. 吕思勉：“商朝似乎兴于今鲁、豫之间，汤先平定了河南的北境，然后向南攻桀，桀败后是反向东南逃走的。观桀之不向西走而向东逃，可见此时伊、洛以西之地，还未开辟。”

2. 钱穆《国史大纲》：“夏王朝建筑在黄河上游，为高地居民所建之王朝，而商王朝则建筑在黄河之下流，为低地居民所建之王朝。”

仲虺之诰

——汤归自夏，至于大坰(jiōng)，仲虺(huǐ)作诰。

成汤放桀于南巢，惟有惭德。曰：“予恐来世以台为口实。”

仲虺乃作诰，曰：“呜呼！惟天生民有欲，无主乃乱，惟天生聪明时乂，有夏昏德，民坠涂炭。天乃锡王勇智，表正万邦，缵(zuǎn)禹旧服。兹率厥典，奉若天命。

“夏王有罪，矫诬上天，以布命于下。帝用不臧，式商受命，用爽厥师。简贤附势，实繁有徒。肇(zhào)我邦于有夏，若苗之有莠，若粟之有秕(bǐ)。小大战战，罔不惧于非辜。矧予之德，言足听闻。”

▲ 语译 - 汤从夏地返回，来到大坰，仲虺写下了诰。

成汤把夏桀驱赶到了南巢，考虑到自己是用暴力推翻了夏桀的统治，从而取而代之，内心感到惭愧，说：“我担心后世会对我的行为有所诟病。”

仲虺于是写下了诰，说："啊！天下的百姓都有着自己的欲望，假如没有君主加以治理，就会天下大乱，唯有天性聪明的人才可以平定祸乱，治理好国家。夏桀混乱，缺乏德行，让人民陷入到水深火热的境地当中，上天赐给了您勇气与无尽的智慧，让你成为所有诸侯的表率与榜样。你只要继承大禹曾实行过的一切制度，遵循大禹的律典规范，就是顺应天意，没有值得惭愧的地方。

"夏桀有罪，欺蒙上天，假借上天的意志号令百姓。上天由于夏桀作恶，让商族接管天下，治理百姓，因此夏桀丧失了臣子和百姓。怠慢贤人，依附权贵，这种人确实为数众多。夏朝建立后，他们把我们商族看作是禾苗之间的杂草、谷粒当中的秕糠，总想消灭我们。我们商族所有的人都很畏惧，没人不担心会无罪却遭受飞来横祸。况且我们商族人的美德及善于言表，可以吸引众人。"

◎ **和解**

1. 章太炎《封建考》："自桀奔南巢，周世有巢伯来朝事。"
2. 孔平仲《续世说·排调》："举朝嗤笑，以为口实。"
3. 沈约《梁鼓吹曲·道亡》："……救此倒悬拯涂炭。誓师刘旅赫灵断……"
4. 张可久《卖花声·怀古》："美人自刎乌江岸，战火曾烧赤壁山，将军空老玉门关。伤心秦汉，生民涂炭，读书人一声长叹。”

5. 马基雅维利《君主论》：“因此，对摩西说来，必须在埃及找到被埃及人奴役与压迫的以色列民族，他们为了从这种奴隶状态中摆脱出来，愿意追随他。而罗慕洛则必须不再留在阿尔巴，并且必须在他出生的时候就被遗弃，日后他才能够成为罗马的国王和祖国的奠基者。居鲁士则必须察觉波斯人对梅迪人的统治不满，同时梅迪人由于长时期处于和平状态从而变成柔顺软弱的人。至于提修斯，如果不曾遇到涣散的雅典人，他就不能够发挥他的能力。”

6. 霍布斯《利维坦》为君主存在的必要性辩护说：“在没有一个共同权力使大家慑服的时候，人们便处于所谓的战争状态之下……如果要建立这样一种能抵御外侮和制止相互侵害的共同权力，以便保障大家能通过自己的辛劳和土地的丰产为生并生活得很满意，那就只有这条路：——将大家所有的权力和力量托付给某一个人或一个能通过多数的意见将大家的意志化为一个意志的多人组成的集体……像这样统一在一个人格之中的一群人就称之为国家……这就是伟大的利维坦的诞生……这就是一大群人相互订立信约、每个人都对他的行为授权，以便使他能按其认为有利于大家的和平与共同防卫的方式运用全体的力量和手段的一个人格。”

——“惟王不迩声色，不殖货利。德懋（mào）懋官，功懋懋

赏。用人惟己，改过不吝。克宽克仁，彰信兆民。

“乃葛伯仇饷，初征自葛，东征，西夷怨；南征，北狄怨，曰：‘奚独后予？’攸徂之民，室家相庆，曰：‘徯（xī）予后，后来其苏。’民之戴商，厥惟旧哉！

“佑贤辅德，显忠遂良，兼弱攻昧，取乱侮亡，推亡固存，邦乃其昌。德日新，万邦惟怀；志自满，九族乃离。王懋昭大德，建中于民，以义制事，以礼制心，垂裕后昆。予闻曰：‘能自得师者王，谓人莫已若者亡。好问则裕，自用则小。’

“呜呼！慎厥终，惟其始。殖有礼，覆昏暴。钦崇天道，永保天命。”

▲ 语译 -“大王你不亲近歌舞与美女，也不贪图与聚敛财物。努力修德之人，你用官职来勉励他；努力做事的人，你用奖赏来激励他。任用他人就如同自己亲自处理的一样毫不怀疑，更正自身的错误也没有丝毫迟疑。宽厚而又仁爱，让亿万民众都坚信你的诚信。

“那葛国国君，恩将仇报，杀掉我们前往救灾之人。您起初就是以征伐葛伯作为开端，后来您讨伐东方，西方的异族就会埋怨；讨伐南方，北方的异族就会抱怨，都说：‘为什么要等到以后再来讨伐我们这里呢？’您所讨伐的地方的百姓，全都庆幸：‘等待我们的君主吧，君主终于来了，我们应该可以逃脱死亡的威胁了。’百姓都拥护商族，为时已经很久了。

“帮助贤德的诸侯，辅佐仁德的诸侯，表彰忠贞的诸侯，辅助善良的诸侯；吞并弱小的国家，讨伐昏聩的诸侯，消灭动荡的政权，惩罚亡国之君。应当灭亡的就应该促使它灭亡，应当生存的就帮助它稳固起来，能这样去做，国家才可以繁荣昌盛。如果品德越来越高尚，万国来朝；自大自满，亲信也会背离。大王您努力彰显大仁大义，在民众当中建立起中道，用义来定夺事物，用礼制来约束心志，流传给子孙后代，饶有富余。我听说：‘能够自己寻找到老师的，就可以成为君主；认为别人都不如自己的人，就会招致灭亡。谦虚好问，得到的越多；刚愎自用，得到的东西非常少。’

“啊！只有从一开始就谨慎小心，才会有好的结局。扶植有礼有义的明君，消灭混乱的暴君。尊奉上帝的天道，才能长期拥有上帝赐予的天命。”

◎ **和解**

1. 成语“改过不吝”“兼弱攻昧”“取乱侮亡”“推亡固存”“好问则裕”“自用则小”的出处。

2. 蛮夷戎狄：东方曰夷，南方曰蛮，西方曰戎，北方曰狄。但钱穆在《国史大纲》中说：“旧说东夷、南蛮、西戎、北狄，各远居四裔，而诸夏在中原；此观念殊不可恃。当时盖为一种华夷杂处的局面。而此局面自始即然，亦并非自周王室东迁，四裔异族乃始交侵而入中国。蛮、夷、戎、狄亦非四种绝不同的民族，故蛮夷可兼称。”

3.《增广贤文》：“凡事要好，须问三老。”

4. 葛伯如果当真无道，受他统治的百姓为何不自己奋起反抗推翻他呢，却要可怜兮兮地指望着其他君王的帮助？期望着别人帮助自己获得自由的人，永远只配成为奴隶。在《自愿奴役论》中，埃蒂安纳·德·拉波埃西对数千万人居然会心甘情愿地臣服于暴君的淫威感到大惑不解，他这样解释这种现象：“人们自愿受人奴役的主要原因在于：他们生下来就是奴隶，同时是在奴役状态下接受教育的。这个原因产生出第二个后果，那就是：处在暴君权力下的人很容易变得胆小怕事和软弱无力……以往的暴君们为了巩固其暴虐统治，什么可鄙的措施没有采取过啊！他们使尽了各种诡计，而且总是有些单纯的人民很欣赏这些骗局。任何一种圈套，人民都会立刻陷进去；暴君们从来不费什么气力就可以欺骗人民，所以他们越是嘲弄人民，他们就越容易奴役他们。”

汤诰

—— 汤既黜（chù）夏命，复归于亳，作《汤诰》。

王归自克夏，至于亳，诞告万方，王曰："嗟！尔万方有众，明听予一人诰。惟皇上帝，降衷于下民。若有恒性，克绥厥猷惟后。夏王灭德作威，以敷虐于尔万方百姓。尔万方百姓，罹其凶害，弗忍荼毒，并告无辜于上下神祇。天道福善祸淫，降灾于夏，以彰厥罪。

"肆台小子，将天命明威，不敢赦，敢用玄牡，敢昭告于上天神后，请罪有夏。聿求元圣，与之戮力，以与尔有众请命。上天孚佑下民，罪人黜伏，天命弗僭，贲若草木，兆民允殖。俾予一人辑宁尔邦家，兹朕未知获戾于上下，栗栗危惧，若将陨于深渊。

"凡我造邦，无从匪彝，无即慆淫，各守尔典，以承天休。尔有善，朕弗敢蔽；罪当朕躬，弗敢自赦，惟简在上帝之心。其尔万方有罪，在予一人；予一人有罪，无以尔万方。

“呜呼！尚克时忱，乃亦有终。”

▲ 语译 - 汤灭亡了夏朝之后，回到亳地，写下了《汤诰》。

汤击败了夏桀归来之后，到达亳地，向天下诸侯宣告，王说：“啊！你们这些天下的民众，请听好我的教诲与告诫。伟大的上帝，将福祉赐予我们。顺从人类固有的性情，妥善地制定礼法，那就是担当国君所应当做到的法则。夏王道德沦丧，制定下酷刑，对天下的百姓实施暴政。天下的百姓遭受夏王的残害，无法忍受这样的痛苦，都对天下神灵阐述自己无辜受害的事实。上天的法则是赐福给善良之人，降下灾祸给恶人。因此降祸给夏王，用来昭示其罪恶。

“因此我应当奉行上天的命令，显露上天的威严，不敢赦免夏桀的罪行。我冒昧地使用黑色的公牛作为祭祀的供品，明确地告知天地间的神灵，请上天降罪于夏桀。于是访求得到贤人伊尹，得到他的辅佐，与他同心协力，为你们谋求神灵的庇佑而保全性命。上帝信任并保护百姓，罪人夏桀屈服并逃走了，天命果然是对的，降罪于夏桀后，天下都是一派欣欣向荣的景象，天下百姓也都因此过上了好日子。上天让我使得你们的国家变得和睦繁荣。此次讨伐夏桀，我不清楚是否得罪了天地，内心很是惶恐，犹如随时会掉进深渊当中一样。

“归顺我的国家，不可以恣意妄为，不可以纵情声色，各自遵守本国的律法，以接受上天赐予的福祉。假如你们有善行，我不敢有所遮掩、隐瞒；假如我自己犯下过错，不敢擅自赦免，因为上帝知道得一清二楚。假如你们这些诸侯有了罪过，应当由我一人承担；我犯了过错，不能连累你们这些诸侯。

“啊！但愿我们大家都可以这样彼此信赖，一定能取得最终的胜利。”

◎ **和解**

1. 诸侯之祭，牲牛，曰太牢；大夫之祭，牲羊，曰少牢；士之祭，牲特豕，曰馈食。

2. 基佐：“众雄逐鹿，风云莫测的时代，或者出于无知、残忍、腐败，有些人私欲横流，社会沦为个人意志角逐的战场不能自拔，因为社会缺乏自由结合而成的广泛的共同意志，这时候，人们会热烈希望出现某个平息天下的君王。任何具有绝对统治权特征的制度如果在这时出现，向社会提出安邦定国之计，社会就会群起支持，热诚拥护，就像逃亡者奔赴教堂寻求避难那样。”

3. 钱穆《国史大纲》：“殷人居地，大率似在东方。自汤以前，大体皆在今河南省大河南岸商丘之附近。帝喾居亳与汤居之亳，均即宋地。契居蕃，即汉书地理志之鲁国蕃县。史记殷本纪谓‘契封于商’，则宋国商邱。相土居商丘，颛顼之虚，又谓帝丘，即春秋之卫。左传祝佗曰：‘取于相土东都，以会王之东搜’是也。旧说汤以前八迁，大率皆东方地。”

基佐（1787—1874）

……因为社会缺乏自由结合而成的广泛的共同意志，这时候，人们会热烈希望出现某个平息天下的君王。

伊训

——成汤既没，太甲元年，伊尹作《伊训》《肆命》《徂后》。

惟元祀十有二月乙丑，伊尹祠于先王。奉嗣王祗见厥祖，侯甸群后咸在，百官总己以听冢宰。伊尹乃明言烈祖之成德，以训于王。

曰："呜呼！古有夏先后，方懋（mào）厥德，罔有天灾。山川鬼神，亦莫不宁，暨鸟兽鱼鳖咸若。于其子孙弗率，皇天降灾，假手于我有命。造攻自鸣条，朕哉自亳。惟我商王，布昭圣武，代虐以宽，兆民允怀。今王嗣厥德，罔不在初，立爱惟亲，立敬惟长，始于家邦，终于四海。

"呜呼！先王肇（zhào）修人纪，从谏弗咈（fú），先民时若。居上克明，为下克忠，与人不求备，检身若不及，以至于有万邦。兹惟艰哉！

"敷求哲人，俾辅于尔后嗣。制官刑，儆（jǐng）于有位。

"曰：'敢有恒舞于宫，酣歌于室，时谓巫风；敢有殉

于货色，恒于游畋，时谓淫风；敢有侮圣言，逆忠直，远耆德，比顽童，时谓乱风。惟兹三风十愆，卿士有一于身，家必丧；邦君有一于身，国必亡。臣下不匡，其刑墨，具训于蒙士。'

"呜呼！嗣王祗厥身，念哉！圣谟洋洋，嘉言孔彰。惟上帝不常，作善降之百祥，作不善降之百殃。尔惟德罔小，万邦惟庆；尔惟不德罔大，坠厥宗。"

▲ 语译 - 成汤死后，他的儿子太甲继承了王位，登基后的第一年，大臣伊尹写下了《伊训》《肆命》《徂后》来教导太甲。

太甲元年的十二月乙丑，伊尹祭祀先王成汤。他侍奉太甲恭敬地拜祭祖先的灵位，侯服与甸服区域内的各位诸侯都参加了此次祭祀典礼，各级官员统领下属，听从担任冢宰的伊尹的号令，于是伊尹全面地追忆了成汤建功立业的大恩大德，用来教导太甲。

伊尹说："啊！古代夏朝的君主大禹努力推行美德，消除天灾。山川当中的鬼神，也都安宁下来，鸟兽鱼鳖也都滋长壮硕。等到禹的子孙统治天下时，没有遵循先王的治国方略，因此，上天降下了灾祸，成汤先王秉承上天的意愿，在鸣条讨伐夏桀，在亳地实施仁政与德政。只有我们商王，显现出神圣的武德，以宽仁的政治代替凶暴残忍的统治，天下百姓都在怀念成汤。如今的君王继承了先王的德行，没有哪个君王不是在刚继位的时候就开始施行仁政的。树立友爱的风气应当从亲近的人开始，树立尊重的风气应当从年长的人开始，这样一来，仁政开始在邦国当中推行，最终天下莫不实施。”

“啊！先王商汤努力讲求做人应当遵守法度，听从他人的劝谏，遵从长辈贤人的意见。身处高位时能够体察下情，地位较低时可以尽心尽力，结交他人不要求全责备，约束自己，要争取见贤思齐，最终拥有天下，这是极为难能可贵的！

“先王商汤还广泛地寻求精明能干的人，让他们来辅佐后人，制定可以惩治官员的刑罚，使得百官有所畏惧。

“成汤说：‘胆敢在宫殿当中纵情声色，观赏歌舞的，是为巫风。敢贪恋财物与女色，沉迷于游乐以及打猎，这称作淫风。敢发表藐视圣贤的言论，拒绝忠直的劝谏，疏远年高有德的人，与愚顽幼稚的人亲近，这叫作乱风。有以上三种习俗、十种过错，卿士假如沾染上其中的一种，他的食邑必然会丧失，诸侯假如沾染上其中的一种，其国家必然会灭亡。臣子如果不匡正国君的过错，就将会遭受墨刑，还要用这些内容来细心教导属下。’

“啊！太甲你应当用‘三风十愆’来警告自己，片刻不要忘记！圣人的谋划是完美无缺的，他的嘉言也是非常清楚明白的。上帝赐福或是降灾没有固定不变的规律，对于行善之人就赐予吉祥与好运，对作恶多端的人就降下各种灾祸。你要行善事不要嫌小，就算是微小的善行，天下人都会感到庆幸；你行恶事，就算很小，也可能招致灭国大祸。”

◎ **和解**

1. 钱穆："夏、商、周三代，中国乃贵族封建社会，然其时已有士。如夏代之传说，商代之伊尹，起于版筑畎亩之中，而上登政治至高地位，其详已不可考。其为后世士人之至高楷模，则事无可疑……可见政治乃人群社会重要不可缺之大业务，而现实牵涉，则理想每受减损。故欲为政治人物则甚不易。如伊尹之五就桀，五就汤，岂尽人可法。其放太甲于桐宫，果使太甲不知悔悟，则伊尹何以善其后？"

2. 章太炎《经学略说》："宰本罪人之称，庖人具食，事近奴隶，故以宰为名。然太宰、小宰，位秩俱隆，而被宰名，当自伊尹始。《吕览·本味篇》称伊尹说汤以至味，极论水火调剂之事，周举天下鱼肉菜果之美，而结之曰：天子成则至味具。《史记·殷本纪》亦谓伊尹欲干汤而无由，乃为有莘氏媵臣，负鼎俎以滋味说汤，致于王道。二家之说与《孟子》'伊尹以割烹要汤'符合。据《文选》李善注引《鲁连子》曰：'伊尹负鼎佩刀以干汤，得意，故尊宰舍。'盖伊尹参与帷幄之谋，权势虽尊，本职则卑。后以其功高，而尊宰舍，故有太宰、冢宰之名耳。"

太甲上

——太甲既立，不明，伊尹放诸桐。三年复归于亳，思庸，伊尹作《太甲》三篇。

惟嗣王不惠于阿衡，伊尹作书曰："先王顾諟天之明命，以承上下神祇，社稷宗庙，罔不祗肃。天监厥德，用集大命，抚绥万方。惟尹躬克左右厥辟，宅师，肆嗣王丕承基绪。惟尹躬先见于西邑夏，自周有终，相亦惟终；其后嗣王罔克有终，相亦罔终。嗣王戒哉！祗尔厥辟，辟不辟，忝厥祖。"

王惟庸罔念闻。伊尹乃言曰："先王昧爽丕显，坐以待旦。旁求俊彦，启迪后人。无越厥命以自覆。慎乃俭德，惟怀永图。若虞机张，往省括于度则释。钦厥止，率乃祖攸行。惟朕以怿（yì），万世有辞。"

王未克变。伊尹曰："兹乃不义，习与性成。予弗狎于弗顺，营于桐宫，密迩（ěr）先王其训，无俾世迷。"王徂（cú）桐宫居忧，克终允德。

▲ 语译 - 太甲继位之后，昏庸不能治理好国家，伊尹把他驱逐流放到桐宫。三年后太甲再次回到亳地，思考天下间有普遍使用价值的道理，伊尹写下了《太甲》三篇。

太甲继位之后不遵从伊尹的建议，伊尹上书说："先王成汤重视天命，顺从天地神灵的意志。对于社稷宗庙也总是极为恭敬而又严肃。上天见到商汤的大仁大德，就把极为重大的使命交给他，让他使得天下安宁太平。我伊尹能帮助他使得天下百姓都过上好日子，因此后来的君主应当继承祖先的业绩与德行。我伊尹曾经亲眼看到夏朝的君主从始至终都在讲求忠信，其臣子也就可以有始有终。但他的继承者桀不能始终坚持忠信，其臣子也是有始无终，后世的君主应对此引以为戒啊！要恭谨地实行君主的法令，身为国君却没有国君的样子，是对先祖的侮辱。"

但是太甲依然对伊尹的话当成耳旁风一般。伊尹说："先王在天还没亮的时候就想到天明，最后坐等天光大亮。他不但自己不断为国事操劳，还广泛寻找才智都极为出众的人，去教导后人。不要因为丧失先祖遗留下来的权利以及使命，最终自取灭亡，应当慎重而又勤俭，思虑长久之计。就犹如虞人射箭一样，将弓拉开，还要把箭尾放到弓弦适宜的位置，然后再放箭，这样才能准确射中目标。做君主的人要注重自身的行为，按照先祖的做法来行事，假如能够做到这一点，我将会倍感欣慰，你的大名也将流芳百世。"

太甲依旧陋习不改，伊尹对诸位大臣说："太甲做的这些事情都是不义的，天长日久习惯了就无法改变。我不能放任他这样下去，要在成汤先王的陵墓处修建行宫，让他待在那里，就近聆听先王的教诲，不能让他这样终生执迷不悟。”太甲前往桐宫中守丧，终于能够变得诚信并具有美德。

◎ **和解**

1. 成语“坐以待旦”的出处。

2.《史记·殷本纪》：帝太甲既立三年，不明，暴虐，不遵汤法，乱德，于是伊尹放之于桐宫。三年，伊尹摄行政当国，以朝诸侯。帝太甲居桐宫三年，悔过自责，反善，于是伊尹乃迎帝太甲而授之政。帝太甲修德，诸侯咸归殷，百姓以宁。

3.《竹书纪年》的记载与其他史书大为不同：“仲壬崩，伊尹放太甲于桐，乃自立。伊尹即位，放太甲七年。太甲潜出自桐，杀伊尹，乃立其子伊陟、伊奋，命复其父之田宅而中分之。”

4. 李泽厚《说巫史传统》：“自原始时代的‘家为巫史’转到‘绝地天通’之后，‘巫’成了‘君’（政治首领）的特权职能。”

5. 徐复观《中国人性论史》：“殷人的宗教性主要受祖先神支配，他们与天帝的关系，都是通过祖先作中介人。周人的情形，也同此。”

6. 陈梦家《殷墟卜辞综述》：“祖先崇拜与天神崇拜逐渐接近、混合，已为殷以后的中国宗教树立了规范，即祖先崇拜压倒了天神崇拜。”

太甲中

——惟三祀十有二月朔，伊尹以冕服奉嗣王归于亳。作书曰："民非后，罔克胥（xū）匡以生；后非民，罔以辟四方。皇天眷佑有商，俾嗣王克终厥德，实万世无疆之休。"

王拜手稽首曰："予小子不明于德，自底不类。欲败度，纵败礼，以速戾于厥躬。天作孽，犹可违；自作孽，不可逭（huàn）。既往背师保之训，弗克于厥初，尚赖匡救之德，图惟厥终。"

伊尹拜手稽首曰："修厥身，允德协于下，惟明后。先王子惠困穷，民服厥命，罔有不悦。并其有邦厥邻，乃曰：'徯（xī）我后，后来无罚。'王懋（mào）乃德，视乃厥祖，无时豫怠。奉先思孝，接下思恭。视远惟明，听德惟聪。朕承王之休无斁（yì）。"

▲ 语译 - 太甲继位之后的第三年的十二月初一，伊尹准备好帝王的服饰前去迎接太甲返回亳地，写下："人民假如没有君王，就无法彼此帮助而继续生存下去；君王假如没有人民，也无法统治

天下。上天眷顾商，使得之后的君主终于能够修德积善，这确实是利在千秋万代的大好事。”

太甲跪下稽首，说：“我当初昏庸糊涂，不修仁义道德，使得自己行为出现偏差，放纵欲望使得法度败坏。上天造成的灾难，还可以避免；自身引发的灾祸，就无法逃脱了。过去我违背了你的教导，没有在一开始就注重道德修养，还希望您能够匡扶于我，使得天下能够大治。”

伊尹跪下磕头，说：“注重自身的修养，以诚信的美德来治理人民，能做到这一点的才称得上是英明的君主。先王像是爱护子女一般爱护穷苦之人，人民对他的命令都言听计从，没有谁会反抗与不悦。先王与其他各个诸侯并立时，邻国的人希望成汤成为君王，说道：‘等待我们的君王吧，君王到来了，我们就不会受苦了。’大王您应当努力加强自己的修养啊，回顾您那建立丰功伟业的祖先，不要总是想着享乐与懒惰。尊奉祖先应当想到孝顺，亲近臣民而且要谦恭。能看到远方，才算得上是视觉敏锐；能听从良言，才是听觉灵敏。假如您能够做到如此，我将永远对您感恩戴德，并永远辅佐你。”

◎ **和解**

1.《周礼·春官·大祝》：“一曰稽首，二曰顿首，三曰空首，四曰振动，五曰吉拜，六曰凶拜，七曰奇拜，八曰褒拜，九曰肃拜。”

2. 福柯认为，作为个体的“人”受制于庞大的“法律”和“道德”的监控之下，忤逆它们以后，任何人都逃避不了各种压力之下的惩罚。

3. 希罗多德《历史》：“他们（纳撒摩涅司人）的占卜方式是他们到他们祖先的坟墓那里去，在那里祈祷之后，便倒下来睡觉，而以他们所做的不管什么梦作为神托。”

4. W. 施密特《原始宗教与神话》：“在原始文化之后，或者在其末期，族父（就是第一个人，他也是人类最早的祖先，凡人都是从他来的），显然是侵占了至上神的地位；有时这种取而代之的方式是友谊的。”

5. 上古称君王为“后”，实为母系社会痕迹之孑遗，在父系社会中长时间延续使用，直至被“皇”“帝”“王”等称呼取代。王国维《殷卜辞所见先公先王续考》：“后字皆从女，或从母、从子，象产子之形。”

6. 何新《诸神的起源》：“实际上，‘后’字的初义，就是全族之尊母。在只知其母不知其父的上古社会，生育了本族全部子孙的高母，乃是理所当然的领袖和权威，而其名称就是后。”

王国维（1877—1927）

后字皆从女，或从母、从子，

象产子之形。

太甲下

伊尹申诰于王曰："呜呼！惟天无亲，克敬惟亲。民罔常怀，怀于有仁。鬼神无常享，享于克诚。天位艰哉！

"德惟治，否德乱。与治同道，罔不兴；与乱同事，罔不亡。终始慎厥与，惟明明后。

"先王惟时懋敬厥德，克配上帝。今王嗣有令绪，尚监兹哉。若升高，必自下，若陟（zhì）遐，必自迩（ěr）。无轻民事，惟难；无安厥位，惟危。慎终于始。有言逆于汝心，必求诸道；有言逊于汝志，必求诸非道。

"呜呼！弗虑胡获？弗为胡成？一人元良，万邦以贞。君罔以辩言乱旧政，臣罔以宠利居成功，邦其永孚于休。"

▲ 语译 - 伊尹多次告诫太甲："啊！上天没有固定不变的偏爱，他只会与那些尊敬他的人亲近。百姓并不会依附于某个特定不变的人，他们只是服从那些仁德之人。鬼神也不会保佑哪个特定的人物，而只会庇佑那些真诚之人。身处天子这个位置，实在很艰难啊！

“实行德政的就太平，不实行的就动乱。采取与治世同样的做法，没有不兴盛的；采取与乱世同样的做法，没有不灭亡的。自始至终谨慎结交人，才是十分英明的君王。”

“先王成汤正是考虑到这些因素才努力行善，积累恩德，可以符合上天的法则。如今您能继续保有天下基业，希望你能看到，先王是这样积德行善的啊。假如要登上高处，必定要从下面起始；假如要前往远方，就必须从近处开始前进。不要轻视百姓们的劳碌，要想到他们生活的艰难；不要觉得自己的天子地位不可撼动，要清楚自己其实如履薄冰。始终都要极为谨慎。有些话尽管不符合你的心意，但一定要用道义来衡量它们；有些话尽管让你很舒服，就一定要用不符合道义来进行衡量。

“啊！不思考怎能有所收获？不真正去做怎么能成功？天子能够葆元纯良，天下就可以保持纯正。君王不要依靠诡辩来搅乱固有的政事，臣下不要依仗恩宠与权力而居功自傲，那么国家将会永远都处于美好的状态下。”

◎ 和解

1.《荀子·劝学》：“故不积跬步，无以至千里；不积小流，无以成江海。”

2. 吕思勉：“傥使政治上无家天下的习惯，开国之主，正可就其中择贤而授，此即儒家禅让的理想，国事实受其益了。无如在政治上，为国为民之义，未能彻底明了，而自封建时

故不积跬步，无以至千里；

不积小流，无以成江海。

荀子（前313—前238）

代相沿下来的自私其子孙，以及徒效忠于豢养自己的主人的观念，未能打破，而君主时代所谓继承之法，遂因之而立。而权利和意气，都是人所不能不争的，尤其以英雄为甚。同干一番事业的人，遂至不能互相辅助，反要互相残杀，其成功的一个人，传之于其子孙，则都是生长于富贵之中的，好者仅得中主，坏的并不免荒淫昏暴，或者懦弱无用。前人的功业，遂至付诸流水，而国与民亦受其弊。这亦不能不说是文化上的一个病态了。”

咸有一德

——伊尹作《咸有一德》。

伊尹既复政厥辟，将告归，乃陈戒于德。

曰：“呜呼！天难谌（chén），命靡常。常厥德，保厥位；厥德匪常，九有以亡。夏王弗克庸德，慢神虐民，皇天弗保。监于万方，启迪有命，眷求一德，俾作神主。惟尹躬暨汤，咸有一德，克享天心，受天明命，以有九有之师，爰革夏正。

“非天私我有商，惟天佑于一德；非商求于下民，惟民归于一德。德惟一，动罔不吉；德二三，动罔不凶。惟吉凶不僭在人，惟天降灾祥在德。

“今嗣王新服厥命，惟新厥德。终始惟一，时乃日新。任官惟贤材，左右惟其人。臣为上为德，为下为民。其难其慎，惟和惟一。德无常师，主善为师。善无常主，协于克一。俾万姓咸曰：‘大哉王言。’又曰：‘一哉王心。’克绥先王之禄，永底烝民之生。

“呜呼！七世之庙，可以观德。万夫之长，可以观政。后非民罔使，民非后罔事？无自广以狭人。匹夫匹妇，不获自尽，民主罔与成厥功？”

▲ 语译 - 伊尹写下了《咸有一德》。

伊尹准备把权力交还给太甲，准备自己返回封地养老，于是将怎样能够拥有纯正德行的方法告诫太甲。

伊尹说：“啊！上天的意图是难以预料的，因此天命无常。假如可以坚持不懈地修身养德，就可以稳固自己的权位。假如不能注意修养自己的德行，国家就会有灭亡的危险。夏桀就是不能修德，怠慢神灵，虐待百姓。上天对其感到不安，不再保佑他。普天之下，进行考察，去寻找可以承载天命的人，使得他具有真正的德行，让他成为天下之主。唯有成汤与我伊尹，都具备高尚的德行，能够顺从天意，接受天命，而能够统治天下的臣民，于是推翻了夏朝的统治。

“并非是上天偏爱我们殷商，只是上天辅助有着纯一德行的人；并非殷商笼络百姓，而是百姓只会归附到纯德者的旗下。德行假如纯粹而又专一，行事就会无往不利；德行假如反复无常，行事必然危机四伏。吉凶在善恶不同的人身上没有差别，是因为老天会依据不同的善恶之人降下福祉或灾祸的缘故。

“如今大王您刚刚承担起天子的职责，就应当不断更新自己的品德。必须始终如一，坚持不懈，这样德行才能够不断改善。

任命官吏必须选取有德有才之人，辅佐你的大臣必须是忠直善良的人。大臣的职责，应当使得其君主实施仁政，要让其下属爱护百姓。这样的人很难找到，应当慎重观察与选取，必须要可以同心同德，通力合作，始终如一之人。德行没有固定的榜样，以善作为标准的德行就可以作为榜样。善没有固定的标准，能够符合纯一标准的就是合适的标准。这就让每个人都说：‘真是伟大啊！君主的话！’又说：‘纯一啊！君主的心灵！’作为君王可以让每个人都这样称颂，就可以保留住先王的福运，永远都可以让百姓过上好日子。

“啊！天子的宗庙，七代不毁，就可以看出天子德泽深厚；从君主的作为上，可以看到政治的得失。君主没有人民就无人任用；人民没有君主就无处尽力。不可自大而小视人，小视人就不能尽人的力量，庶民百姓如果不能各尽其力，人君就没有人帮助建立功勋。”

◎ 和解

1. 洛克《政府论》：“人们生来就享有自然而相同的有利条件，能够运用相同的身心能力，就应该人人平等，不存在从属或受制的关系……人们既然都是平等和独立的，任何人就不得侵害他人的生命、健康、自由和财产。”

2.《独立宣言》：“人人生而平等，他们都有‘造物主’所赋予的某些不可转让的权利，其中包括生命权、自由权和追求幸福的权利。”

托马斯·杰斐逊（1743—1826）

人人生而平等，他们都有“造物主”所赋予的某些不可转让的权利，其中包括生命权、自由权和追求幸福的权利。

盘庚上

——盘庚五迁，将治亳殷，民咨胥怨。作《盘庚》三篇。

盘庚迁于殷，民不适有居，率吁众戚(qī)出矢言。曰：“我王来，既爰宅于兹，重我民，无尽刘。不能胥匡以生，卜稽曰，其如台？先王有服，恪谨天命，兹犹不常宁。不常厥邑，于今五邦。今不承于古，罔知天之断命，矧(shěn)曰其克从先王之烈。若颠木之有由蘖(niè)，天其永我命于兹新邑，绍复先王之大业，底绥四方。”

盘庚敩(xiào)于民，由乃在位，以常旧服、正法度，曰：“无或敢伏小人之攸箴。”王命众，悉至于庭。

王若曰：“格汝众，予告汝训汝，猷黜乃心，无傲从康。古我先王，亦惟图任旧人共政。王播告之修，不匿厥指。王用丕钦，罔有逸言，民用丕变。今汝聒(guō)聒，起信险肤，予弗知乃所讼！

“非予自荒兹德，惟汝含德，不惕予一人。予若观火，予亦拙谋，作乃逸。若网在纲，有条而不紊。若农服田力穑，乃亦有秋。汝克黜乃心，施实德于民，至于婚友，丕乃敢大言，汝有积德！乃不畏戎毒于远迩，惰农自安，不昏作劳，不服田亩，越其罔有黍稷。

“汝不和吉言于百姓，惟汝自生毒。乃败祸奸宄（guǐ），以自灾于厥身。乃既先恶于民，乃奉其恫，汝悔身何及！相时憸（xiān）民，犹胥顾于箴言，其发有逸口，矧予制乃短长之命！汝曷弗告朕而胥动以浮言？恐沉于众，若火之燎于原，不可向迩，其犹可扑灭？则惟汝众自作弗靖，非予有咎！

“迟任有言曰：‘人惟求旧，器非求旧，惟新。’古我先王，暨乃祖乃父，胥及逸勤，予敢动用非罚？世选尔劳，予不掩尔善。兹予大享于先王，尔祖其从与享之。作福作灾，予亦不敢动用非德。

“予告汝于难，若射之有志。汝无侮老成人，无弱孤有幼，各长于厥居，勉出乃力，听予一人之作猷（yóu）。无有远迩，用罪伐厥死，用德彰厥善。邦之臧，惟汝众；邦之不臧（zāng），惟予一人有佚罚。

“凡尔众，其惟致告：自今至于后日，各恭尔事，齐乃位，度乃口。罚及尔身，弗可悔！”

▲ 语译 - 等到盘庚在位时，商朝第五次迁移都城，开始在殷地居

住，人们都对盘庚心存怨怼。写下了《盘庚》三篇。

盘庚把都城迁移到了殷地，臣民都很讨厌这个地方，所以盘庚和那些亲信的王公大臣一起，向民众陈述自己的意见，说："我把你们迁到这里来，是重视你们这些臣民，让你们不会受到灾害的影响。假如你们无法彼此救助，只是靠占卜来预知吉凶，将会是怎样的情况呢？先王在有大事时，都会恭谨地服从天命，就算是这样，都没能保证长治久安，无法长期居住在一个地方，到现在已经搬迁了五个国都了！假如如今不能继承先王恭敬上天的传统，就无法获知上天所决定的命运，更别说继承先王的事业了！犹如已经倒下的枯树再长新枝条，被砍倒的树又发出新芽一般，老天会让我国的国运在新的国都当中延续下去，继续先王传承下来的事业，安定天下。"

盘庚意识到老百姓不愿意搬迁，是在位的大臣们鼓动的结果，便要求大臣遵守过去的制度，重视法度。说："不准有人隐瞒我训诫小民的话。"于是盘庚下令众人都来到朝廷里来。

王说："来吧，诸位，我要告诉并教育你们，并打算去除你们的私心，不可傲慢、放纵，不思进取。过去我们的先王，和长期掌权的老臣一起处理政务。先王颁布法令，掌权的大臣都没有敢于隐瞒的，因此先王对他们极为尊重。旧臣没有不当言论，因此百姓们也都奉公守法。如今你们在这里大嚷大叫，又说了很多邪恶而又短视的言语，不清楚你们争论的是什么事情。

"并非我舍弃了先人的美德，而是你们收了我的好处却不肯回报我。我对你们的行为了如指掌，洞若观火，只是我的谋略不高，因此放纵了你们。就犹如把网结到绳子上面，才可以做到有条不紊；犹如农民正在干农活，唯有努力耕种，才能得到好收成。你们应当去除私心，把实在的好处给予百姓，乃至其亲友，于是才能理直气壮地说自己积德。如果你们不怕日后或是现在有大灾祸发生，犹如懒惰的农民只知道安逸过活，不努力操劳，不积极干活，于是就不会有粮食收成。

“你们不对百姓宣示吉祥的预兆，是自己导致的祸害，即将出现的灾祸，是自己戕害自己。你们引导人们去做坏事，才会遭受痛苦，你们自身怎么来得及后悔？看看那些小民吧，他们尚且顾及错误言论出自他们之口，何况我掌握有你们的生死福禄呢？你们为何不亲口告诉我，却以那些无谓的无稽之谈鼓动、煽动与迷惑民众呢？犹如大火在原野当中蔓延一样，不去接近大火，怎能扑灭大火呢？这都是你们自身做的有问题，并非我的过错。

“迟任说过：‘用人应当任用长期为官的人，不能像使用器物一样，不用旧的，而是用新的。’过去先王与你们的祖宗一起共同操劳，共享富贵，我怎么能随便对你们施以惩戒呢？世代都会牢记你们的功劳，我不会掩盖你们的好处。现在我要祭祀先王，你们的祖先也随之接受祭祀。我虽然能给你们赐福或是降下灾祸，我也不敢使用不适当的赏罚。

“我把困难告诉你们，就犹如射箭应当有靶子一样，不可偏离。你们别轻视成年人，也别小看年幼的人。你们都要长期居住在这里，努力劳动，听从我的谋划。不管是现在还是将来，我会运用刑罚来处罚那些作恶之人，用奖赏来表彰行善之人。国家治理得好，是你们大家的功劳；国家治理不好，是我有罪过。

“大家要仔细想好我告诫你们的用意，从今往后，你们都要恭敬地做好本职工作，迅速管理好自己的政务，闭嘴不要胡说，否则惩罚落到你们身上时，你们可不要后悔。”

◎ **和解**

1. 成语“有条不紊”“洞若观火”“星火燎原”的出处。

2. 乐府《古艳歌》：“茕茕白兔，东走西顾。衣不如新，人不如故。”

3. 美国宪法第一修正案：“国会不得制定关于下列事项的法律：确立国教或禁止信教自由；剥夺言论自由或出版自由；或剥夺人民和平集会和向政府请愿伸冤的权利。”

4. 孟德斯鸠《论法的精神》：“奥古斯都、提贝留斯却因文字而加人以大逆罪的刑罚。奥古斯都曾经因某些攻击著名仕女的文字而处人以大逆罪；提贝留斯则因他认为有些文字是为了反对他而写的，便处人以大逆罪。没有比这更使罗马的自由受到致命的伤害了……（但帝国初期并不限制任何思想自由）提奥多西乌斯、阿加底乌斯、火诺利乌斯诸帝致书路非奴斯裁判长说：如果有人说我们个人或我们政府的坏话，我们不愿意加以处罚：如果他是因轻浮而说的话，就应该轻视他；如果是因疯癫而说的话，就应该可怜他；如果是咒詈的话，就应宥恕他。因此，事情发生时完全不要去管它，而要向我们报告，让我们能够按照他的为人去判断这些言语，并好好衡量到底应交付审判或不加理睬。”

5.《自由思想史》：“罗马的政策通例对于全帝国的各种宗教和思想都持宽容的态度，对于不敬神是不加罪责的。这主要表现在提庇留帝的格言中道：‘假使神被人轻侮了，让他们自己去处理吧。’”

6. 在近代宣扬言论、出版自由的思想史上，包括如下标志性事件：1644 年，弥尔顿写作了《论出版自由》的文章，指出“出版检查这个法令非但使我们的才能在已知的事物中无法发挥，因而日趋鲁钝；同时宗教与世俗界的学术中本来可以进一步求得的发现，也会因此而受到妨碍。这样一来，它的主要作用便只是破坏学术，窒息真理了”；1670 年，斯宾诺莎的《神学政治论》主张政治与教会分离，哲学与神学别途。他提倡社会契约和天赋人权的学说，认为人民有信仰自由与言论自由；1689 年，洛克发表《论宗教宽容》，认为真正的宗教是内心的信仰，是不能强迫他人信仰的，教会只是“自由的、自愿的团体”而已；1735 年，纽约出版社以诽谤罪受审，其律师安德鲁·汉密尔顿为他辩护说：“我必须假定我们这样自由地思考和谈论信仰或宗教问题是正确

弥尔顿（1608—1674）

出版检查这个法令非但使我们的才能在已知的事物中无法发挥，因而日趋鲁钝；同时宗教与世俗界的学术中本来可以进一步求得的发现，也会因此而受到妨碍。

的…… 自由是反对滥用权力的唯一堡垒”。

7. 徐旭生：“由于疑古学派（广义的）历史工作人及考古工作人双方的努力，才能把传说时代和狭义历史时代分开，把盘庚以前的时代叫作传说时代，以后的时代叫作历史时代。”

盘庚 中

盘庚作，惟涉河以民迁。乃话民之弗率，诞告用亶。其有众咸造，勿亵在王庭，盘庚乃登进厥民。

曰："明听朕言，无荒失朕命。呜呼！古我前后，罔不惟民之承。保后胥戚（qī），鲜以不浮于天时。殷降大虐，先王不怀厥攸作，视民利用迁。汝曷弗念我古后之闻？承汝俾汝，惟喜康共，非汝有咎比于罚。予若吁怀兹新邑，亦惟汝故，以丕从厥志。

"今予将试以汝迁，安定厥邦。汝不忧朕心之攸困，乃咸大不宣乃心，钦念以忱，动予一人。尔惟自鞠自苦，若乘舟，汝弗济，臭厥载。尔忱不属，惟胥以沈。不其或稽，自怒曷瘳（chōu）？汝不谋长以思乃灾，汝诞劝忧。今其有今罔后，汝何生在上？

"今予命汝一，无起秽以自臭，恐人倚乃身，迂乃心。予迓（yà）续乃命于天，予岂汝威，用奉畜汝众。

"予念我先神后之劳尔先，予丕克羞尔，用怀尔。然。

失于政，陈于兹，高后丕乃崇降罪疾，曰：‘曷虐朕民！’汝万民乃不生生，暨予一人猷（yóu）同心。先后丕降与汝罪疾，曰：‘曷不暨朕幼孙有比！’故有爽德，自上其罚汝，汝罔能迪。

“古我先后既劳乃祖乃父，汝共作我畜民，汝有戕（qiāng）则在乃心，我先后绥乃祖乃父。乃祖乃父乃断弃汝，不救乃死。兹予有乱政同位，具乃贝玉。乃祖乃父丕乃告我高后曰：‘作丕刑于朕孙！’迪高后丕乃崇降弗祥。

“呜呼！今予告汝不易，永敬大恤，无胥绝远。汝分猷念以相从，各设中于乃心。乃有不吉不迪，颠越不恭，暂遇奸宄（guǐ），我乃劓（yì）殄灭之，无遗育，无俾易种于兹新邑！

“往哉，生生！今予将试以汝迁，永建乃家。”

▲ 语译 - 盘庚继位之后，考虑准备带着臣民渡过黄河进行迁徙。于是集合了那些不愿意迁移的臣民，用极为诚恳的态度对他们进行劝告。那些民众都赶到了，有些惶恐不安地站在王宫庭院当中，盘庚让他们离自己更近一些。

盘庚说：“你们应当听清我的话，不要忽略我的号令！啊！过去我们的先王没有人不让百姓安居乐业的，作为君主非常清楚这一点，做大臣的也应当懂得，因此没有遭到上天的惩罚。当年天降大灾，先王没有安居在自己的宫殿当中，而是考虑到全体臣民的利益而做出迁徙的决定。你们为什么不想想先王的那些做法呢？我是顺从你们渴望安乐与稳定的想法的，并非你们犯下什么过错而对你们有所惩罚。我呼吁你们能够安乐地生活在新的都城，也是由于你们的原因，会尽量遵从先王的意愿。

“现在我打算带领你们进行迁徙，使国家得以安定。你们不能体谅我内心当中的痛苦，你们的心并没有顺从于我，试图用那些错误的话来使我动摇。你们已经被自己弄得走投无路，其实根本就是自寻烦恼，就犹如坐在船上，你们却不渡河，这将会使得事情变得更糟。你们既然不合作，那就只有大家一起沉下去。无法协同一致，只是不断怨怼，又能有什么用呢？你们并没有长久的打算，不想想日后可能会到来的灾祸，对于忧患漠然视之。这样下去是不会有未来的，你们怎么能长久地生存在这个世上呢？

“现在我命令你们协同一致，不可以散播谣言来使得自己动摇，恐怕有人会故意让你们行为不端，使你们心生恶念。我要使得上天让你们的生命继续延续下去，我并非是要威胁你们，而是帮助你们，使你们生活得更好。

“我想到我们英明的先王曾经使得你们的先祖劳碌，才使得你们如今可以安居乐业；但是由于政事上的失误，长期滞留在这里，先王就降下了责罚，问：‘为何虐待我的臣民？’你们万民假如不去谋生，不和我同心协力，先王也会降罪给你们，责问：‘为什么不与我的子孙亲近？’因此假如犯下错误，上天必定会责罚你们，你们无法逃脱。

“过去我们的先王已经让你们的先祖劳碌过，你们都是被我栽培起来的臣子，如果你们心藏邪念，我们的先王会告诉你们的先祖以及父辈，你们的先祖就会抛弃你们，不会保佑你们。现在存在搅乱朝政的大臣，聚敛财物。你们的先祖于是告诉先王：‘对我的子孙进行严惩吧！’于是先王就会降下大祸。

“啊！如今我告诉你们：不可以轻举妄动！应当重视巨大忧患，不可以互相疏远！你们应当彼此依从，每个人都要想着和衷共济。假如有人走上邪路，违法犯纪，欺诈奸邪，胡作非为，我就会消灭它，灭他全族，不让他的家族在新都城当中生存下去。

“去吧，去谋生吧！现在我准备带领你们开始迁徙，在新的国都建立起你们永久的家园。”

◎ **和解**

1. 欧洲民族大迁徙：公元4世纪至5世纪，欧洲以日耳曼人为主的各个民族（罗马人统称为“蛮族”）大举强行迁徙到罗马帝国的境内，各自建立起多个国家。公元376年，日耳曼人的分支西哥特人由于遭受匈奴人的侵袭，得到罗马皇帝同意迁入罗马境内，成为民族大迁徙的起始。随后苏维汇人、汪达尔人、东哥特人、法兰克人、盎格鲁人、撒克逊人等陆续迁入或以武力侵袭进入罗马帝国，并建立国家。476年西罗马帝国在蛮族的攻击下灭亡。直到568年伦巴德人占领意大利北部并建立王国，民族大迁徙才结束。

2. 具五刑：先秦与秦汉时期的重刑，就是将犯人依次按照五刑的顺序用刑，直到被杀。《汉书·刑法志》：“……皆先黥、劓、斩左右止，笞杀之，枭其首，菹其骨肉于市。其诽谤詈诅者，又先断舌。”

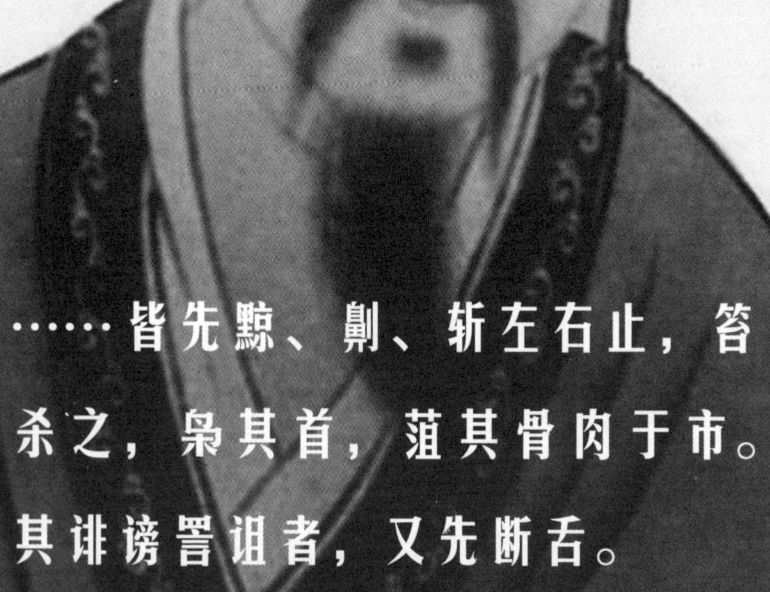

班固（32—92）

盘庚下

盘庚既迁，奠厥攸居，乃正厥位，绥爰有众，曰："无戏怠，懋(mào)建大命。今予其敷心腹肾肠，历告尔百姓于朕志。罔罪尔众，尔无共怒，协比谗言予一人。

"古我先王，将多于前功，适于山，用降我凶德嘉绩于朕邦。今我民用荡析离居，罔有定极。尔谓朕曷震动万民以迁，肆上帝将复我高祖之德，乱越我家。朕及笃敬，共承民命，用永地于新邑。

"肆予冲人，非废厥谋，吊由灵各。非敢违卜，用宏兹贲。

"呜呼！邦伯、师长、百执事之人，尚皆隐哉。予其懋简相尔，念敬我众。朕不肩好货，敢恭生生，鞠人谋人之保居，叙钦。今我既羞告尔于朕志若否，罔有弗钦。无总于货宝，生生自庸，式敷民德，永肩一心。"

▲ 语译 - 盘庚在迁都之后，先确定好住的地方，随后再确定宗庙

以及朝廷的选址。

随后告知众人，盘庚说："不可以贪图享乐，别懒惰，努力传达我的命令吧！现在我开诚布公地把我的意思都告诉你们，我并没有惩罚你们，你们也不要心存怨怒，共同攻击我。

"从前先王希望创建超过先辈的功劳，就迁居到山地当中。以这个方法来减少洪水对我们的威胁，为国家立下大功。如今我们由于洪水泛滥而流离失所，没有住所，你们问我为何要费尽周折让大家迁居？是因为上天要复兴我们先祖的美德，把国家治理好。我急切而又恭敬地服从上天的意志，使得你们的生命延续下来，因此应当永远居住在新国都当中。所以我尽管年轻，不敢废弃迁都的大计，善于运用上帝的筹划，不敢违背占卜的预兆，是为了发扬光大这伟大的事业。

"啊！各位诸侯、大臣和官员，希望你们各自考虑自己的责任！我将认真考察你们，看你们是否体恤我的臣民。我不会任用那些贪恋财货的人，而要任用那些为臣民谋福利的人。能够让臣民安居乐业的人，我将对他们论功行赏。现在我已经把我心里的志向都告诉了你们，不要置若罔闻！不要聚敛财富，要以替民谋生为念。要将恩德施予臣民，永远能与臣民同心同德。"

◎ 和解

1. 胡惠生《答友人粤中》："答君数十字，聊与证心声。"

2. 对于《盘庚》上、中、下篇的次序问题，学者们历来有多种观点：①杨树达、蒋善国等人认为，现今通行的上、中、下版本顺序没有混乱。杨树达说："《盘庚》三篇，上篇告众戚在位，中篇诫殷民，皆将迁未迁之事也。中篇再云：'今予将试以汝迁'，其为未迁之词甚明。下篇首云：'盘庚既迁，奠厥攸居，乃正厥位，绥爰有众'，此则既迁以后之词也。上篇首云'盘庚迁于殷'者，乃计谋决迁后之辞，非已迁之辞也。自'我王来'至'氐绥四方'，皆殷民吁戚矢言之语，而前人皆误以为盘庚告民之辞者，以文有'天其永我命于兹新邑'之云，谓新邑必指将迁之殷言也。"②俞樾、皮锡瑞、郭沫若等人认为，《盘庚中》实为上，《盘庚下》实为中，《盘庚上》实为下。俞樾说："《盘庚》之作，因百姓思盘庚而作，则所重者盘庚之政也。此作书之本指也。其中下两篇则取盘庚未迁与始迁之时告诫其民之语附益之。故文虽三篇而伏生只作一篇也。"③杨筠如等人认为，《盘庚中》实为上，《盘庚上》实为中，《盘庚下》实为下。他认为《盘庚中》为迁前，《盘庚上》为迁后未定居之时，《盘庚下》为民已定居之时。

俞樾（1821—1907）

《盘庚》之作，因百姓思盘庚而作，则所重者盘庚之政也。此作书之本指也。其中下两篇则取盘庚未迁与始迁之时告诫其民之语附益之。

说命上

——高宗梦得说，使百工营求诸野，得诸傅岩，作《说命》三篇。

王宅忧，亮阴三祀。既免丧，其惟弗言。群臣咸谏于王曰："呜呼！知之曰明哲，明哲实作则。天子惟君万邦，百官承式。王言惟作命，不言臣下罔攸禀令。"

王庸作书以诰曰："以台正于四方，惟恐德弗类，兹故弗言。恭默思道，梦帝赉（lài）予良弼，其代予言。"乃审厥象，俾以形旁求于天下。说筑傅岩之野，惟肖。爰立作相，王置诸其左右。

命之曰："朝夕纳诲，以辅台德。若金，用汝作砺；若济巨川，用汝作舟楫；若岁大旱，用汝作霖雨。启乃心，沃朕心，若药弗瞑（míng）眩，厥疾弗瘳（chōu）；若跣（xiǎn）弗视地，厥足用伤。惟暨乃僚，罔不同心，以匡乃辟。俾率先王，迪我高后，以康兆民。呜呼！钦予时命，其惟有终。"

说复于王曰：“惟木从绳则正，后从谏则圣。后克圣，臣不命其承，畴敢不祗（zhī）若王之休命？”

▲ 语译 - 高宗在睡梦当中见到了说，让百官画出梦中所见的说的形象，并在全国范围内四处寻找，结果在傅岩找到了说，写下了《说命》三篇。

高宗为父王守孝三年，居丧期满之后，还是不说话，群臣都向高宗劝谏，说：“啊！通晓事理就称之为明智，明智的人就可以制定相应的法则。天子统领天下，百官都应当尊奉其命令。大王的话就是命令，不讲话，臣子就没有法令可以实施。”

王因此把自己的看法写下来告知群臣：“把我当作天下的典范与法令制定者，只怕我的德行还不够，因此不轻易发表言论。我恭敬而又沉默地思考着怎样才能把天下治理好，梦见天帝赐下一位贤良之人辅佐自己，他将为我发布政令。”于是详细画下了梦中人的样子，派人拿着画像到全国各地寻找此人。听说有个正在傅岩郊外筑墙的人长得与梦中人很近似，于是把他找来，任命他作相，王把他留在自己身边。

王对他说：“你应当早晚都对我有所教诲，以便帮助我修身养德。假如是金属器物，就把你当作是磨刀石；假如要渡过大河，就把你看作是船与桨；假如天气大旱，就把你当作及时雨。开启你的心灵来灌溉我的心田，假如吃了药后丝毫不感到头晕眼花，病就不会痊愈；假如赤脚走路不仔细看地面，脚就可能受伤。希望你与你的下属，全都尽心竭力，让天下万民安居乐业。啊！遵守我的政令吧，希望你可以善始善终。”

傅说回答王说：“木头经过绳墨的规范就会被砍得笔直，君王接受劝谏就会英明起来。君王能够英明，臣子不需要等候命令就会主动进谏，谁还敢不恭敬地听从君王的政令呢？”

◎ 和解

1. 甲骨学家胡厚宣认为，殷王在卜辞中所占问的梦景或梦象，有人物如殷王身旁的妻、妾、史官，又有死去的先祖、先妣；有各种鬼怪问有没有祸乱、有没有灾孽；有天象如占问过下雨、天晴，走兽当中提到牛和死虎，还有田猎、祭祀等等。这实际上涉及了古代政治的各种方面。

2. 西方人对梦的探究大多是从心理学的角度出发。19 世纪末，奥地利心理学家西格蒙德·弗洛伊德用科学方法来研究梦，发现了梦的本质规律，首次建立了关于梦的科学理论。其主要观点是：人的许多愿望，尤其是欲望，由于与社会道德准则不符而被压抑到无意识之中，于是在睡眠中，当神经放松时，便以各种伪装的形象偷偷潜入意识层次，因而成梦。瑞士心理学家荣格则认为，梦是自我调节性精神系统的自然反应，是精神系统自我调节的方法。也就是说，梦是对我们的意识态度所产生的反应。人们会做各种各样的梦，梦的材料可以来自外界环境，也可以来自个人潜意识，在这种情况下，梦是可以通过梦者提供的材料和联想得以解释的，但对于某些萦绕于心的梦，或某些高度诉诸情感的梦，做梦人所展现的个人想象常常不能使人得出满意的答案。这些梦中的内容成分并非属于个人，也不可能起源于梦者的个人经历，这些内容是来自集体潜意识的原型意象，这种梦称之为重要的梦或异梦。当潜意识产生断层或纷乱时，这样的梦就会出现。

3. 高宗亮阴。旧经学家和新史学家通常都认为"亮阴"是沉默不言的意思，但郭沫若独持新论。他认为武丁即位后患上了瘖哑症，因而不能够说话。他说："健康的人要三年不言，那实在是办不到的事，但在某种病态上是有这个现象的。这种病态，在近代的医学上称之为不言症（Aphasie），为例并不希罕。据我看来，殷高宗实在是害了这种毛病的。所谓'亮阴'，或'谅闇'，大约就是这种病症的古名。阴同闇是假借为瘖，口不能言谓之瘖，闇与瘖同从音声，阴与瘖同在侵部……亮和谅，虽然不好强解，大约也就是明确、真正的意思吧。那是说高宗的哑，并不是假装的。"

4. 高宗三年不言的原因。旧经学家郑玄等人认为，武丁是为了行丧礼，居丧倚庐不言。而顾颉刚等人认为，武丁是信默不言，恐不善而不言，通过"默以思道"来体察民情、思考大政并选择良佐。

说命中

惟说命总百官，乃进于王曰："呜呼！明王奉若天道，建邦设都，树后王君公。承以大夫师长，不惟逸豫，惟以乱民。

"惟天聪明，惟圣时宪，惟臣钦若，惟民从乂。惟口起羞，惟甲胄起戎，惟衣裳在笥（sì），惟干戈省厥躬。王惟戒兹，允兹克明，乃罔不休。

"惟治乱在庶官。官不及私昵，惟其能；爵罔及恶德，惟其贤。虑善以动，动惟厥时。有其善，丧厥善；矜其能，丧厥功。惟事事，乃其有备，有备无患。无启宠纳侮，无耻过作非。惟厥攸居，政事惟醇。黩（dú）予祭祀，时谓弗钦。礼烦则乱，事神则难。"

王曰："旨哉！说，乃言惟服。乃不良于言，予罔闻于行。"

说拜稽首曰："非知之艰，行之惟艰。王忱不艰，允协于先王成德，惟说不言有厥咎。"

▲ 语译 - 说受王命管辖百官后，就对王进言："啊！英明的君王顺从天意，建立起邦国，设立都城，迎立天子，分封诸侯，接着又任命大夫等各级官员，不让他们太过安逸，而是让他们治理百姓。

"上天可以听清楚一切，看清楚一切，英明的君王应当效仿上天，臣下应当恭敬地顺从上天，百姓则要服从治理。对于君王而言，轻易地发布命令，有可能会导致羞辱；随意出动军队，有可能会导致战争；官服收藏到箱子当中，不可以轻易赏赐给下属，要看接受赏赐的公卿是否称职；兵器收藏到仓库当中，不要随便发放给别人，要看授予的兵将是否可以胜任。君主如果能在以上的四个方面做得非常好，并有所戒备的话，那就的确可以让政治清明，没有什么不足了。

"一个国家是太平还是动乱的关键在于官员。官职不要授予那些自己偏爱与亲近之人，要看重他的才能。爵位不可以赏赐给那些品行不佳之人，应看重其贤德。考虑到确实是善政才能付诸实施，行动还要选择适当时机。自以为友善但却得不到别人的承认，反而丧失了自己的善行；自己夸耀自身才能而得不到别人认同，反而丧失了自己的功劳。做任何事情，都应当有所准备，有准备才能消除后患。不要宠信小人而自找侮慢，不要觉得自己有过错就选择文过饰非。假如行为都像上面所说的那样，朝政大事就可以治理得极为完美了。祭祀时显得轻慢而不够庄重，这属于不敬。祭祀的礼节过于繁琐就会乱套，侍奉鬼神也就变得困难了。"

王说："说得真不错啊！傅说。你的这一番话真的让人折服。假如你没说的这么好，我就无法听后去实施。"

傅说下拜叩首说："懂得这些道理并不难，实施起来才难。君王你真不把国事当作是难事，确实符合先王的圣德，假如我不说就有过失了。"

◎ **和解**

1. 成语"有备无患"的出处。
2. 非知之艰，行之惟艰。王守仁："知之真切笃实处即是行""行之明觉精察处即是知。"孙中山《民族主义》："诸君要知道知难行易的道理，可以参考我的学说。"霍尔巴赫《健全的思想》："某一个轻薄汉、淫佚者、伪善者、通奸者或骗子手偶尔也会说出极其高尚的道德信念。而为什么他不把这些信念付诸实践呢？因为他的性格、他的利益、他的习惯同他那些冠冕堂皇的抽象理想绝不相容……我们不要根据人的信念判断人，也不要根据信奉这些信念的人来判断信念；请根据人的事业判断人，根据这些事业在何种程度上符合于经验、理性和人类的利益来判断人的信念吧。"
3. 卡尔·波普尔："我们需要的与其说是好的人，还不如说是好的制度。甚至最好的人也可能被权力腐蚀，而能使被统治者对统治者加以有效控制的制度却将逼迫最坏的统治者去做被统治者认为符合他们利益的事。……换句话说，我们渴望得到好的统治者，但历史的经验向我们表明，我们不可能找到这样的人。正因为这样，设计使甚至坏的统治者也不会造成太大损害的制度是十分重要的。”

4. 柏拉图：“不能过分相信统治者的智慧和良心，即使是年轻英明的统治者，权力也能把他变成暴君……国王的权力只有有所限制，他才能长久地保持这权力，从而限制其他人。”

5. 孟德斯鸠《论法的精神》：“所有有权力的人都容易滥用权力，这是万古不易的经验。有权力的人们使用权力直到遇到界限的地方才休止。说也奇怪，就是品德本身也是需要界限的……从事情的性质来说，要防止滥用权力，就必须以权力约束权力。”

说命下

——王曰："来！汝说。台（yí）小子旧学于甘盘，既乃遁（dùn）于荒野，入宅于河。自河徂（cú）亳，暨厥终罔显。尔惟训于朕志。若作酒醴，尔惟麴（qū）糵（niè）；若作和羹，尔惟盐梅。尔交修予，罔予弃，予惟克迈乃训。"

说曰："王，人求多闻，时惟建事，学于古训乃有获。事不师古，以克永世，匪说攸闻。惟学，逊志务时敏，厥修乃来。允怀于兹，道积于厥躬。惟敩（xiào）学半，念终始典于学，厥德修罔觉。监于先王成宪，其永无愆。惟说式克钦承，旁招俊乂，列于庶位。"

王曰："呜呼！说，四海之内，咸仰朕德，时乃风。股肱惟人，良臣惟圣。昔先正保衡作我先王，乃曰：'予弗克俾厥后惟尧舜，其心愧耻，若挞于市。'一夫不获，则曰'时予之辜'。佑我烈祖，格于皇天。尔尚明保予，罔俾阿衡专美有商。惟后非贤不乂，惟贤非后不食。其尔克绍乃辟于先王，永绥民。"

说拜稽首曰："敢对扬天子之休命。"

▲ 语译 - 王说："来呀！傅说。我当年曾向甘盘学习过，后来出巡前往荒野，居住在黄河边。又从黄河边前往亳地，品德与学业都没有明显的进展。你应当教导我，使得我拥有远大志向。假如我要作甜酒，你就犹如是曲蘖；如果我要做羹汤，你就犹如是盐和梅。你要从多个方面对我进行指正，不要厌倦我，我必定可以履行你的教导。"

傅说说："王啊！一个人想要多听别人的教导，这是想要建功立业，唯有学习古人的教导才可能有所收获，才能有德行。建立事业不效法古人，而国家能够长治久安的，我从未听说过。要学习让自己变得谦逊，务必时刻都在努力，才能使品德不断变得高尚。相信并且记住这些，道就可以在自己身上不断积累下来。教是学习的一半，自始至终都要专心学习，道德也就会在不知不觉中完善起来。借鉴先王的成法，将难以出现失误，我傅说因此能够奉行你的旨意，广求贤良，把他们安排在各自适宜的职位上去。"

王说："啊！傅说。天下的人都景仰我的德行，这是你教化的功劳。手足完备才是成人，身边有良臣辅佐才是圣君。从前先王的大臣伊尹使先王兴起，他说：'我无法使我的君王成为尧舜那样的君主，我心中感到惭愧耻辱，犹如在闹市中挨了鞭打一样。'一个人得不到妥善安置，他就说这实在是我的罪过。他辅佐我的先祖成汤建立了功业，受到上天的赞美。你应当努力扶持我，不要让伊尹在商朝独享美名。君主得不到贤人的辅助就无法治理好国家，贤人得不到君主的赏识就不会有所作为。你要能让君主继承先王的事业，让人民长治久安。”

傅说下拜叩头，说：“我会弘扬天子的美好教导！”

◎ **和解**

1. 成语“盐梅之寄”的出处。

2. 调味品的历史。梅子汁酸，烹调中常借其酸味，制成的梅酱可以使肉类酥软鲜美。盐在远古时期就已经被人所食用，相传夏禹时已有拓田制盐，殷商时盐已成为日常调味品。古代欧洲因为没有充足的饲料，所以在过冬的时候经常把不留做种畜的牲畜都杀掉做成咸肉。由于没有肉桂、丁香、豆蔻、胡椒等香料，咸肉的味道并不好吃，但出门携带着很方便，吃饭时切下小片即可食用。此外，按照布罗代尔的《15—18 世纪的物质文明、经济和资本主义》中的记载，香料在中世纪的西方国家占有非常重要的地位。每艘自东方满载香料回来的航船，都会获得巨额利润，当时 1 磅豆蔻可以换一群羊，1 磅丁香等于 3 倍重量的黄金。而欧洲南部的烹调还喜欢用酒调味，酒中的醇能够和动物组织中的脂肪酸生成有强烈香味的酯，并可以去除鱼中的腥味，这对于奉行海洋文化的南欧是很有用的。

3. 考古学家在山东泰安的“大汶口文化”遗址中发现有陶制酒

器，据考证，这些陶器距今至少有四、五千年，这意味着：中国至少在5000年以前就学会了酿酒。最初的谷物酿酒采用发芽生霉的谷物作酒曲。发霉的谷物称为曲，发芽的谷物称为糵。到了农耕时代的中晚期，人们终于制出了人工曲，曲、糵从此分家。“古来曲造酒，糵造醴，后世厌醴味薄，遂致失传，则并糵法亦亡。”布罗代尔在《15—18世纪的物质文明、经济和资本主义》也承认，“中国在公元前第2000年末期，即从商代起，就生产啤酒。”

高宗肜日

——高宗祭成汤，有飞雉升鼎耳而雊(gòu)，祖己训诸王，作《高宗肜(róng)日》《高宗之训》。

高宗肜日，越有雊雉。祖己曰："惟先格王，正厥事。"

乃训于王，曰："惟天监下民，典厥义。降年有永有不永，非天夭民，民中绝命。民有不若德，不听罪。天既孚命正厥德，乃曰其如台。"

"呜呼！王司敬民，罔非天胤(yìn)，典祀无丰于昵。"

▲ 语译 - 高宗祭祀成汤，有一只野鸡飞到了祭祀器具的鼎耳上鸣叫，祖己训导祖庚，写下了《高宗肜日》《高宗之训》。

肜祭高宗的第二天，又举行祭祀，有一只野鸡在鼎耳上突然鸣叫。祖己说："应当首先端正君主之心，随后再纠正在祭祀方面的过错。"

于是教导大王说："老天时刻都在监察着天下万民，对遵循办事的人予以奖励。上天赐予人们的寿命长短不一，并非是上天使人夭折，而是有些人没按义理处世而短折寿命。有些人品德低下，不顺从上天的意愿。老天示意他们要纠正错误，他们却说：'要怎样去做呢？'"

"啊！先帝继承君位，尊重百姓，大家均是上天的后代，在祭祀时，父庙当中的祭品不要太过丰盛了！"

◎ **和解**

1. 考古发现表明，我国最早的礼器出现在夏商周时期，主要以青铜制品为主。礼器是陈设在宗庙或者是宫殿中的器物，常在祭祀、朝聘、宴飨以及各种典礼仪式上使用，除此之外，礼器还用来显示使用者的身份和等级。目前发现的最大青铜器后母戊鼎（也称司母戊鼎），据专家研究，认为应当是祖庚或是其弟祖甲时期建造的。后母戊鼎重 832.84 千克。高 133 厘米、口长 110 厘米、口宽 79 厘米，是迄今为止出土的最大最重的青铜器。

2. 司马迁在《史记·殷本纪》中认为此篇中的事情发生于武丁之时，其文作于祖庚之朝，但王国维在《高宗肜日说》中却认为，此篇虽作于祖庚之朝，但文中的事情却发生在祭祀高宗（武丁）之庙的时候。

西伯戡黎

——殷始咎周，周人乘黎。祖伊恐，奔告于受，作《西伯戡黎》。

西伯既戡黎，祖伊恐，奔告于王。曰："天子！天既讫我殷命。格人元龟，罔敢知吉。非先王不相我后人，惟王淫戏用自绝。故天弃我，不有康食。不虞天性，不迪率典。今我民罔弗欲丧，曰：'天曷不降威？'大命不挚，今王其如台？"

王曰："呜呼！我生不有命在天。"

祖伊反，曰："呜呼！乃罪多参在上，乃能责命于天。殷之即丧，指乃功，不无戮（lù）于尔邦。"

▲ 语译 - 殷商开始憎恶周的时候，周人击败了黎人。祖伊极为惊恐，急忙跑来告诉纣王，史官记载下这件事，写下了《西伯勘黎》。

周文王平定了黎国后，祖伊极为恐惧，急忙跑来禀告纣王，说："天子！上天只怕要灭亡我们商朝了！贤人与神龟都无法兆示任何吉兆。并非是先人不护佑我们，只是大王太过沉湎于声色当中，自取灭亡。上天抛弃了我们，不让我们继续安枕无忧。大王不揣度上天的意思，不遵循法度。如今百姓没人不希望大王赶快灭亡的，说：'上天为何还不显灵啊？'上天的惩罚还没有降下来，现在大王准备怎么办呢？"

纣王说："啊！我的命运难道不是上天决定的吗？"

祖伊回来后，说："唉，他的许多罪行已为上天所了解，而他却说他从上天那里接受的大命，老百姓能拿他怎么样呢。国家就要灭亡了，这从他的行为就可以看出来。他的国家能够不被周朝消灭吗？"

◎ **和解**

1. 法国国王路易十四：朕即国家。

2. 我生不有命在天。倪柝声《如何作神代表的权柄》："作权柄的人不是立自己为王，作权柄的人也不只是神立地为王；乃是神拣选，再加上神的百姓承认。"

3. 历史上最早的卜筮资料，是商周时代刻有卜辞或占卜符号的甲骨。当时人们决定重大事项之前，都要用火灼龟甲或牛的肩胛骨，根据灼开的裂纹来推测人事的吉凶。占卜之前，要先对材料进行锯削、刮磨，再用工具钻出圆窝，在圆窝旁

路易十四（1638—1715）

朕即国家。

凿出菱形的凹槽，此过程称为钻、凿。然后用火灼烧甲骨，再洒水，根据甲骨反面裂出的兆纹判断凶吉。

4. 王国维在《殷周制度论》中主张，殷商的亡国之象并不是敌国的诽谤之言，殷人自己也常常谈起。“夫商道尚鬼，乃至窃神祇之牺牲，卿士浊乱于上，而法令隳废于下，举国上下，惟奸宄敌仇之是务；固不待孟津之会、牧野之誓，而其亡已决矣。而周自大王以后，世载其德，自西土邦君、御事小子，皆克用文王教，至于庶民，亦聪听祖考之彝训。是殷周之兴亡，乃有德与无德之兴亡；故克殷之后，尤兢兢以德治为务。”

微子

—— 殷既错天命，微子作诰父师、少师。

微子若曰：“父师、少师，殷其弗或乱正四方？我祖厎（zhǐ）遂陈于上。我用沉酗于酒，用乱败厥德于下。殷罔不小，大好草窃奸宄（guǐ），卿士师师非度。凡有辜罪，乃罔恒获。小民方兴，相为敌仇。今殷其沦丧，若涉大水，其无津涯。殷遂丧，越至于今。”

曰：“父师、少师，我其发出狂吾家，耄逊于荒。今尔无指告予，颠隮（jī），若之何其。”

父师若曰：“王子，天毒降灾荒殷邦，方兴沉酗于酒，乃罔畏畏，咈（fú）其耇（gǒu）长，旧有位人。今殷民乃攘窃神祇之牺牷牲，用以容，将食无灾。降监殷民，用乂仇敛，召敌仇不怠。罪合于一，多瘠罔诏。商今其有灾，我兴受其败，商其沦丧，我罔为臣仆。诏王子出迪，我旧云刻子，王子弗出，我乃颠隮。自靖，人自献于先王，我不顾行遁。”

▲ 语译 - 殷商背弃了天命，微子写了诰与父师、少师商议。

微子这样说道：“父师、少师，殷商恐怕无法继续治理天下了。我们的先祖成汤制定的办法还依旧摆在眼前，而纣王沉醉于酒色当中，败坏了先祖的美德。殷商的上下臣民全都抢掠、作奸犯科，官员都不遵守法度。而有罪之人，却时常不能得到惩罚，百姓都团结起来成为我们的仇敌。如今殷商只怕是灭亡在即了，就犹如想要渡过大河，却找不到渡口与河岸。殷商法度沦丧，竟然到了如此地步！”

微子说：“父师、少师，我将要回到我的封地了。住在家里直到年纪老迈，退隐山林了。你们告诉我，我现在离开朝庭，是否不义呢？”

太师说：“王子！上天降下大灾祸要灭亡我们殷商，而君臣上下都沉湎于酒色当中，却不畏惧上天的惩罚，违背年高有德的老臣的教诲。如今殷商的百姓竟然偷起了祭祀用的猪牛羊三牲，把它们藏起来，或是自己饲养，或是宰杀吃掉，都不算是罪过，都不会受到惩罚了。老天监察着殷商的子民，我们殷商以杀戮和重刑不断横征暴敛，引得民怨四起却丝毫不收敛。罪人聚集在一处，诸多受害者都没法申诉。殷商如果现在有灾祸，我们都会遭难，殷商假如灭亡了，我不会去当亡国奴。我奉劝王子赶快出逃，我早就说过王子应当逃出去，假如不逃出去，那我们殷商就要彻底灭亡了。自己下定决心吧！人人都应当为先王作出贡献。我不打算逃亡。”

◎ **和解**

1. 顾炎武《日知录》："自古国家承平日久，法制废弛，而上之令不能行于下，未有不亡者也。纣以不仁而亡，天下人人知之。吾谓不尽然。纣之为君，沉缅于酒，而逞一时之威，至于刳孕锴胫，盖齐文宣之比耳。商之衰也久矣，一变而《盘庚》之书，则卿大夫不从君令；再变有《微子》之书，则小民不畏国法；至于'攘窃神祇之牺牲用以容，将食无灾'，可谓民玩其上，而威刑不立者矣。即以中主守之，犹不能保，而况以纣之狂酗昏虐，又祖伊奔告而不省乎？"

2. 武王灭纣以后，将微子封在宋地。王国维在《观堂集林》中考证说："微子之封，国号未改，且处之商邱，又复其先世之地，故国谓之宋，亦谓之商……余疑宋与商声相近，初本名商，后人欲以别于有天下之商，故谓之宋耳。然则商之名起于昭明，迄于宋国，盖于宋地终始矣。"

周书

泰誓上

——惟十有一年，武王伐殷。一月戊午，师渡孟津，作《泰誓》三篇。

惟十有三年春，大会于孟津。

王曰："嗟！我友邦冢君越我御事庶士，明听誓。惟天地万物父母，惟人万物之灵。亶聪明，作元后，元后作民父母。

"今商王受，弗敬上天，降灾下民。沈湎冒色，敢行暴虐，罪人以族，官人以世。惟宫室、台榭、陂池、侈服，以残害于尔万姓。焚炙忠良，刳剔孕妇。皇天震怒，命我文考，肃将天威，大勋未集。

"肆予小子发，以尔友邦冢君，观政于商。惟受罔有悛心，乃夷居，弗事上帝神祇，遗厥先宗庙弗祀。牺牲粢（zī）盛，既于凶盗。乃曰：'吾有民有命！'罔惩其侮。

"天佑下民，作之君，作之师，惟其克相上帝，宠绥四方。有罪无罪，予曷敢有越厥志？同力，度德；同德，度

义。受有臣亿万，惟亿万心；予有臣三千，惟一心。商罪贯盈，天命诛之。予弗顺天，厥罪惟钧。

“予小子夙夜祗惧，受命文考，类于上帝，宜于冢土，以尔有众，厎天之罚。天矜于民，民之所欲，天必从之。尔尚弼予一人，永清四海。时哉弗可失！”

▲语译 - 十一年，周武王讨伐殷商。十三年一月的戊午日，大军在孟津渡过了黄河，写下了《泰誓》三篇。

十三年春天，周武王在孟津大会天下诸侯。

王说：“啊！诸位友邦的国君，还有诸位臣子们，仔细听好我的誓词。天地乃是万物的父母，人乃是万物之灵。真正的聪明人担任国君，国君就是百姓的父母。

“如今的商纣王不尊敬上天，降灾于万民。他贪恋酒色，胆敢作出无比残暴虐杀臣民的事，以灭族的酷刑惩罚别人，依靠世袭的方法任用官吏。大肆建造亭台楼阁，宫殿陂池水榭，穿着奢华的服装，不断残害百姓。把忠诚良善的大臣活活烧死，将怀孕的妇女剖腹杀害。上天极为愤怒，命令我父周文王，奉行上天的指令，对纣王施行惩罚，但文王逝世，大功没能完成。

过去我姬发与你们这些盟国的国君，观察商朝的政治局面，纣王没有丝毫改过的想法，依旧极端傲慢残暴，不尊奉天地神灵，不祭祀先祖的宗庙。祭祀所用的牲畜与粮食也都被奸人吃掉了。他却说：‘我拥有统领百姓的权利！我拥有天命！’并不知道去改正自己的错误，改变自己的傲慢心态。

“上天爱护万民，为民选取出国君来治理他们，为民选出老师来教化人民，应当能辅佐上天，保卫并安定天下。对有罪的人应当讨伐，对无罪的人应当赦免，我怎么能够违背上天的意志呢？力量相若就要度量德行，德行相匹配就度量仁义。商纣王有臣民亿万，却有亿万条心；我只有三千臣民，却只有一条心。商纣王罪大恶极，上天命令我消灭他。我不顺应上天，那么罪行就与纣王无异。

“我早晚恭敬忧惧，接受先父周文王伐商的遗命，去祭祀上帝，又祭祀土神与谷神，然后率领你们实施上天对纣王的惩罚。上天怜悯百姓，老百姓希望办到的事，上天也必然顺从。你们应当辅助我，平定天下，时机啊，是不可失掉的！”

◎ 和解

1. 惟人万物之灵。普罗泰戈拉：“人是万物的尺度，是存在者存在的尺度，也是不存在者不存在的尺度。”莎士比亚《哈姆雷特》：“人是多么了不起的一件作品！理想是多么高贵！力量是多么无穷！仪表和举止是多么端正，多么出色！论行动多么像天使！论了解多么像天神！宇宙的精华！万物的灵长！”达尔文在《人类的由来》：“全世界的生物有机结构，总起来看，似乎是通过了缓慢与间断的步骤而一直有所发展。在庞大的脊椎动物界里，这种发展终于达到了以人为归宿的顶点。”

2. 官人以世。《韩氏易传》：“五帝官天下，三王家天下，家以传子，官以传贤，若四时之运，功成者去，不得其人则不居其位。”

3. 先秦时代，中国实行世卿世禄的制度，上至天子、封君，下至公卿、大夫、士，他们的爵位、封邑、官职都是父子相承的。这种世袭的次数理论上是无限的，直到改朝换代或占据这个爵位或官职的家族在政治斗争中失败为止。自汉朝起，官职不再世袭。虽然现实中官职的授予多集中在现有的官僚家族成员中，也留有某些世袭的痕迹，但是在法律上的由某个家族世代担任特定职务的制度被废除了。魏晋时代，世袭被区分为世袭罔替和世袭。前者意味着世袭次数无限、而且承袭者承袭被承袭者的原有爵位；后者的意思是世袭次数有限、而且每承袭一次，承袭者只能承袭较被承袭者的原有爵位更低的爵位。

泰誓 中

惟戊午，王次于河朔，群后以师毕会。王乃徇师而誓曰："呜呼！西土有众，咸听朕言。我闻吉人为善，惟日不足；凶人为不善，亦惟日不足。今商王受，力行无度，播弃犁老，昵比罪人，淫酗肆虐。臣下化之，朋家作仇，胁权相灭。无辜吁（yù）天，秽德彰闻。

"惟天惠民，惟辟奉天。有夏桀弗克若天，流毒下国。天乃佑命成汤，降黜（chù）夏命。惟受罪浮于桀，剥丧元良，贼虐谏辅。谓己有天命，谓敬不足行，谓祭无益，谓暴无伤。厥鉴惟不远，在彼夏王。天其以予乂民，朕梦协朕卜，袭于休祥，戎商必克。受有亿兆夷人，离心离德；予有乱臣十人，同心同德。虽有周亲，不如仁人。

"天视自我民视，天听自我民听。百姓有过，在予一人，今朕必往。

"我武维扬，侵于之疆，取彼凶残。我伐用张，于汤有光。

“勖（xù）哉夫子！罔或无畏，宁执非敌。百姓懔（lǐn）懔，若崩厥角。呜呼！乃一德一心，立定厥功，惟克永世。”

▲ 语译 - 戊午日，周武王在黄河北岸停下来，诸位诸侯率领他们的军队都前往会合。武王就巡视各国的军队并发表誓言，说：“啊！西方的诸位诸侯，都注意我的誓言。我听说善人要干善事，整天都忙不过来；恶人做坏事，也是整天都做不完。如今商王竭力做违背法度的事情，不断抛弃忠直的老臣，亲近奸佞小人。嗜酒无度，暴虐恣睢，臣下也受此影响，各自建立朋党，互为仇敌，挟持君王的权力，彼此残杀。无罪受害的人呼天抢地，纣王暴虐的行为天下皆知。

“上天爱护百姓，国君应当奉顺天意。夏桀不能顺应天命，在天下播散灾祸。上天就护佑成汤，命令成汤，降下消灭夏朝的命令。纣王的罪恶远超夏桀，他伤害并驱逐的忠良大臣，残暴杀害进谏的大臣。声称自己拥有天命，声称敬天不值得实施，认为祭祀是没有好处的，还认为实施暴政对天下没有妨碍。他的镜鉴并不远，就是夏桀，上天或许要让我来治理万民，我的梦境也符合占卜预兆，梦与占卜预兆均是吉祥的，征伐商朝必定会胜利。纣王有着亿万臣民，都离心离德；我有励精图治的大臣十人，均是同心同德。纣王尽管有至亲，比不上我有仁人志士。

“上天看到的来自我们百姓所看到的，上天所听到的来自我们百姓所听到的。百姓们责怪我们，对我们有所抱怨，如今我必定前去讨伐商朝。

“我们的武力应当发扬，要进入商朝的疆界，擒获那凶残的敌人。我们的征伐必然会大获全胜，比成汤讨伐夏桀更加光辉荣耀。

“努力吧！诸位将士们，不要掉以轻心，宁可保留有可能战败的谨慎。百姓们害怕纣王的暴虐，惊惧不安，他们叩头犹如山崩一般。啊！你们应当同心同德，建功立业，因此可以永远使百姓安定生活。”

◎ 和解

1. 成语“离心离德”“同心同德”的出处。
2.《论语》：“见善如不及，见不善如探汤。”
3. 康有为《问吾四万万国民得民权平等自由乎》：“夫天视自我民视，天听自我民听，民之所好好之，民之所恶恶之，故曰民为贵社稷次之君为轻，民权岂非吾先圣之大义哉。”

康有为（1858—1927）

夫天视自我民视，天听自我民听，民之所好好之，民之所恶恶之，故曰民为贵社稷次之君为轻，民权岂非吾先圣之大义哉。

泰誓 下

时厥明，王乃大巡六师，明誓众士。

王曰："呜呼！我西土君子。天有显道，厥类惟彰。今商王受，狎侮五常，荒怠弗敬。自绝于天，结怨于民。斫（zhuó）朝涉之胫，剖贤人之心，作威杀戮，毒痡（pū）四海。崇信奸回，放黜师保，屏弃典刑，囚奴正士。郊社不修，宗庙不享，作奇技淫巧以悦妇人。上帝弗顺，祝降时丧。尔其孜孜，奉予一人，恭行天罚。

"古人有言曰：'抚我则后，虐我则仇。'独夫受洪惟作威，乃汝世仇。树德务滋，除恶务本，肆予小子诞以尔众士，殄歼乃仇。尔众士其尚迪果毅，以登乃辟。功多有厚赏，不迪有显戮。

"呜呼！惟我文考若日月之照临，光于四方，显于西土。惟我有周诞受多方。予克受，非予武，惟朕文考无罪；受克予，非朕文考有罪，惟予小子无良。"

▲ 语译 - 戊午日的第二天，周武王大举巡视西方各诸侯的军队，向诸位将士发表誓言。

王说："啊！我们西方的将士们。上天有着显明的道理，那些法则应当受到宣扬。如今商王辱慢五常，荒废懈怠，极度不重视德行。自弃于上天，又与百姓结下仇怨。他砍断冬天涉水之人的脚，剖开贤能之士的心脏，杀戮无度，荼毒天下。他任用奸佞小人，放逐、贬黜贤臣，抛弃常法，囚禁侮辱正人君子。祭祀天地的大典不能举行，也不去祭祀祖庙，做一些荒淫奇巧的事来取悦女子。上天不满，断然降下讨伐诛灭他的刑罚。你们应当奋勇努力，帮助我去奉行上天的处罚。

"古人说：'抚爱我们的是君王，虐待我们的就是仇人。'纣王只知道维护恶人，是我们的共同仇敌。树立美德，力求繁荣，清除邪恶势力，必须除恶务尽，所以我率领诸位将士前去诛灭仇敌。你们诸位将士应当果敢坚毅，来辅助你们的君主。功劳多的人自然受赏，不能做到果敢杀敌的人则必然受罚。

"啊！我先父文王的德政犹如是日月照耀大地，光芒遍及四方，在西方诸国声望显著，因为我周国非常爱护各国。假如我战胜了商朝，并非是因我勇武，只因为我先父文王积有恩德；假如纣王打败了我，并非因文王有过错，只是我德行不足。"

◎ **和解**

1. 成语"除恶务尽"的出处。

2.《泰誓下》中数次提到了“西土”，可见周人自觉与殷人之文化存在着极大之差别。侯外庐在《古文献中最初所表现的道德起源》说：“卜辞里没有道德一类的字样。除了对于祖先帝王的崇祀，并没有道德规范，这是和周代不同的”。而王国维则在《殷商制度论》中说：“周之制度典礼，实皆为道德而设。”由此可见，道德意识为殷、周文明巨大分野之所在。

3. 郭沫若《驳说儒》：“殷纣王这个人对于我们民族发展上的功劳倒是不可淹没的。殷代末年有个很宏大的历史事件，便是经营东南，这几乎完全为周以来的史家所抹煞了。”

4. 抚我则后，虐我则仇。《孟子》：“君之视臣如土芥，则臣视君如寇雠。”

5. 作奇技淫巧以悦妇人。专制的皇权统治以及随之而来的阴暗宫廷斗争，使得褒姒、赵飞燕、杨玉环等人往往成为独裁者的替罪羊。

6.《世说新语》：“荀奉倩与妇至笃，冬月妇病热，乃出中庭自取冷，还以身熨之。妇亡，奉倩后少时亦卒。以是获讥于世。”

7. 功多有厚赏，不迪有显戮。以军功定赏罚，这种做法正和奉行法家政策的秦国军队的做法完全相同。商鞅的政策是：“战斩一首赐爵一级，欲为官者五十石。”

孟子（约前372—前289）

君之视臣如土芥，则臣视君如寇雠。

牧誓

——武王戎车三百两，虎贲三百人，与受战于牧野，作《牧誓》。

时甲子昧爽，王朝至于商郊牧野，乃誓。

王左杖黄钺，右秉白旄（máo）以麾。曰："逖矣，西土之人！"

王曰："嗟！我友邦冢君，御事：司徒、司马、司空、亚旅、师氏、千夫长、百夫长，及庸、蜀、羌、髳（máo）、微、卢、彭、濮人。称尔戈，比尔干，立尔矛，予其誓。"

王曰："古人有言曰：'牝（pìn）鸡无晨；牝鸡之晨，惟家之索。'今商王受，惟妇言是用，昏弃厥肆祀，弗答；昏弃厥遗王父母弟，不迪；乃惟四方之多罪逋逃，是崇是长，是信是使，是以为大夫卿士，俾暴虐于百姓，以奸宄（guǐ）于商邑。今予发，惟恭行天之罚。今日之事，不愆于六步、七步，乃止，齐焉。夫子勖（xù）哉！不愆（qiān）于四伐、五伐、六伐、七伐，乃止，齐焉。勖哉夫子！尚桓

桓，如虎如貔（pí），如熊如罴，于商郊。弗迓（yà）克奔，以役西土。勖哉夫子！尔所弗勖，其于尔躬有戮！”

▲ 语译 - 武王率领战车三百辆，虎贲军三百人，与纣王的军队在牧野的郊外作战，写下了《牧誓》。

在甲子日的黎明时分，周武王率领军队来到商朝都城郊外的牧野，举行了誓师大会。

武王手拿黄色的大斧，右手持旄牛尾指挥大军，说：“路途真是遥远啊，从西方赶来的人们！”

武王说：“哦！我们友好邻邦的国君与其臣下，司徒、司马、司空，亚旅、师氏，千夫长、百夫长，还有庸、蜀、羌、髳、微、卢、彭、濮的人们，举起你们的长戈，立好你们的盾牌，竖起你们的长矛，我要宣布战争的纪律了。”

武王说：“古人说：‘母鸡没有在早晨啼叫的，如果母鸡在早晨啼叫，这户人家就会很快萧条了。’如今纣王只听信妇人的话，对祭祀祖先的事不闻不问，舍弃了他先王的后裔、自己的长辈与兄弟，不能任用他们，反而只对那些从西方诸侯国逃亡来到商朝的罪人青眼有加，任用他们，让他们担任大夫、卿士这类的官职。他们残暴地对待百姓，在商国内外不断作乱。如今我姬发执行上天的惩罚。今天的战事，行军时不要超过六步、七步，就要等待队伍变得整齐。将士们，一定要努力啊！刺击时四次、五次、六次、七次之后，就要注意保持队伍的整齐。努力奋战吧，将士们！希望你们威武雄壮，犹如虎、貔、熊、罴一般威猛，杀奔殷商都城。不要杀掉那些商朝军队中的投降者，还有前来帮助我们的人。努力奋战吧，将士们！你们假如不努力战斗，那就要对你们自身进行惩罚！”

◎ **和解**

1. 白旄。白居易《七德舞》：“太宗十八举义兵，白旄黄钺定两京。”

2. 成语“牝鸡司晨”的出处。慈禧太后的遗言：“以后勿使妇人干政。此与本朝家法有违，须严加限制。”

3. 干戈，后来引申为战争的代名词。如文天祥《过零丁洋》“辛苦遭逢起一经，干戈寥落四周星”；清黄遵楷《〈人境庐诗草〉跋》：“今海内鼎沸，干戈云扰。”

文天祥（1236—1283）

辛苦遭逢起一经，干戈寥落四周星。

武成

——武王伐殷。往伐归兽，识其政事，作《武成》。

惟一月壬辰，旁死魄。越翼日，癸巳，王朝步自周，于征伐商。厥四月，哉生明，王来自商，至于丰。乃偃武修文，归马于华山之阳，放牛于桃林之野，示天下弗服。

丁未，祀于周庙，邦甸、侯卫，骏奔走，执豆、笾(biān)。越三日，庚戌，柴、望，大告武成。

既生魄，庶邦冢君暨百工，受命于周。王若曰："呜呼，群后！惟先王建邦启土，公刘克笃前烈，至于大王肇(zhào)基王迹，王季其勤王家。我文考文王克成厥勋，诞膺天命，以抚方夏。大邦畏其力，小邦怀其德。惟九年，大统未集，予小子其承厥志。厎商之罪，告于皇天、后土、所过名山、大川，曰：'惟有道曾孙周王发，将有大正于商。今商王受无道，暴殄天物，害虐烝民，为天下逋逃主，萃渊薮。予小子既获仁人，敢祗承上帝，以遏乱略。华夏蛮貊，罔不率俾。恭天成命，肆予东征，绥厥士女。

惟其士女，篚（fěi）厥玄黄，昭我周王。天休震动，用附我大邑周。惟尔有神，尚克相予以济兆民，无作神羞！’既戊午，师逾孟津。癸亥，陈于商郊，俟（sì）天休命。甲子昧爽，受率其旅若林，会于牧野。罔有敌于我师，前途倒戈，攻于后以北，血流漂杵。一戎衣，天下大定，乃反商政，政由旧。释箕子囚，封比干墓，式商容闾。散鹿台之财，发钜桥之粟，大赉（lài）于四海，而万姓悦服。”

列爵惟五，分土惟三。建官惟贤，位事惟能。重民五教，惟食、丧、祭。惇信明义，崇德报功。垂拱而天下治。

▲ 语译 - 周武王征讨殷商。从前往征伐殷商到归来巡狩，史官记载下期间的大事，写下了《武成》。

一月的壬辰日，月亮的大部分都没有光亮。到了第二天，癸巳日，周武王早上从镐京出发，率军讨伐殷商。四月，月亮开始放出光芒，武王从殷商归来，抵达丰邑，就停止了武备，提倡文教，把战马放归到华山以南，把牛放回到桃林的郊外，宣告天下和平，不再有骑乘战事了。

四月的丁未日，武王在周庙进行祭祀典礼，邦国甸、侯、卫等服的诸侯们都来参加祭祀，四处忙碌奔走，布设木豆竹笾。等到第三天庚戌日，举行柴祭祭天，举行望祭祭祀山川，遍告天地神灵：伐商已经大获全胜。

十五天后，各国大君以及百官都前来周接受武王的政令，朝见武王。王说：“啊，各位诸侯们！先祖后稷建立了大周，开疆辟土，公刘能够继承先人的伟大功业，等到太王时期，开始了王者基业，王季勤政。先父文王能够成就王业，接受天命，安抚天下。大国畏惧其威力，小国欣羡其德行。历经九年，统一天下的重任没能完成，我继承了文王的遗志，将商朝的罪恶遍告皇天后土与山川大河。我说：‘周国有道的曾孙姬发，将要讨伐商朝。如今商纣王残暴无道，对天地不敬，对百姓百般虐待，成为天下共同仇恨的暴君，商邑成为罪人云集之地。我已经得到诸多志士仁人的帮助，愿意尊奉天意，制止并结束混乱的时局。中原与四方诸国都群起响应。我尊奉上天的指令，所以起兵东征，去安定那些百姓。百姓们用筐装上玄黄丝帛，帮助我们。民心被上天所感化，因此归附我们大周啊！希望众神可以帮助我，来救助天下万民，不要让神灵受到侮辱！’不久之后是戊午日，大军渡过孟津。癸亥日，在商都的郊外排兵布阵，等候天气放晴。甲子日的黎明时分，纣王率领他的大批军队在牧野与我展开会战。纣王的军队没有愿意与我们周师为敌的，前军倒戈来攻击后面的部队，因此商军大败，血流遍地，几乎可以使舂杵漂浮起来。一次讨伐殷商的战斗，天下就此安定，于是废除纣王的种种恶政，恢复商代历代先王的法度。释放此前被纣王囚禁的箕子，重新修缮比干的坟墓，拜谒商容的故里。将积聚在鹿台的财货都散发给百姓，将囤积在钜桥的粮食赈济百姓，赏赐天下，万民都心悦诚服，感恩戴德。”

周武王设立了五等爵位，分封土地为三品。设置官职只是任用贤能，安排官吏任人唯贤。重视对百姓进行教化，还有民食、丧礼与祭祀。又能敦厚诚信，彰显忠义，尊崇有德之人，报答有功之臣，武王可谓垂拱而天下治。

◎ **和解**

1. 成语“暴殄天物”“偃武修文”的出处。

2. 列爵惟五与古代的爵位制度。①夏商周爵位制度:《通典·职官·封爵》记载，自尧帝、舜帝以及夏朝，置五等爵：公、侯、伯、子、男。商朝置爵三等：公、侯、伯，无子、男二等。周代，分为公、侯、伯、子、男五等爵，世袭罔替，封地均称国，在封国内行使统治权。各诸侯国内，置卿、大夫、士等爵位，楚国等置执圭、执帛等爵。卿、大夫有封邑，对封邑也可以行使统治权、唯受命于诸侯。②欧洲大陆：最初有的只是公爵、伯爵和男爵；男爵是后来对宫廷显贵的尊称；子爵和侯爵是分别作为副伯爵和副公爵而设立的。这些官衔在加洛林时代吞并采邑的过程中也被当成了采邑而继承下来，才慢慢变成爵号。

3. 夏正建寅，殷正建丑，周正建子，合称三正。

4. 王国维《观堂集林·生霸死霸考》:“余览古器物铭而得古之所以名日者凡四：曰初吉，曰既生霸，曰既望，曰既死霸……既生霸，谓自八九日以降至十四五日也。”

尧（生卒年不详）

自尧帝、舜帝以及夏朝，置五等爵：公、侯、伯、子、男。商朝置爵三等：公、侯、伯，无子、男二等……

5. 对“前徒倒戈”的原因，史学界通常认为，“徒”就是奴隶和被俘的东夷人。因为根据《左传》的记载，“纣克东夷而陨其身”。在牧野之战前，商朝的主力军队几乎都调动到东南前线，用以征讨东夷部落的反抗，当时朝歌城中兵力空虚。而此时纣王还和宫女日夜寻欢作乐，得知武王进攻的消息以后，仓皇之中，纣王只好将城中奴隶和被俘东夷人召集起来，连同京城中的卫兵，拼凑了 17 万兵马，开往离朝歌 70 里外的牧野。这导致了奴隶和俘虏的哗变，因而在阵前倒戈，向周武王投诚了。

6. 王国维《殷周制度论》：“殷、周间之大变革，自其表言之，不过一姓一家之兴亡与都邑之移转；自其里言之，则旧制度废而新制度兴，旧文化废而新文化兴。又自其表言之，则古圣人之所以取天下及所以守之者，若无以异于后世之帝王；而自其里言之，则其制度文物与其立制之本意，乃出于万世治安之大计，其心术与规模迥非后世帝王所能梦见也。”

洪范

——武王胜殷，杀受，立武庚，以箕子归。作《洪范》。

惟十有三祀，王访于箕子。王乃言曰：“呜呼！箕子，惟天阴骘(zhì)下民，相协厥居，我不知其彝伦攸叙。”

箕子乃言曰：“我闻在昔鲧(gǔn)陻(yīn)洪水，汩陈其五行。帝乃震怒，不畀洪范九畴，彝伦攸斁(dù)。鲧则殛死，禹乃嗣兴。天乃锡禹洪范九畴，彝伦攸叙。初一曰五行，次二曰敬用五事，次三曰农用八政，次四曰协用五纪，次五曰建用皇极，次六曰乂用三德，次七曰明用稽疑，次八曰念用庶征，次九曰向用五福，威用六极。

“一、五行：一曰水，二曰火，三曰木，四曰金，五曰土。水曰润下，火曰炎上，木曰曲直，金曰从革，土爰稼穑。润下作咸，炎上作苦，曲直作酸，从革作辛，稼穑作甘。

“二、五事：一曰貌，二曰言，三曰视，四曰听，五曰思。貌曰恭，言曰从，视曰明，听曰聪，思曰睿。恭作肃，从作乂，明作哲，聪作谋，睿作圣。

“三、八政：一曰食，二曰货，三曰祀，四曰司空，五曰司徒，六曰司寇，七曰宾，八曰师。

“四、五纪：一曰岁，二曰月，三曰日，四曰星辰，五曰历数。

“五、皇极：皇建其有极。敛时五福，用敷锡厥庶民。惟时厥庶民于汝极，锡汝保极。凡厥庶民，无有淫朋，人无有比德，惟皇作极。凡厥庶民，有猷（yóu）有为有守，汝则念之。不协于极，不罹于咎，皇则受之。而康而色，曰：‘予攸好德。’汝则锡之福，时人斯其惟皇之极。无虐茕（qióng）独，而畏高明。人之有能有为，使羞其行，而邦其昌。凡厥正人，既富方谷。汝弗能使有好于而家，时人斯其辜。于其无好德，汝虽锡之福，其作汝用咎。无偏无陂，遵王之义；无有作好，遵王之道；无有作恶，尊王之路。无偏无党，王道荡荡；无党无偏，王道平平；无反无侧，王道正直。会其有极，归其有极。曰皇极之敷言，是彝是训，于帝其训。凡厥庶民，极之敷言，是训是行，以近天子之光。曰天子作民父母，以为天下王。

“六、三德：一曰正直，二曰刚克，三曰柔克。平康正直。强弗友刚克，燮友柔克。沉潜刚克，高明柔克。惟辟作福，惟辟作威，惟辟玉食；臣无有作福作威玉食。

臣之有作福作威玉食，其害于而家，凶于而国，人用侧颇僻，民用僭（jiàn）忒。

“七、稽疑：择建立卜筮人，乃命卜筮：曰雨，曰霁，曰蒙，曰驿，曰克，曰贞，曰悔，凡七。卜五，占用二，衍忒。立时人作卜筮，三人占，则从二人之言。汝则有大疑，谋及乃心，谋及卿士，谋及庶人，谋及卜筮。汝则从、龟从、筮从、卿士从、庶民从，是之谓大同。身其康强，子孙其逢吉。汝则从、龟从、筮从、卿士逆、庶民逆，吉。卿士从、龟从、筮从、汝则逆、庶民逆，吉。庶民从、龟从、筮从、汝则逆，卿士逆，吉。汝则从、龟从、筮逆、卿士逆、庶民逆，作内吉，作外凶。龟筮共违于人，用静吉，用作凶。

“八、庶征：曰雨，曰旸（yáng），曰燠（yù），曰寒，曰风。曰时五者来备，各以其叙，庶草蕃庑。一极备，凶；一极无，凶。曰休征：曰肃，时雨若；曰乂，时旸若；曰晰，时燠若；曰谋，时寒若；曰圣，时风若。曰咎征：曰狂，恒雨若；曰僭，恒旸若；曰豫，恒燠若；曰急，恒寒若；曰蒙，恒风若。曰王省惟岁，卿士惟月，师尹惟日。岁、月、日时无易，百谷用成，乂用明，俊民用章，家用平康。日、月、岁时既易，百谷用不成，乂用昏不明，俊民用微，家用不宁。庶民惟星，星有好风，星有好雨。日

月之行，则有冬有夏。月之从星，则以风雨。

“九、五福：一曰寿，二曰富，三曰康宁，四曰攸好德，五曰考终命。六极：一曰凶短折，二曰疾，三曰忧，四曰贫，五曰恶，六曰弱。”

▲ 语译 - 周武王战胜殷商，杀死纣王受，立受的儿子武庚为后，带着箕子返回镐京。史官写了这篇《洪范》。

周文王十三年，武王向箕子询问政务。武王问道：“唉！箕子，上帝庇护下民，使他们得以和睦共处，我不知道那些治国常理所包含的道理。”

箕子答道：“我听说在过去，鲧堵塞洪水，胡乱安排水、火、木、金、土五种性质。天帝大为震怒，不教给鲧九种大法，治国的常理因此被败坏了。后来，鲧被流放至死，禹此后继承兴起，天帝就将九种大法交给了禹，治国的常理因此确定下来。第一是五行，第二是要认真干好五事，第三是努力施行八种政策，第四是合用五种计时方式，第五是建立君主法则，第六是治民要用三种德行，第七是明了稽考疑难的方法，第八是经常注意思虑运用各种征兆，第九是凭五福鼓励臣民，凭六极警示臣民。

“一，五行：一是水，二是火，三是木，四是金，五是土。水向下润湿，火向上烧灼，木能够弯曲、伸直，金属可以顺从人的意志来改变形状，土壤可以种植庄稼。向下润湿的水有咸味，向上燃烧的火有苦味，能曲能直的木有酸味，能够顺从人意而改变形状的金属有辣味，在土壤里种植的百谷有甜味。

“二，五事：一为容貌，二为言论，三为观察，四为听闻，五为思考。容貌应当恭敬，言论要正当，观察应当明白，听闻应当广远，思考必须通达。容貌恭敬就可以严肃，言论正当就可以善加治理，观察明白就能明辨是非，听闻广远就能善于谋划，思考通达就能够圣明。

“三，八种政务：一是管理民食的官员，二是管理财货的官员，三是管理祭祀的官员，四是管理工程的官员，五是管教育的官员，六是惩治盗贼的官员，七是管理朝觐的官员，八是负责军事的官员。

“四，五种计时方法：一是年，二是月，三是日，四是观测星辰的出现情况，五是日月运行的周天度数。

“五，君王的法则：君王建立君权要有明确的法则。倡导五种幸福，普赏给臣民，臣民就会尊重您的法则。贡献您维持法则的办法：凡是百姓没有邪恶的朋友，百官没有私下结党的行为，只把君王做榜样。凡是臣下有计谋有作为有操守的，您就惦念他们。行为不合法则，但没有沦落为罪人的，你就成就他们。假如他们和悦温顺地说：‘我遵行美德。’您就赏赐给他们以好处，于是，臣民就会顾念君王的法则。不去虐待贫苦之人，而又不畏权贵，臣下是有才有作为之人，就要让他显露出全部才能，国家才能够繁荣。那些百官既然能够经常拿到丰厚的俸禄，您不能让他们对国家有所贡献，臣民就会对您有所责怪了。对于那些没有德行之人，您赐予他们好处，将会让您遭受危害。不可以不平，不要不正，应当遵守王令；不要有私心，应当遵守王道；不要作歹事，要遵行正道。不要有失偏颇，不要营私，王道坦荡；不要结党，王道公正；不要反乱，不要偏倚，王道必须正直。君主团结那些守法之臣要有法则，臣民归附贤能之君也要有法则。君王，对于以上所说的法则，要宣扬教导，天帝也就顺心了。百官对于之前所说的法则，要遵守实行，用来接近天子圣德的光辉。天子作为臣民的父母，因此才能成为天下的君王。

“六，三种品德：一为正直，二为以刚强取胜，三为以柔弱取胜。中正和平，刚柔并济，即为正直；太过倔强不能与人亲近就是太过刚强；和顺而可亲就是过于柔顺。君主应当抑制刚强无法亲近的人，推崇那些和蔼可亲的人。只有君王才有权为人造福，只有君王才能惩治臣民，只有君王才可以享用美食，臣子是不能享有这些权力的。假若臣子有造福民众、惩治百官、吃美食的权力，就会危害到君主的家与国。百官将因此背离王道，百姓也会造反。

“七，用卜决疑：选择任命执掌龟卜与蓍筮的官员，教导他们进行占卜的方法。龟兆有的像是雨，有的像是霁，有的像是雾气朦胧，有的像是朦胧之云，有的犹如阴阳之气彼此相争，卦象当中有内卦，有外卦，龟兆与卦象共有七种。前五种属于龟兆，后两种属于卦象，根据这些龟兆与卦象不断推演变化，预测吉凶。任命官员进行卜筮，如果共有三个人进行占卜，就听从有两人赞同的说法。你假如遇到重大疑难问题，你自己应当首先考虑，再与卿士进行商量，再与庶民商议，再与卜筮官员进行商量。如果你赞同，龟卜赞同，蓍筮也赞同，卿士赞同，庶民都赞同，这就可以称为大同。这样，你必定能够安康健旺，子孙昌盛，极为吉利。你赞同，龟卜赞同，蓍筮也赞同，但是卿士反对，庶民反对，也是非常吉利的。卿士赞同，龟卜赞同，蓍筮也赞同，但是你反对，庶民也反对，也属于吉兆。庶民赞成，龟卜赞成，蓍筮赞成，而你反对，卿士反对，也是吉利。你赞同，龟卜赞同，但是蓍筮反对，卿士反对，庶民反对，在国内行事依旧吉利，但在国外行事就并不吉利了。龟卜、蓍筮均不符合人意，不做事是吉利的，而做事就意味着凶险。

“八，各类征兆：下雨，晴空，温暖，寒冷，刮风。一年当中这五种天气必然是齐备的，按照正常的顺序出现，百草也就茂盛。某种天气太多不好，会出现荒年；某种天气太少，也不好，也会出现荒年。好征兆是：君王办事恭谨，就犹如及时降雨般喜人；君主能处理好政务，就会及时放晴；君主明智，就会及时温暖起来；君主善于谋略，就可以及时寒冷下来；君主通情达理，就会及时刮起风来。坏征兆：君主狂妄，就会久雨不晴；君主办事错乱无序，就会久晴不雨；君王贪图享乐，就会长期过暖；君王过于严酷，就会久寒不暖；君王昏庸蒙昧，就会长期刮风。君王视察政务，犹如一年有四季；卿士等高官就像月份，归属于年；众尹等低级官员犹如日子，从属于月份。假如年、月、日、时的关系没有出现改变，百谷就因此能够成熟，政治就因此变得清明，杰出的人才才得以扬名，国家因此变得太平安宁。假如日、月、年、时的关系改变了常态，百谷便会因此无法成熟，政治就昏暗腐败，杰出的人才因此无法得到任用，国家因此动乱。百姓犹如星星，有的星喜好风，有的星喜好雨。随着太阳与月亮的运行，冬天和夏天因此产生。月亮顺应星星，就要以风和雨来滋润他们。

“九，五种幸福：一为长寿，二为富贵，三为健康安宁，四为遵照美德，五为高寿得以善终。六种不幸之事：一为早亡，二为疾病，三为忧愁，四为贫穷，五为邪恶，六为懦弱。”

◎ **和解**

1. 五行与其他。

2.《中庸》：“知、仁、勇三者，天下之达德也。”

3. 马克思·韦伯《儒教与道教》：“由于受过教育的阶层的态度，个人生活对牧师忠言及宗教指导的需要，始终停滞在神秘的泛灵论和功能神崇拜的阶段，世界各地在先知干预出现都是这样，中国没有出现过先知干预。”

4. 吕思勉：“至于民主政治，则其遗迹更多了。我们简直可以说：古代是确有这种制度，而后来才被破坏掉的……《尚书·洪范》：‘汝则有大疑，谋及乃心，谋及卿士，谋及庶人，谋及卜筮……’野蛮部落，内部和同，无甚矛盾，舆论自极忠实。有大事及疑难之事，会议时竟有须全体通过，

马克斯·韦伯（1864—1920）

由于受过教育的阶层的态度，个人生活对牧师忠言及宗教指导的需要，始终停滞在神秘的泛灵论和功能神崇拜的阶段，世界各地在先知干预出现都是这样，中国没有出现过先知干预。

然后能行，并无所谓多数决的。然则舆论到后来，虽然效力渐薄，竟有如郑人游于乡校，以议执政，而然明欲毁乡校之事。见《左氏》襄公三十年。然在古初，必能影响行政，使当局者不能不从，又理有可信了。元始的制度，总是民主的。到后来，各方面的利害冲突既深；政治的性质亦益复杂；才变而由少数人专断。这是普遍的现象，无足怀疑的。有人说：中国自古就是专制，国人的政治能力，实在不及西人，固然抹杀史实。有人举此等民权遗迹以自豪，也是可以不必的。”

旅獒

—— 西旅献獒（áo），太保作《旅獒》。

惟克商，遂通道于九夷八蛮。西旅厎贡厥獒，太保乃作《旅獒》，用训于王。

曰："呜呼！明王慎德，西夷咸宾。无有远迩，毕献方物，惟服食器用。王乃昭德之致于异姓之邦，无替厥服；分宝玉于伯叔之国，时庸展亲。人不易物，惟德其物！德盛不狎（xiá）侮。狎侮君子，罔以尽人心；狎侮小人，罔以尽其力。不役耳目，百度惟贞。玩人丧德，玩物丧志。志以道宁，言以道接。不作无益害有益，功乃成；不贵异物贱用物，民乃足。犬马非其土性不畜，珍禽奇兽不育于国。不宝远物，则远人格；所宝惟贤，则迩人安。

"呜呼！夙夜罔或不勤，不矜细行，终累大德。为山九仞，功亏一篑。允迪兹，生民保厥居，惟乃世王。"

▲ 语译 - 位于西方的旅国向周武王进献了大狗，太保召公写下了

《旅獒》。

周武王打败了商朝，于是开辟了通往周边各民族与国家的通道。位于西方的旅国进献了大狗，太保召公写下了《旅獒》，来劝谏于武王。

召公说："啊！圣明的君主应当谨慎保持优秀的德行，所以天下无不归顺。远近之人，全都进献的物产，都是一些吃穿用度之物而已。明君于是将贡品昭示天下，赏赐给异姓的诸侯，使得他们不要让政事荒废；又把宝玉赏赐给同姓的诸侯，显示自身顾念亲情。人们不会改变的事物只有德行！君王的德行非常高，就不会出现轻忽怠慢。君王如果轻忽怠慢官员，就不会有人为你尽心做事；君王如果轻忽怠慢百姓，就没有人为你尽力。君王如果不贪恋女色与声娱，什么政务都能处理妥当，玩弄人会丧失德行，玩弄器物会失去远大抱负。自己的愿望依靠道才能得以安定，别人的言谈依靠道才能应对。不要去做无益的事而妨碍有益之事，事业才可以成功；不看重奇珍异宝，不轻视普通的器物，百姓才得以富足。犬马若非土生土长的就不要蓄养，珍禽异兽也不在国内饲养。不看重远方的物产，远方之人就会归附；所尊重的仅仅是贤才，周围之人才会安居乐业。

"啊！从早到晚，不能有懒惰的时候，在小的德行方面不谨慎，终将会使大德受到损害。犹如堆起九丈高的土山，只剩下一筐土没有堆上，就不算是完成。您真能履行这些劝谏，百姓就能永远安居乐业，您的家族也就能够世代称王。"

◎ **和解**

1. 成语“功亏一篑”“玩物丧志”的出处。

2. 不贵异物贱用物，民乃足。布罗代尔在《15-18世纪的物质文明、经济和资本主义》中考证，在工业革命以前，奢侈品（如香料、茶叶、葡萄酒）的消费最初仅仅局限于少数贵族和富人，随后，平民阶级也趋之若骛，从而造成了对奢侈品的大量需求，带动了欧洲各地的贸易、运输、金融等领域的发展。

3. 养狗的历史。①从考古来看，狗的遗骸，早在公元前七八千年以前的河北武安磁山、河南新郑裴李岗以及浙江余姚河姆渡文化遗址中就有发现。在公元前五六千年的河南舞阳贾湖、甘肃秦安大地湾、湖南澧县梦溪，及稍后的仰韶文化、大汶口、龙山文化时期，狗的饲养已相当普遍。公元前13世纪甲骨文对“六畜”作了记载，在甲骨文中，就有“五十羊五十犬”的文字记录。河南偃师二里头文化遗址曾发现有陶塑家狗的实物和殉狗的墓例，说明夏代也是存在养狗习俗的。②商朝的养狗习俗，在考古材料中表现得尤为鲜明，以郑州二里岗、安阳殷墟文化为代表的商文化遗址，均发现有大量的家犬骨骼。在商代的墓葬（尤其是晚期墓葬）中，用狗作殉兽的习俗十分流行，殷墟历年来发掘的殷代墓葬，不管是贵族或平民墓，多半见有在棺底（腰坑）或棺面（二层台）上下殉葬家狗的现象，江苏铜山丘湾发掘的社祭遗存中也发现用较多的狗来祭祀的现象，这些现象表明，商代养狗习俗的风行，是与日常生活之需（如食用和利用家狗作防卫）和殉葬、祭祀之风密切相关的。③汉朝养狗业兴盛，皇宫设“狗中”和“狗监”的官职，扩大养狗的规模。“走狗”成为帝王将相茶余饭后的娱乐。汉武帝在黄图、上林建立“犬台宫”，文武百官定期观赏“斗狗之戏”。汉灵帝令百官着古服饮酒为乐，弄狗着进贤冠带绶。④研究表明，约在15000年前，居于中国或附近的人类将野狼驯养成家犬，它们就是家犬的始祖了。后来随着人类迁移，家犬被带到欧洲，而在公元前14000年至公元前12000年间，再由猎人从白令海峡带到北美洲去，辗转再带到南美洲乃至世界各地，从此家犬便遍布于全世界，并繁殖出不同的品种。根据最新的基因研究结果，所有狗只，包括美洲的纽芬兰犬，甚至爱斯基摩犬，都是亚洲狼的后代。

金縢

——武王有疾，周公作《金縢》。

既克商二年，王有疾，弗豫。二公曰："我其为王穆卜？"周公曰："未可以戚我先王。"公乃自以为功，为三坛同墠(shàn)。为坛于南方北面，周公立焉。植璧秉珪，乃告大王、王季、文王。

史乃册祝曰："惟尔元孙某，遘(gòu)厉虐疾。若尔三王，是有丕子之责于天，以旦代某之身。予仁若考，能多材多艺，能事鬼神。乃元孙不若旦多材多艺，不能事鬼神。乃命于帝庭，敷佑四方。用能定尔子孙于下地，四方之民，罔不祗畏。呜呼！无坠天之降宝命，我先王亦永有依归。今我即命于元龟，尔之许我，我其以璧与珪，归俟(sì)尔命；尔不许我，我乃屏璧与珪。"

乃卜三龟，一习吉。启籥(yuè)见书，乃并是吉。公曰："体！王其罔害。予小子新命于三王，惟永终是图。兹攸俟，能念予一人。"公归，乃纳册于金縢之匮中。王翼日乃瘳（chōu）。

武王既丧，管叔及其群弟乃流言于国，曰："公将不利于孺子。"周公乃告二公曰："我之弗辟，我无以告我先王。"周公居东二年，则罪人斯得。于后，公乃为诗以诒王，名之曰《鸱（chī）鸮（xiāo）》，王亦未敢诮（qiào）公。

秋，大熟，未获，天大雷电以风，禾尽偃，大木斯拔。邦人大恐，王与大夫尽弁，以启金縢之书，乃得周公所自以为功代武王之说。二公及王乃问诸史与百执事。对曰："信。噫！公命我勿敢言。"

王执书以泣，曰："其勿穆卜。昔公勤劳王家，惟予冲人弗及知。今天动威，以彰周公之德。惟朕小子其新逆，我国家礼亦宜之。"王出郊，天乃雨，反风，禾则尽起。二公命邦人凡大木所偃，尽起而筑之，岁则大熟。

▲ 语译 - 武王患了重病，周公写下了《金縢》。

周灭商之后的第二年，武王患了重病，身体很不好。太公与召公说："我们给大王恭谨地占卜吉凶吧！"周公说："不要使先王忧虑吧！"周公以自己的生命作为抵押，清扫出一片土地，在上面修建起三座大祭坛。又在祭坛的南侧建立起一个台子，周公面向北边站在台上。祭坛上放好璧玉，周公拿起玉珪，对太王、王季、文王三位祖先进行祷告。

史官把周公祷告时的祝辞写在典册上，祝辞说："你们的长孙姬发遇到凶险的疾病。假如你们三位先王在天有灵，能够有助祭的能力，就让我姬旦来代替姬发承担疾病吧。我柔顺多巧，才艺广泛，可以很好地侍奉鬼神。你们的长孙不如我才艺多样，无法侍奉鬼神。他刚刚接受了上天的使命，治理天下，安定你们的子孙后代。天下的百姓全都对他敬畏有加。唉！不丧失上帝降给周国的重大使命，我们的先王也就永远都有所归依了。现在我把命运交给元龟，假如你们同意我的请求，我就拿起玉璧和玉珪回去等候你们的召唤；如果你们不同意我的要求，我就把玉璧和玉珪收藏起来，不再请求。"

占卜了三次，都是大吉。打开锁钥，查看占卜之书，也都是吉兆。周公说："根据占卜的结果，大王的病没有危险。我刚刚对三位先王祷告完，只谋图国运长久；如今期许的是先王能思念我，让我去侍奉鬼神。"周公回府，史官把周公祷告的简书放到用金属带封存的柜子当中。第二天，周武王的病就好了。

周武王死后，管叔以及他的几个弟弟就在国中散布流言蜚语，说："周公将要谋害年幼的成王，想自己当王。"周公就对太公与召公说："假如我不摄政，我将会无颜见先王。"周公东征，经过两年，就抓获了罪人。后来周公写下了一首诗给成王，叫作《鸱鸮》。成王也不敢对周公有所责备。

秋天时，百谷都熟了，还没有收割，天空当中电闪雷鸣，大风刮起了，庄稼都被吹倒了，大树都被连根拔起，国人大为恐慌。周成王与士大夫全都穿上朝服，打开金属装饰的盒子，发现了当年周公愿意以己身代替武王死去的祝词。太公、召公与成王就询问史官及相关官员。他们答道："确实如此。唉！周公曾命令我们不要把此事说出来。"

成王拿着书简哭着说："不要再去恭敬地占卜问天了！过去周公为王室操劳至此，我这年轻人还不知道。如今上天震怒来显露周公的恩德，我应当亲自前去迎接他，我们国家的礼制理当如此。"成王走到郊外，天还在下雨，风向改变，倒下的庄稼又全都直立起来。太公与召公命令国人，所有被风刮倒的大树，要全都扶起来，用土把根部培好。这一年最终获得了丰收。

◎ **和解**

1. 弗雷泽《金枝》："巫术是被歪曲了的自然规律的体系，也是谬误的指导行动的准则；它是伪科学，也是没有成效的技艺……巫术的谬误远非易于识破，它的失败也不明显。这是因为在许多情况下甚至是在大多数情况下，随着某种巫术仪式的完成，它想要产生的结果多半会在隔了或长或短的时间之后真的产生出来……这就可以理解原始人为什么将这些事变视为仪式的直接后果和对它的效力的最好证明。"

2. 基思·托马斯《巫术的兴衰》："巫术疗法的效果还得归功于人体无须借助外界帮助而自动祛除普通小病的能力。术士奇迹般'治愈'的许多疾病乃是随着时间推移而会自然康复的那类疾病。”

3. 灾异论。严复《救亡决论》：“曩己丑、庚寅之间，祈年殿与太和门，数月连毁。一所以事天，一所以临民，王者之大事也！灾异至此，可为寒心！”

4. 白居易《放言》：“赠君一法决狐疑，不用钻龟与祝蓍。试玉要烧三日满，辨材须待七年期。周公恐惧流言日，王莽谦恭未篡时。向使当初身便死，一生真伪复谁知？”

5. 吕思勉：“据郑玄的说法，则武王死后三年，成王服满了，才称自己年纪小，求周公摄政。摄政之后，管叔、蔡叔散布谣言，说周公要不利于成王，周公乃避居东都。成王尽执周公的属党。遇见了雷风之变，才把周公请回来。周公乃重行摄政。此说颇不合情理，然亦不会全属子虚。《左氏》昭公七年，昭公要到楚国去，梦见襄公和他送行。子服惠伯说：‘先君未尝适楚，故周公祖以道之，襄公适楚矣，而祖以道君。’据此，周公曾到过楚国，而《史记·蒙恬列传》，亦有周公奔楚之说，我颇疑心周公奔楚及其属党被执，乃是归政后之事。后来不知如何，又回到周朝。周公是否是善终，亦颇有可疑。杀害了某个人，因迷信的关系，又去求媚于其鬼魂，这是野蛮时代常有的事，不足为怪。如此，则两说都可通。楚国封于丹阳，其地实在丹、淅两水的会口，宋翔凤说，见《过庭录·楚鬻熊居丹阳武王徙郢考》。正当自武关东南出之路，据周公奔楚之事，我们又可见得周初发展的一条路线了。”

严复（1854—1921）

曩己丑、庚寅之间，祈年殿与太和门，数月连毁。一所以事天，一所以临民，王者之大事也！灾异至此，可为寒心！

大诰

——武王崩，三监及淮夷叛，周公相成王，将黜殷，作《大诰》。

王若曰：“猷（yóu）！大诰尔多邦，越尔御事，弗吊！天降割于我家，不少延！洪惟我幼冲人，嗣无疆大历服。弗造哲迪民康，矧（shěn）曰其有能格知天命！已！予惟小子若涉渊水，予惟往求朕攸济。敷贲，敷前人受命，兹不忘大功。予不敢闭于天降威，用宁王遗我大宝龟，绍天明。即命曰：‘有大艰于西土，西土人亦不静，越兹蠢。殷小腆诞敢纪其叙。天降威，知我国有疵，民不康，曰：‘予复’，反鄙我周邦。今蠢，今翼日民献。有十夫予翼，以于敉（mǐ）宁、武图功。我有大事，休？朕卜并吉！

“肆予告我友邦君，越尹氏、庶士、御事，曰：‘予得吉卜，予惟以尔庶邦于伐殷逋播臣。’尔庶邦君越庶士、御事罔不反，曰：‘艰大，民不静。亦惟在王宫、邦君室，越予小子考翼，不可征。王害不违卜？’

“肆予冲人永思艰，曰：呜呼！允蠢鳏寡，哀哉！予造天役，遗大投艰于朕身，越予冲人不卬自恤。义尔邦君，越尔多士、尹氏、御事，绥予曰：‘无毖于恤，不可不成乃宁考图功！’

“已！予惟小子，不敢替上帝命。天休于宁王，兴我小邦周。宁王惟卜，用克绥受兹命。今天其相民，矧亦惟卜用。呜呼！天明畏，弼我丕丕基！”

王曰：“尔惟旧人，尔丕克远省，尔知宁王若勤哉！天閟(bì)毖我成功所，予不敢不极卒宁王图事。肆予大化诱我友邦君，天棐(fěi)忱辞，其考我民，予曷其不于前宁人图功攸终？天亦惟用勤毖我民，若有疾，予曷敢不于前宁人攸受休毕！”

王曰：“若昔朕其逝，朕言艰日思。若考作室，既厎法，厥子乃弗肯堂，矧肯构？厥父菑，厥子乃弗肯播，矧肯获？厥考翼其肯曰：‘予有后，弗弃基。’肆予曷敢不越卬敉(mǐ)宁王大命？若兄考，乃有友伐厥子，民养其劝弗救？”

王曰：“呜呼！肆哉，尔庶邦君越尔御事。爽邦由哲，亦惟十人迪知上帝命。越天棐忱，尔时罔敢易法。矧今天降戾于周邦，惟大艰人，诞邻胥伐于厥室。尔亦不知天命不易！予永念曰：天惟丧殷。若穑夫，予曷敢不终朕亩？

天亦惟休于前宁人，予曷其极卜敢弗于从？率宁人有指疆土？矧今卜并吉，肆朕诞以尔东征。天命不僭，卜陈惟若兹。”

▲ 语译 - 武王去世后，三监以及淮夷叛乱，周公辅助成王，将要消灭殷商等反叛势力，写下了《大诰》。

成王说：“啊！告诉你们所有的各路诸侯与大臣们，不幸啊！上天在我们的国家降下如此灾祸，灾祸在继续发展。我这个年轻人，继承远大而又悠久的王道大业，没能遇到明智之人，使得百姓安居乐业，更不用说知晓天命之人了！唉！我犹如要渡过深渊般危险，我只想找到成功渡过难关的方法。占卜用的大龟曾帮助先王受纳天命，我至今不敢忘其大功。在如今上天降下灾祸的时刻，我不敢把它藏起来，用文王遗留给我的元龟，占卜天命。我走到元龟的面前祈祷说：‘西方将有大灾祸，西方的人心难以平静，如今已经蠢蠢欲动了。殷商的余孽居然胆敢组织其残存势力，妄图复辟。由于上天给我们降下灾祸，他们知道我国因为灾祸，人心难安，居然说：我们要复国！而来打我们周王室的主意，现在他们已经发动了叛乱。最近有十位贤臣前来辅佐我，我要与他们一起合作平定叛乱，完成文王、武王所谋求的功业。我国将要有战争，到底是凶是吉？我占卜的结果均为吉兆。

“因此，我要告诉友邦国君还有诸位官员：‘我如今占卜得到了吉兆，我准备率领你们前去讨伐殷国那些乱党。’但是你们全都反对我的意见，说：‘困难太多了，民心不稳，甚至一些王室成员

与近臣也反对去讨伐他们。王啊！你为何要违背这个卜兆呢？’

“现在我长时思考这件很艰难的事情，唉！如果开战，确实会惊扰百姓，实在令人心痛！我接受天命，上天把艰难的大业降托于我的身上，我不能只考虑个人安危。你们诸位国君与官吏们应当劝告我：‘不要恐惧忧患，必须坚定完成文王所力图完成的功业！’

“唉！我这个年轻人，不敢违背上天的命令。上天嘉奖文王，使得我们这小小的周国得以兴盛。当初文王依靠占卜，就可以承受上天所赐予的大命。现在上天命令其臣民帮助我们，何况我们也是依靠占卜来得知天命呢？唉！人们应当敬畏天命，辅助我来开创伟大的事业吧！”

王说：“你们都是老臣了，能够回忆起往事，你们知道文王是何等的勤于政事啊！上天如今秘密地把我们能够成功的预示告诉我们，我不敢不竭力来完成文王的事业。所以，我就用这些道理来劝谏你们诸位国君大臣，上天诚恳地表示来帮助我们，要成全我等臣民。我为何不去继承文王留下的事业，争取最终的胜利呢？上天或许也想让我等臣民勤劳，就像去掉自己身上的疾病那样急迫，我们怎敢不努力彻底完成文王的神圣事业呢？”

王说：“我要像武王当年亲自讨伐殷国一样，亲自去讨伐敌人，我说点在艰难条件下的想法。犹如父亲想盖房子，已经确定了具体的兴建方案，可是他儿子却不愿意打地基，更何况是建房子呢？他的父亲新近开垦了一块土地，他的儿子却不愿意播种，更何况是收割庄稼呢？父亲怎能说：我有后人，不会废弃我的基业呢？所以，我怎敢不在我在位期间平定叛乱，完成文王的大业呢？又好比兄长死去，却有人欺负其孩子，当地的父母官难道能置之不理吗？”

王说：“啊！大家努力吧，诸位诸侯国君与官吏们。要让国家政治清明必须要任用明智之人，我的十位贤臣引导我们知晓上天的意旨与上天诚心辅助我周朝的事，你们不能侮慢上天的意愿。何况上天已然把意旨传达给了我们，那些叛乱的罪人勾结殷人，来攻击自己的同宗。你们不清楚天命是无法改变的吗？我始终在考虑：上天是必定要消灭殷国的，犹如耕种的农民一般，怎能不完成耕种的工作呢？上天赐福于先王，我怎能对占卜结果置之不理？怎敢不去尽心保卫美好的疆土呢？何况今日的占卜结果是吉利的！因此我必定要率领你们东征反叛者。天命是不会有错的，占卜的结果必须要遵从。”

◎ **和解**

1. 成语“若涉渊水”之出处。

2. 辛普里丘《物理学》：“万物所由之而生的东西，万物消灭后复归于它，这是命运规定了的，因为万物按照时间的秩序，为它们彼此间的不正义而互相补偿。”

3. 罗素：“这种正义的观念——即不能逾越永恒固定的界限的观念——是最深刻的希腊信仰。神祇正像人一样，也要服从正义。”

4. 许倬云：“武王克商后的重要措施，就是将东土俊杰成族地迁到陕西，强干弱枝，也使东土人才能为周用，所谓‘殷士肤敏，祼将于京’的‘京’，可能指宗周的周京，而不是成周的宗庙，这个措施也可说是西周建立新国族的第一步……与上述徙民政策相对应，周人在殷商旧地容忍商王室的残余势力继续存在，《逸周书》‘作雒篇’：‘武王克殷，乃立王子禄父，俾守商祀，建管叔于东，建蔡叔霍叔于殷，俾监殷臣。’所谓三监，也不过是三支屯戍的周军，未必能真有建国于东的规模与气象……尚书说到这次叛乱，甚至‘西土人亦不静’。周人本族之中，固然也可能有三叔党羽在西土相应，但是反侧的西土之人，更可能即是西徙的庶殷。”

5. 朱元璋为了让人民通晓法律，曾经采辑官民过犯条文，颁行天下，也称作《大诰》。吴佩孚的讨奉通电名言是：“大诰之篇，入于王莽之笔，则为奸说；统一之言，出诸盗匪之口，则为欺世。”

6. 苏轼《和陶归园田居六首·其一》：“环州多白水，际海皆苍山。以彼无尽景，寓我有限年。东家著孔丘，西家著颜渊。市为不二价，农为不争田。周公与管蔡，恨不茆三间。我饱一饭足，薇蕨补食前。门生馈薪米，救我厨无烟。斗酒与只鸡，酣歌饯华颠。禽鱼岂知道，我适物自闲。悠悠

苏轼（1037—1101）

环州多白水，际海皆苍山。
以彼无尽景，寓我有限年。
东家著孔丘，西家著颜渊。
市为不二价，农为不争田。

未必尔，聊乐我所然。”

7. 李白《箜篌谣》:“攀天莫登龙，走山莫骑虎。贵贱结交心不移，唯有严陵及光武。周公称大圣，管蔡宁相容。汉谣一斗粟，不与淮南舂。兄弟尚路人，吾心安所从。他人方寸间，山海几千重。轻言托朋友，对面九疑峰。开花必早落，桃李不如松。管鲍久已死，何人继其踪。”

8. 徐复观:“周人革掉了殷人的命（政权），成为新的胜利者；但通过周初文献所看出的，并不像一般民族战胜后的趾高气扬的气象，而是《易传》所说的忧患意识。忧患意识，不同于作为原始宗教动机的恐怖、绝望。普通人常常在恐怖绝望中感到自己过分的渺小，而放弃自己的责任，任凭外在的神为自己做决定。任凭外在的神为自己做决定后的行动，对人的自身来说，是脱离了自己的意志主动、理智导引的行动；这种行动是没有道德评价可言的，因而这实际是在观念的幽暗世界中的行动。由卜辞所描出的‘殷人尚鬼’的生活，正是这种生活。忧患与恐怖、绝望的最大不同之点，在于忧患心理的形成，乃是从当事者对吉凶成败的深思熟虑而来的远见；在这种远见中，主要发现了吉凶成败与当事者行为的密切关系，及当事者在行为上所应负的责任。忧患正是由这种责任感来的要以己力突破困难而尚未突破时的心理状态。所以忧患意识，乃人类精神开始直接对事物发生责任感的表现，也即是精神上开始有了人的自觉的表现。”

微子之命

—— **成王既黜殷命，杀武庚，命微子启代殷后，作《微子之命》。**

王若曰：“猷（yóu）！殷王元子。惟稽古，崇德象贤。统承先王，修其礼物，作宾于王家，与国咸休，永世无穷。呜呼！乃祖成汤克齐圣广渊，皇天眷佑，诞受厥命。抚民以宽，除其邪虐，功加于时，德垂后裔。尔惟践修厥猷，旧有令闻，恪慎克孝，肃恭神人。予嘉乃德，曰笃不忘。上帝时歆（xīn），下民祗协，庸建尔于上公，尹兹东夏。钦哉！往敷乃训，慎乃服命，率由典常，以蕃王室。弘乃烈祖，律乃有民，永绥厥位，毗（pí）予一人。世世享德，万邦作式，俾我有周无斁（yì）。呜呼！往哉惟休，无替朕命。”

▲ 语译 - 周成王终结了商朝的国运，杀掉了武庚，就册封微子启代替武庚管理商朝的后裔，写下了《微子之命》。

成王这样说：“啊！殷王帝乙的长子啊！回顾古代，有着尊崇的德行，效法先贤的制度。继承了先王的优良血统，使用其礼制器物，做王室的宾客，与王室世世代代修好，无有穷尽。唉！你的先祖成汤能够恭敬、通达、广阔、深远，上天护佑他，接受天命治理天下。他用宽容和缓的政策安抚臣民，除掉邪恶残暴的人，他的功绩利在当代，恩泽却流传到后世。你实行成汤的德政，向来都有好名声，谨慎恭孝，对于神灵与百姓都是极为恭敬的。我欣赏你的德行，难以忘怀。上天时常享受你的祭祀，百姓彼此和睦，因此册封你为上公，治理宋国。要恭敬谨慎啊，前往宋国发号施令，谨慎执行你的职权与使命，遵从常法，保护我们周国。你还应当发扬你先祖成汤的盛德，约束臣民，永远居于上公的尊崇地位，辅佐我，这样你的子孙后代也会享受尊荣的生活，天下诸侯也会把你当作榜样，听从我周朝的号令没有丝毫懈怠。唉，走吧！应当实施德政，不要忘记我的训诫。”

◎ **和解**

1. 杜佑《通典》：“三恪二王之义，有三说焉。一云‘二王之前，更立三代之后为三恪’。此据乐记武王克商，未及下车，封黄帝、尧、舜之后；及下车，封夏、殷之后。通已用六代之乐。二云‘二王之前，但立一代，通二王为三恪’。此据左传但云‘封胡公以备三恪’，明王者所敬先王有二，更封一代以备三恪。存三恪者，所敬之道不过于三，以通三正。三云‘二王之后为一恪，妻之父母为二恪，夷狄之君为三恪’。此据‘王有不臣者三’而言之。”

2. 遗民。①孙镗《异史氏与诸同志书》："又思宋明以来，宗国沦亡，孑遗余民，寄其枕戈泣血之志，隐忍苟活，终身穷恶以死，殉为国殇者，以明为尤烈。"②据说顺治皇帝曾经大为称赏归庄的《万古愁》曲子，"命乐工每膳歌以侑食"。对此，全祖望曾这样慨叹："古之遗民野老，记甲子哭庚申，大都潜伏于残山剩水之间，未闻有得播兴朝之钟吕者"，以之为"异事"。③钱谦益降清后，受尽人间嘲讽，曾作联语贴于门，曰："君恩深似海，臣节重如山。"以示对清廷忠贞。后乃有人于联下各加一字，成为："君恩深似海矣，臣节重如山乎。"又某日着满洲冠服出门，途遇有明遗叟，叟忽举杖击其首，高呼曰："我是个多愁多病身，打你这倾国倾城帽。"帽与貌同音，钱谦益受辱，急避之，而不敢与他计较。

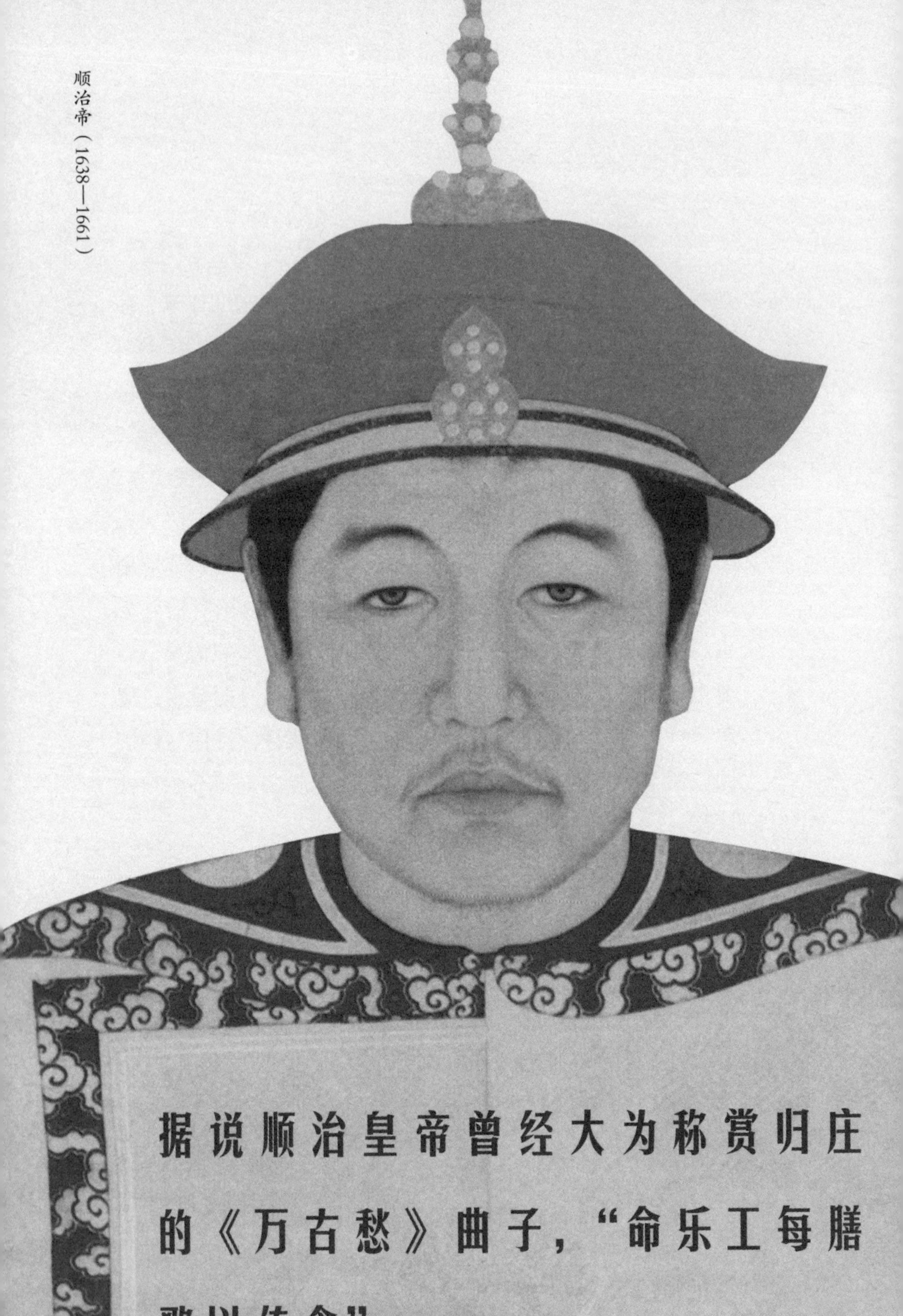
顺治帝（1638—1661）

据说顺治皇帝曾经大为称赏归庄的《万古愁》曲子，“命乐工每膳歌以侑食”。

康诰

——成王既伐管叔、蔡叔，以殷余民封康叔，作《康诰》《酒诰》《梓材》。

惟三月哉生魄，周公初基作新大邑于东国洛，四方民大和会。侯甸男邦，采卫百工，播民和见，士于周。周公咸勤，乃洪大诰治。

王若曰："孟侯，朕其弟，小子封。惟乃丕显考文王，克明德慎罚，不敢侮鳏（guān）寡，庸庸，祗祗，威威，显民。用肇（zhào）造我区夏，越我一二邦，以修我西土。惟时怙冒闻于上帝，帝休，天乃大命文王殪（yì）戎殷，诞受厥命越厥邦厥民，惟时叙，乃寡兄勖，肆汝小子封在兹东土。"

王曰："呜呼！封，汝念哉！今民将在祗遹（yù）乃文考，绍闻衣德言。往敷求于殷先哲王，用保乂民。汝丕远惟商耇（gǒu）成人，宅心知训。别求闻由古先哲王，用康保民。弘于天，若德裕乃身，不废在王命。"

王曰："呜呼！小子封，恫瘝乃身，敬哉！天畏棐忱，民情大可见。小人难保，往尽乃心，无康好逸豫，乃其乂民。我闻曰：'怨不在大，亦不在小。'惠不惠，懋(mào)不懋。已！汝惟小子，乃服惟弘。王应保殷民，亦惟助王宅天命，作新民。"

王曰："呜呼！封，敬明乃罚。人有小罪，非眚(shěng)，乃惟终，自作不典，式尔，有厥罪小，乃不可不杀。乃有大罪，非终，乃惟眚灾，适尔，既道极厥辜，时乃不可杀。"

王曰："呜呼！封，有叙时，乃大明服，惟民其敕懋和。若有疾，惟民其毕弃咎。若保赤子，惟民其康乂。非汝封刑人杀人，无或刑人杀人。非汝封又曰劓(yì)刵(ěr)人，无或劓刵人。"

王曰："外事，汝陈时臬，司师，兹殷罚有伦。"又曰："要囚，服念五六日，至于旬时，丕蔽要囚。"

王曰："汝陈时臬，事罚。蔽殷彝，用其义刑义杀，勿庸以次汝封。乃汝尽逊，曰时叙，惟曰未有逊事。已！汝惟小子，未其有若汝封之心，朕心朕德惟乃知。凡民自得罪，寇攘奸宄，杀越人于货，暋(mǐn)不畏死，罔弗憝(duì)。"

王曰："封！元恶大憝，矧惟不孝不友。子弗祗服厥父事，大伤厥考心；于父不能字厥子，乃疾厥子。于弟弗念天显，乃弗克恭厥兄；兄亦不念鞠子哀，大不友于弟。惟吊兹，不于我政人得罪，天惟与我民彝大泯乱。曰：乃其速由文王作罚，刑兹无赦。不率大戛，矧惟外庶子、训人。惟厥正人越小臣诸节，乃别播敷，造民大誉，弗念弗庸，瘝厥君。时乃引恶，惟朕憝。已！汝乃其速由兹义率杀。亦惟君惟长，不能厥家人，越厥小臣外正。惟威惟虐，大放王命，乃非德用乂。汝亦罔不克敬典，乃由裕民，惟文王之敬忌，乃裕民。曰：我惟有及，则予一人以怿。”

王曰：“封！爽惟民迪吉康。我时其惟殷先哲王德，用康乂民作求。矧今民罔迪不适，不迪则罔政在厥邦。”

王曰：“封！予惟不可不监，告汝德之说于罚之行。今惟民不静，未戾厥心，迪屡未同。爽惟天其罚殛我，我其不怨。惟厥罪无在大，亦无在多，矧曰其尚显闻于天。”

王曰：“呜呼！封，敬哉！无作怨，勿用非谋非彝，蔽时忱。丕则敏德，用康乃心，顾乃德。远乃猷裕，乃以民宁，不汝瑕殄。”

王曰：“呜呼！肆汝小子封，惟命不于常，汝念哉！无我殄享。明乃服命，高乃听，用康乂民。”

王若曰：“往哉！封，勿替敬，典听朕告，汝乃以殷民世享。”

▲ 语译 - 成王讨伐扫平管叔与蔡叔之后，将殷商的部分遗民分封给康叔治理，周公依据成王的命令来告诫康叔，史官记录下周公的诰词，写下《康诰》《酒诰》和《梓材》。

三月初，周公准备在东方的洛水附近建造一个大城市，周国的臣民都集中到这里。侯、甸、服区域的国君，采、卫的官员都来朝见，为周王室服务。周公接见并慰劳了他们，并代替成王发表了讲话，告诉康叔奉成王之命治理国家的方法。

王这样说：“康叔啊，我的弟弟，年纪还小的封。你那英明神武的父亲文王，能崇尚德教，慎用刑律，不去欺侮那些无助的人，善于任用那些贤能的人，尊重那些值得尊重的人，畏惧那些应当畏惧的事，对百姓仁爱，所以才缔造了我们这个国家，与我们的友好邻邦一起治理西方。文王的勤政爱民被上天得知，上天极为高兴，就降下天命给文王，消灭殷商，接受天命并治理殷商遗民是你的兄长武王努力完成的。所以你这位年轻人被分封到东边的土地上来治理殷商之地。”

王说：“啊！封呀，你要仔细考虑好我告诫你的这些话！如今殷商的臣民都在观察你能否恭敬地遵循文王的优良传统而听取殷人的意见。你到殷地之后要努力学习殷商历代贤王爱护百姓、治理国家的方法，你要细心揣摩殷商遗老的思想，仔细分析他们的拉拢民心的手段。此外，你还要积极探求古代圣王安民守土的遗训。应当比天还宏大，用和顺的美德指导自己的德行，一刻不停地完成王命！”

王说：“唉，封啊！治理国家是很艰难的事，非常劳累，必须谨慎啊！上天会帮助诚信之人，民情是可以看出来的，百姓是可以安定的。你到了殷地必须尽你所能治理国家，采用合理的刑罚律例，不要贪图享乐，才能治理好百姓。我听说：‘民怨不在于大，也不在小；要让不服从的人服从，不肯努力的人努力。’唉！你这个年轻人，你的职责就是宽厚对待受王家保护的殷民，你应当帮助我顺应天命地改造革新殷民。”

王说：“啊！封呀，要慎重地使你的刑罚。倘若有人犯了小的罪恶，但他却拒不认错，还继续经常违反法律，这样，即使他的罪行很小，也必须杀掉他。如果有人犯下极大罪过，但并非故意，而是过失犯罪，并且他能够知错悔罪，痛改前非，这样的人就不该杀掉。”

王说：“啊，封！假如你能做到以上的这些要求，就能够让我满意，让臣民们彼此告诫，服从政令。看到臣民犯下罪过，就犹如自己生了疾病一样，臣民就会很快放弃罪恶的行为。保护臣民，应当像保护自己的孩子一样，臣民就会安康欢乐。你要亲自掌控刑杀的权力，应当做到除了你下令惩治，杀人，没有人胆敢这样做。除了你下令割鼻断耳，没人敢实施割鼻断耳的酷刑。”

王说：“对于审理案件，你要公开把以上的原则告诉管理刑狱的官员，这样殷商的刑罚就会有条不紊地实施下去。”又说：“对于囚禁犯人的事，必须考虑五六天，甚至长达十天，才可以最终确定是否实施囚禁。”

王说：“你宣布这些刑罚之后，审理案件，要依据殷人的常法，采取合理的刑杀律例，不可随心所欲地判刑。假如完全顺应你个人的意愿就称为承顺，就属于没有处理好政务。唉！你还只是个年轻人，不可以恣意妄为。我的心意，也只有你才充分了解。凡是民众犯下以下类型的罪过：盗窃、抢夺、造反、杀人越货，这类歹徒都是悍不畏死的，最让百姓怨恨，必须予以严惩。”

王说：“封啊，罪大恶极之人当中，也有一部分是不孝顺、不友爱的人。做儿子的不能孝敬父亲，使得父亲伤心；做父亲的不能疼爱儿子，反而厌弃儿子；做弟弟的不顾伦理，不尊重哥哥；做兄长的也不顾念弟弟的痛苦，对他弟弟极不友爱。父子兄弟的人伦之义竟然沦落到如此地步，执政者如果不惩罚他们，上帝赐予民众的规矩便会遭到严重破坏。你应当马上依据刑法杀掉这些人。不遵循国家法度的人，也包括各级官员乃至达官贵人。他们擅自发布命令，告谕臣民，赞赏那些不遵守法度的人，他们这样做危害到了国君；这就助长了恶人与恶事，我极度厌弃这种人。唉！你就应当迅速地杀掉这类人。也有一种情况，诸侯没能教育好其家人与近臣，对地方官员们也缺乏束缚。放纵这些人作威作福，虐待民众。完全违背君王的命令。像这种人，不能用恩德来治理，也需要严惩。你自己也要遵守法度，前去教导百姓，遵照文王的德行与规矩，教导并告诉民众：‘我们在努力继承文王的法度。’你能做到这种地步，我就非常高兴了。”

王说："封啊，百姓接受教化就会变得善良安定，我们时刻不忘殷朝历代贤王的德政，用殷民的安居乐业与他们媲美。何况如今的殷商民众，假如不加教导，殷国也就没有德政。"

王说："封啊，我们不可以不体察民情，我已经告诫过你如何实施德政与刑罚了。现在天下的百姓还不安宁，我们尽管多次进行教导，但他们仍旧没完全服从统治，上天要惩罚我们，我们就不能表示怨恨。罪过不在大，也不在多，我们都应该自我反省，妥善处置，何况这些罪过，都是被上天所了解清楚的呢。"

王说："唉！封，你一定要谨慎地治理好这个国家！不要制造埋怨情绪，不要采用欠妥的计谋，不要实施不符国家大法的措施，避免闭塞你的诚心。要努力推行德政，稳定民心，顾念其善德，宽缓其徭役赋税，使其衣食富足，这样才能让民众安定富裕，民众也就不会责备你，不会叛乱了。"

王说："啊，你努力吧！你这年轻的封，天命变化莫测，你要当心啊！不要忘记我的忠告，尽力履行你的责任，谨慎听取我的教导，用使百姓安康的方法来治理国家。"

王说："去吧！封，不要放松警惕，经常听取我的告诫，只有这样，你就能与殷民们一起世世代代居住在这个国家里了。"

◎ 和解

1. 成语"杀人越货"的出处。

2. 许倬云："商王的领土有一部分属于微子之后，是为宋。另外有一部分是周王子康叔治下的卫。《尚书·康诰》叙述康叔在卫的使命……康叔移封的原因，自然在于监视宋国与其他的殷民；然而康诰却处处嘱咐康叔必须继续殷商的法律，尊重殷商的传统……又告诫康叔必须进用殷商的贤人与长老……甚至对于殷人的饮食习惯也必须宽容，不必重责……综合言之，卫侯的任务是怀柔殷民以建立稳固的政权。"

3. 马基雅维利《君主论》："我认为，在人们已经习惯了在君主后裔统治下生活的世袭国里保持政权，比在新的国家里困难小得多。因为君主只要不触犯他的皇宗皇祖的制度，如遇有意外事件，则随机应变，这就足够了。因此，一位君主如果具有通常的能力，依此方法，总是能够维持他的地位的，除非遇有某种异乎寻常的格外强大的力量，才可能被篡位……新的君主由于他的军队和新占领之后带来的无数的其他损害，常常不可避免地开罪于新的属民……还因为即使某个人在武力上十分强大，可是在进入某个地方的时候，总是需要获得那个地方的人民的好感的……征服新地方的人如果想要保有它们，就必须注意两个方面：将它们的旧君的血统灭绝；同时既不要改变它们的法律，也不要改变它们的赋税。这样，在极短的期间内，它们就会同古老的王国融为一体了。"

4. 汉娜·阿伦特《极权主义的起源》:“极端的恶，可以说，是伴随着使所有人都毫无例外地成为多余的制度而出现的。这种制度的操纵者认为，自己和他人都是多余的，而极权主义刽子手则更加危险，因为他们对自己的生与死，对自己有没有生存过、有没有出生过都漠不关心。制造尸体和地牢的危险在于：今天，随着民主普及化，随着无家可归的人越来越多，如果我们仍然执意要用功利主义的字眼来构建世界的话，民众就会不断被迫沦为多余人。普天之下的政治事件、社会事件、经济事件，在暗中与使人多余的极权主义机器也就沦为同谋。”

5. 肉刑。肉刑在西方又被称为身体刑，在奴隶制和封建制时代，身体刑适用范围广泛，适用对象不平等，执行手段残酷。在古罗马，身体刑主要针对贫困者和奴隶；执行方式包括笞刑、鞭打、棒打等。拜占庭帝国刑法规定的断肢刑，有砍手、割舌、割鼻、挖眼、去势、鞭打等。自 19 世纪 70 年代以来，刑罚趋向缓和，身体刑的种类大为减少，甚至完全废除。如英国仅保留有笞刑；法国近代仅有身体刑之名，而无身体刑之实。

6. 徐复观《中国人性论史·先秦篇》:“在忧患意识跃动之下，人的信心的根据，渐由神而转移向自己本身行为的谨慎与努力。这种谨慎与努力，在周初是表现在‘敬’‘敬德’‘明德’等观念里面。尤其是‘敬’字，实贯穿于周初人的一切生活之中，这是直承忧患意识的警惕性而来的精神敛抑、集中及对事的谨慎、认真的心理状态。这是人在时时反省自己的行为，规整自己的行为的心理状态。”

酒诰

王若曰：“明大命于妹邦。乃穆考文王，肇(zhào)国在西土。厥诰毖庶邦庶士越少正、御事朝夕曰：祀兹酒。惟天降命，肇我民，惟元祀。天降威，我民用大乱丧德。亦罔非酒惟行，越小大邦用丧，亦罔非酒惟辜。

“文王诰教小子有正有事，无彝酒；越庶国，饮惟祀，德将无醉。惟曰我民迪小子，惟土物爱，厥心臧。聪听祖考之彝训，越小大德，小子惟一。

“妹土，嗣尔股肱，纯其艺黍稷，奔走事厥考厥长。肇牵车牛，远服贾，用孝养厥父母。厥父母庆，自洗腆，致用酒。

“庶士、有正越庶伯、君子，其尔典听朕教。尔大克羞耇(gǒu)惟君，尔乃饮食醉饱。丕惟曰：尔克永观省，作稽中德。尔尚克羞馈祀，尔乃自介用逸。兹乃允惟王正事之臣，兹亦惟天若元德，永不忘在王家。”

王曰：“封！我西土棐(fěi)徂邦君御事小子，尚克用文王教，不腆于酒，故我至于今，克受殷之命。”

王曰：“封！我闻惟曰：‘在昔殷先哲王迪畏天显，小民经德秉哲。自成汤咸至于帝乙，成王畏相，惟御事厥棐有恭。不敢自暇自逸，矧曰其敢崇饮？越在外服，侯甸男卫邦伯，越在内服，百僚（liáo）庶尹惟亚惟服、宗工越百姓里居，罔敢湎于酒，不惟不敢，亦不暇。惟助成王德显，越尹人祗辟。’

“我闻亦惟曰：‘在今后嗣王酣身，厥命罔显，于民祇保越怨，不易，诞惟厥纵淫泆于非彝。用燕丧威仪，民罔不衋（xì）伤心。惟荒腆于酒，不惟自息乃逸。厥心疾很，不克畏死。辜在商邑，越殷国灭，无罹。弗惟德馨香祀，登闻于天，诞惟民怨，庶群自酒，腥闻在上，故天降丧于殷。罔爱于殷，惟逸。天非虐，惟民自速辜。’”

王曰：“封！予不惟若兹多诰。古人有言曰：‘人，无于水监，当于民监。’今惟殷坠厥命，我其可不大监，抚于时。予惟曰：‘汝劼（jié）毖殷献臣，侯甸男卫，矧太史友、内史友，越献臣百宗工。矧惟尔事，服休服采，矧惟若畴，圻父薄违，农父若保，宏父定辟，矧汝，刚制于酒。’厥或诰曰：‘群饮。’汝勿佚，尽执拘以归于周，予其杀。又惟殷之迪，诸臣惟工，乃湎于酒，勿庸杀之，姑惟教之。有斯明享，乃不用我教辞，惟我一人弗恤，弗蠲（juān）乃

事，时同于杀。”

王曰：“封，汝典听朕毖，勿辩乃司民湎于酒。”

▲ 语译 - 王这样说：“前往卫国去宣布一项重要的命令。当年你的父亲文王在西方建立了我们伟大的国家，他经常告诫各个诸侯国君以及各级官员说：‘唯有举行祭祀典礼时，才可以喝酒。’上帝降下福祉，劝勉广大臣民，唯有举行盛大祭祀才能饮酒啊。上帝降下惩罚，大家平时大乱失德，往往是由于酒后乱性；一些国家灭亡了，那往往是酗酒带来的问题。”

“文王告诫其后人与各级官员不可以时常饮酒。同时也告诫担任诸侯国君的后人们，只有在祭祀时才能饮酒，饮酒时，要用德行来约束自己，以免喝醉。文王还告诫子孙要教导臣民应当珍惜粮食，这样才能使得他们心地善良。我们一定要遵循先祖的谆谆教诲，德行无论大小都要发扬。”

“殷民们，你们今后要在卫国专心居住下来，依靠自己的力量专心种好庄稼，殷勤地侍奉你们的长辈与官长。农事完成后，你们可以驱赶牛车，到外地进行贸易活动，来孝敬赡养父母，父母高兴了，大家丰衣足食，那时你们才可以饮酒。”

“各位官员们！希望你们能够经常聆听我的教导！只要你们能够进献酒食给长辈与国君，你们就能够吃饱，酒也能够喝到了。我相信你们能够长期检点自己，使得自己的言行举止都符合中正的道德标准。你们还可以参与到国君举行的祭祀典礼，你们如果能自觉限制饮酒作乐，就能够长期成为王室的办事官员。这也是上天赞赏的美德，王室将永远不会忘记你们的功劳。”

王说：“封呀，我们西方土地上分封的那些诸侯与官员们都能遵从文王的训诫，不过度饮酒，所以我们到今天，才能够接受天命，取代殷商。”

王说：“封啊，我听人说：‘从前殷商圣明的国王畏惧上天，也敬畏百姓，实施德政，保持恭谨的态度。从成汤直到帝乙，明君贤臣都在不断思考如何治理好国家，恭谨地治理天下，不敢贪图享乐，更何况是沉湎于饮酒呢？在京城之外的侯、甸、男、卫区域的诸侯国君，以及在朝内的贵族、官员以及退休的官员，没人敢酗酒，不但不敢这样做，也没闲暇酗酒。他们只是不断思考怎样辅佐国君建立功业与树立美德，使得官吏敬畏法令。’我还听到有人说：‘殷代最末一任国王商纣王，终日饮酒作乐，认为自己拥有天命，不明白臣民的力量，对于民众遭受的苦难无动于衷，没有悔改之意。他淫乱无度，贪图享乐，不遵守法度，宴饮无度，丧失了国君的权威，对于他的行为，民众没有不悲痛的。商纣王只知道沉湎于酒色，从未打算改过自新，他的心地残忍，只要能享乐，不惜丢掉性命。他不断在商都作恶，他对于殷的灭亡没有丝毫忧虑。他没有高尚的德政和芬芳的祭祀供品让上天知道，唯有百姓的怨恨，只有群臣酗酒的腥气，被上天所知晓。因此上天降下灾祸给商朝，上天不喜欢殷商，完全是由于殷人过度酗酒享乐的缘故。上天并非暴虐，只是殷商之人自己为恶而招致祸害。’”

王说："封啊，我不想如此详细地把这些道理告诫你了，古人有谚语说：'人不要只在水里观察自己，还应当把臣民当镜子来观察自己。'现在殷商已失去了上天的福祉，我们难道可以不反省殷商灭亡的教训吗？我认为：你应当慎重地告诫殷商遗臣以及各个诸侯国君，还有朝中的史官，贤良大臣与很多尊贵官员，以及你的治事官员，管理游宴休息以及祭祀的近臣，还有三卿重臣，负责讨伐叛乱的圻父，顺保百姓的农父，负责制定法令的宏父，都要采取严厉手段使其强行戒酒。假若有人报告你说：'有人聚众饮酒。'你不可以放纵他们。要把饮酒之人尽快逮捕并押送到周朝的都城，我会把他们杀掉。假若是原来殷商的旧臣沉湎于饮酒，不能杀掉他们，要注意教育他们。有这样明确的禁令后，假如有人仍敢不遵从禁令，我绝对不会赦免这种人，像对聚众饮酒的人那样，全都杀掉。"

王说："封呀，你要时刻牢记我的告诫，不要让你所管辖的臣民沉湎在酒中。"

◎ **和解**

1.《秦律·田律》："百姓居田舍者，毋敢酤酒，田啬，部佐禁御之，有不从令者有罪。"

2.《史记·文帝本纪》文颖注："三人以上无故群饮酒，罚金四两。"

3. 美国宪法第 18 号修正案——禁酒法案（又称"伏尔斯泰得

法案”）在 1920 年 1 月 17 日正式生效。该法律规定：凡是制造、售卖乃至于运输酒精含量超过 0.5%以上的饮料皆属违法。可以自己在家中独自饮酒，但与朋友共饮或是举行酒宴则属违法，最高可被罚款 1000 美元及监禁半年。21 岁以上的人才可以买酒，并需要出示年龄证明，并且只能到限定的地方购买。后来由于受到全国的普遍抵制，禁酒令最终于 1932 年被取消。

4.《三国志·魏书·徐胡二王传》：“魏国初建，为尚书郎，时科禁酒，而邈私饮至于沉醉。校事赵达问以曹事，邈曰：‘中圣人。’达白之太祖，太祖甚怒。度辽将军鲜于辅进曰：‘平日醉客谓酒清者为圣人，浊者为贤人，邈性修慎，偶醉言耳。’竟坐得免刑。”

5. 中国古代禁酒分为数种，绝对禁酒或局部地区禁酒。前者是官私皆禁，整个社会都不允许酒的生产和流通；后者在有些朝代如元朝较为普遍，主要原因是不同地区，粮食丰歉程度不同。此外，还有一种说法，就是禁酒曲而不禁酒，即酒曲是官府专卖品，不允许私人制造，属于禁止之列。没有酒曲，酿酒自然就无法进行。第四种禁酒做法是实行国家专卖，禁止私人酿酒、运酒和卖酒。

6. 现代考古学家从墓葬中出土了大量青铜礼器。他们发现：西周早期，礼器的组合情形与殷商相似。西周早期以后，礼器中食器的比重逐渐增加，而酒器则相应变少；到了西周晚期，最常见的礼器是鼎、盘、壶等，鬲、豆次之，酒器则处于更次要的位置。这或许也表明西周的禁酒令起到了效果，周人饮酒之风要逊于商人。

7. 俄罗斯禁酒简史。俄罗斯在1914年开始实施变相的禁酒令，按照法律规定，蒸馏酒只能在餐厅贩卖，这条法律在俄国革命和内战时期得以继续实施，直到1925年才被废除掉。1985至1987年期间，鉴于苏联的高酗酒率，戈尔巴乔夫颁布了部分禁酒的《关于消除酗酒的措施》，抬高了伏特加、白酒和啤酒的价格，销售时间和数量都受到限制，饮酒场景被从电影中剪切掉，伏特加生产于是转入地下状态。

8. 欧洲谚语：酒杯中可见天堂，但纵情狂饮只能下地狱。

9. 尼采将回归本我的狂欢精神称为“酒神精神”。他在《偶像的黄昏》中说：“面对痛苦，险境和未知事物，精神愈加欢欣鼓舞，这种精神正是酒神精神。悲剧艺术所要表达的正是这种精神状态：面临某个强大的敌人，某种巨大的不幸，某个令人疑惧的问题，而有勇气和情感自由，这种得胜状态被悲剧艺术家挑选出来加以颂扬。”于是，在尼采的观点中，希腊悲剧中起着相当重要作用的两个原则与阿波罗神和酒神狄奥尼索斯相关联起来。阿波罗原则讲求实事求是、理性和秩序，酒神原则是与狂热、过度和不稳定联系起来的。尼采认为，酒神精神喻示着情绪的发泄，是抛弃传统束缚回归原始状态的生存体验，人类在消失个体与融入世界的绝望哀号中获得生的极大快意。

10. 据布罗代尔在《15—18世纪的物质文明、经济和资本主义》中记载，15世纪德国用煎熬香料的办法生产的烧酒仍被当作药品，1496年，纽伦堡市政当局禁止节日期间自由出售烧酒，直到1514年，路易十二特许酿醋作坊蒸馏烧酒，酒才变成了普通商品。

梓材

——王曰："封，以厥庶民暨厥臣，达大家，以厥臣达王惟邦君。汝若恒，越曰：'我有师师：司徒、司马、司空、尹旅。'曰：'予罔厉杀人。'亦厥君先敬劳，肆徂厥敬劳。肆往奸宄（guǐ）杀人历人宥，肆亦见厥君事戕败人宥。"

王启监，厥乱为民。曰："无胥戕！无胥虐！至于敬寡，至于属妇，合由以容。"王其效邦君越御事："厥命曷以，引养引恬？自古王若兹监，罔攸辟！"

惟曰："若稽田，既勤敷菑（zī），惟其陈修，为厥疆畎（quǎn）。若作室家，既勤垣墉，惟其涂塈茨。若作梓材，既勤朴斫（zhuó），惟其涂丹雘（huò）。"

今王惟曰："先王既勤用明德，怀为夹，庶邦享作，兄弟方来，亦既用明德。后式典集，庶邦丕享。皇天既付中国民越厥疆土于先王，肆王惟德用，和怿先后迷民。用怿先王受命。已！若兹监。"惟曰："欲至于万年，惟王子子孙孙永保民。"

▲ 语译 - 王说："封，对我的教令，要由官员乃至卿大夫，传达到他们下辖的臣民。对我们的各级官长、司徒、司马、司空、大夫以及诸位士人说：'我们不会滥杀无辜！'对于邦君也应当注意认真安抚，努力实施那些起到安抚作用的事。对于在过去曾经内外造反作乱的罪人与杀人犯、抢劫犯，要宽恕他们；对于在过去曾经泄露国家秘密的罪犯，残害他人肢体的罪犯，也要宽恕他们。"

"王者分封诸侯，主要是为了教化百姓。他说：'不可以彼此残害，不要互相虐待，对于无妻无夫的老人，或是孕妇，就算犯罪，也要同样予以教育并宽恕他们。'国君教育诸侯与诸侯国下属的官员，他的诰命如何呢？就是'要不断教养百姓，不断安抚百姓。'从古至今君王都是如此，你前去进行监督，别出现偏差！"

我想："治理国家好比是种田一般，既然已经勤劳地不断开垦、耕种，就应当考虑整治土地，修建起田界，挖好水沟。犹如修建房屋，既然已经修好了墙壁，就应当考虑好怎样完成好涂泥与建屋顶的工作。犹如制作梓木的器物，既然已经勤劳地砍倒了树木并剥下树皮，就应当考虑完成好油漆彩绘的工作。"

现在我们王室考虑："先王既然已经实行德政来修建洛邑，各国都前来进贡出工以供劳役。兄弟邦国也前来帮忙，也是已经实施了德政，诸侯因此经常来朝觐，各国于是也来进贡。上天既然将中国的百姓与江山全都托付给先王，如今的王者也唯有实施德政，来教导殷商那些依旧执迷不悟的遗民，用来完成先王从上天那里接受来的天命。唉！用这种方法来治理殷人，就将传承到千秋万代，与王者的子孙一起保有殷民。”

◎ **和解**

1. 许倬云：“顾立雅（H. G. Creel）在其研究西周政府组织的著作中，认为周初至少有了官僚制度的初型。在西周的发展过程中，政府组织有若干蜕变，渐渐演变成较复杂的统治机构，而显著可见的是接近周王的人渐渐得势。但是西周政府组织中最重要的因素是有文书档案存在，并有管理文书的专门人员。”

2. 吕思勉：“中国的农业，是如何进化的呢？一言以蔽之，曰：自粗耕进于精耕。古代有爰田之法。爰田即系换田。据《公羊》宣公十五年何《注》，是因为地有美恶，‘肥饶不得独乐，硗确不得独苦’，所以‘三年一换主易居’。据《周官》大司徒：则田有不易，一易，再易之分。不易之地，是年年可种的。一易之地，种一年要休耕一年。再易之地，种一年要休耕两年。授田时：不易之地，一家给一百亩。一易之地，给二百亩。再易之地，给三百亩。古代的田亩，固然较今日为小。然一夫百亩，实远较今日农夫所耕为大。而其成绩，则据《孟子·万章下篇》和《礼记·王制》所说：是上农夫食 9 人，其次食 8 人，其次食 7 人，其次食 6

人，下农夫食 5 人。较诸现在，并不见得佳良，可见其耕作之法，不及今人了。”

召诰

——成王在丰，欲宅洛邑，使召公先相宅，作《召诰》。

惟二月既望，越六日乙未，王朝步自周，则至于丰。

惟太保先周公相宅，越若来三月，惟丙午朏(fěi)。越三日戊申，太保朝至于洛，卜宅。厥既得卜，则经营。越三日庚戌，太保乃以庶殷攻位于洛汭。越五日甲寅，位成。

若翼日乙卯，周公朝至于洛，则达观于新邑营。越三日丁巳，用牲于郊，牛二。越翼日戊午，乃社于新邑，牛一，羊一，豕一。越七日甲子，周公乃朝用书，命庶殷，侯、甸、男、邦伯。厥既命殷庶，庶殷丕作。

太保乃以庶邦冢君出取币，乃复入锡周公，曰："拜手稽首，旅王若公。"诰告庶殷越自乃御事："呜呼！皇天上帝，改厥元子兹大国殷之命，惟王受命，无疆惟休，亦无疆惟恤。呜呼！曷其奈何弗敬？

"天既遐终大邦殷之命，兹殷多先哲王在天。越厥后王后民，兹服厥。厥终，智藏瘝（guān）在。夫知保抱携持厥妇子，以哀吁天，徂厥亡，出执。呜呼！天亦哀于四方民，其眷命用懋（mào），王其疾敬德。相古先民有夏，天迪从子保，面稽天若，今时既坠厥命。今相有殷，天迪格保，面稽天若，今时既坠厥命。今冲子嗣，则无遗寿耇（gǒu），曰其稽我古人之德，矧曰其有能稽谋自天。

“呜呼！有王虽小，元子哉，其丕能諴（xián）于小民。今休，王不敢后。用顾畏于民碞（yán），王来绍上帝，自服于土中。旦曰：‘其作大邑，其自时配皇天，毖祀于上下，其自时中乂。王厥有成命，治民今休。’王先服殷御事，比介于我有周御事。节性，惟日其迈。王敬作所，不可不敬德。

“我不可不监于有夏，亦不可不监于有殷。我不敢知曰，有夏服天命，惟有历年；我不敢知曰，不其延。惟不敬厥德，乃早坠厥命。我不敢知曰，有殷受天命，惟有历年；我不敢知曰，不其延。惟不敬厥德，乃早坠厥命。今王嗣受厥命，我亦惟兹二国命，嗣若功。王乃初服。呜呼！若生子，罔不在厥初生，自贻哲命。今天其命哲，命吉凶，命历年。知今我初服，宅新邑，肆惟王其疾敬德。王其德之用，祈天永命。其惟王勿以小民淫用非彝，亦敢殄戮用乂民，若有功。其惟王位在德元，小民乃惟刑用于

天下，越王显。上下勤恤，其曰：我受天命，丕若有夏历年，式勿替有殷历年。欲王以小民，受天永命。”

拜手稽首曰：“予小臣敢以王之仇民百君子越友民，保受王威命明德。王末有成命，王亦显。我非敢勤，惟恭奉币，用供王能祈天永命。”

▲ 语译 - 周成王在丰邑，准备迁居到洛邑，派遣召公首先去勘察宗庙、宫殿、朝市的选址，写下了《召诰》。

二月十六日之后，到第六日乙未日，成王清晨从镐京出发到达丰邑。

太保召公在周公之前到达洛邑的工地现场勘察进展。三月初三丙午日，月牙重新放射出光芒。等到第三天戊申日，太保早晨
抵达洛邑，占卜工程选址是否吉祥。占卜结果是吉利的，于是开
始建造。等到第三天庚戌日，太保率领众位殷民，在洛水与黄
的交汇处测定了各建筑的兴建位置。到第五天甲寅日时，各个
筑的位置都已经确定下来。

等到次日乙卯，周公在早晨时抵达洛邑，就开始全面视
邑的兴建规模。等到第三天丁巳日，在城南郊用牲口祭祀
共用两头牛。等到次日戊午，又在新邑举行了祭祀大地的
使用了一头牛，一头羊，一口猪。到第七天甲子日，周
晨发布了文告，命令殷人，还有侯、甸、男区域内的诸
邑。已经下令给殷民，殷民就开始大规模破土动工。

太保和各国的国君取出玉帛等礼物，进献给周公与成王。太保说：“跪拜叩首禀告天子，要顺从周公的意见去告诫殷商的遗民和任用殷商的旧臣。唉！上天改变了他的天子，结束了殷商的统治。大王接受了天命治理天下，福运绵长无尽，但忧患也是无尽。唉！怎能不谨小慎微呢？

“上天早就想结束殷商的国运，因为殷国的历代贤君都在天上护佑，殷商后来的君王与臣民才能够享有天命。等到纣王时
、明智的人被迫离开，暴虐害民之人当道。男子艰难地搀扶
的妻儿老小，悲哀地呼告上天，希望灭亡商纣，渴求脱离困
！上天哀怜天下百姓，于是天命转移到了大周身上，大
敬重有德行的人！回顾古代的夏朝，上天教导要遵从贤
从天命，如今却已经失掉了天命。再看商朝，上天教
，努力接受天命，如今也已经丧失了天命。如今你
了王位，缺乏老成持重的人辅佐，来考求先王的
求上天的意向了。

轻，但天子所承担的责任极为重大。要能够
和谐！如今值得庆幸的是，王没有延迟洛邑
理有所顾忌。王占卜以问上天，在洛邑亲
：‘要修建洛邑，要从这里用先祖后稷
祀天地之神，要从这中心之地处理国
’如今可喜的是王开始重视任用殷
员亲近，使得彼此间的感情日益
不可以不谨慎于德行啊。”

“我们必须借鉴并反省夏朝的功过，也必须借鉴并反省商朝的功过。我不清楚夏保有天命原本应当该有多少年；我也不清楚，夏的国运会否延长。我只知道他们没有认真实施德政，才过早失去了天命。我不清楚殷商接受天命本该有多少年；我也不清楚殷商的国运会否延长。我只清楚他们没有认真实行德政，才过早失掉了他们的福命。如今王继承了治理天下的天命，我们也应当借鉴这两个朝代灭亡的教训，继承他们的功业。王刚刚开始处理政事。啊！犹如教养孩子一样，没有人不在刚开始教导时，就亲自给予他最好的教导。如今上天应当给予明哲、吉祥。因为上帝清楚我王刚刚开始处理国政，就居住到新的城邑，如今王应当加紧认真推行恩德！王应当用德政向上天祈求长远的福命。愿王不要让百姓干出违犯德行的事情，也不要利用杀戮与酷刑来治理百姓。愿王确立仁德的执政理念，让百姓效仿并流播到全天下，发扬王的恩德。君臣上下都勤劳忧虑，也许可以说我们接受天命的时间会远超夏商两朝，不要像殷国年数虽长而突然废弃了！希望我王能依赖广大民众的力量去承受永久的天命！”

召公跪拜磕头说：“我这个小臣与殷商的臣民还有友邦的臣民，会安然接受王威严的命令，宣扬大王的无上恩德。王最终决定修建洛邑，王的功德也就得以彰显。我不敢说什么辛苦，只是想恭敬地献上玉帛，来献给王，来祈求上天赐予永久的天命。”

◎ **和解**

1. 许倬云：“周人以蕞尔小邦，人力物力及文化水平都远逊商

徐复观（1930—1982）

周初所强调的敬的观念，与宗教的虔敬，近似而实不同。

代，其能克商而建立新的政治权威，由于周人善于运用战略，能结合与国，一步一步地构成对商人的大包抄，终于在商人疲于外战时，一举得胜。这个意料不到的历史发展，刺激周人追寻历史性的解释，遂结合可能确曾有过的事实（如周人生活比较勤劳认真，殷人生活比较耽于逸乐）以及商人中知识分子已萌生的若干新观念，合而发展为一套天命靡常惟德是亲的历史观及政治观。这套新哲学，安定了当时的政治秩序，引导了有周一代的政治行为，也开启了中国人道精神及道德主义的政治传统。”

2. 赫西俄德《工作与时令》：“宙斯很容易抑制强者；他很容易地使得想煊赫的人反变渺小，而使隐没无闻的人得到颂扬；他很容易地使曲者变直而使骄狂者失色……任何人只要知道正义并且信守正义，无所不见的宙斯就会给他幸福。”

3. 博登海默说：“在古希腊早期，法律和宗教在很大程度上是合一的。宗教仪式渗透在立法和司法中，祭祀在司法中起着极为重要的作用。国王作为最高法官，其职责和权力也被看作是宙斯亲自赐予的。”

4. 徐复观：“周初所强调的敬的观念，与宗教的虔敬，近似而实不同。宗教的虔敬，是人将自己的主体性消解掉，将自己投掷于神的面前而彻底皈归于神的心理状态。周初所强调的敬，是人的精神，由散漫而集中，并消解自己的官能欲望于自己所负的责任之前，凸显出自己主体的积极性与理性作用。敬字的原来意义，只是对于外在侵害的警戒，这是被动的直接反应的心理状态。周初所提出的敬的观念，则是主动的，反省的，因而是内发的心理状态。这正是自觉的心理状态，与被动的警戒心理有很大的区别。”

洛诰

—— 召公既相宅，周公往营成周，使来告卜，作《洛诰》。

周公拜手稽首曰："朕复子明辟，王如弗敢及天基命定命，予乃胤保大相东土，其基作民明辟。予惟乙卯，朝至于洛师。我卜河朔黎水。我乃卜涧水东，瀍（chán）水西，惟洛食。我又卜瀍水东，亦惟洛食。伻（bēng）来，以图及献卜。"

王拜手稽首曰："公不敢不敬天之休，来相宅，其作周匹休。公既定宅，伻来，来视予卜，休，恒吉。我二人共贞。公其以予万亿年敬天之休。拜手稽首诲言。"

周公曰："王，肇（zhào）称殷礼，祀于新邑，咸秩无文。予齐百工，伻从王于周。予惟曰庶有事。今王即命曰：'记功，宗以功作元祀。'惟命曰：'汝受命笃弼，丕视功载，乃汝其悉自教工。'孺子其朋，孺子其朋，其往。无若火始焰焰，厥攸灼叙弗其绝厥若。彝及抚事如予，惟以在周工往新邑，伻向即有僚，明作有功，惇大成裕，汝永有辞。”

公曰：“已！汝惟冲子惟终。汝其敬识百辟享，亦识其有不享。享多仪，仪不及物，惟曰不享。惟不役志于享。凡民惟曰不享，惟事其爽侮。乃惟孺子颁，朕不暇听。朕教汝于棐(fěi)民，彝(yí)汝乃是不蘉(máng)，乃时惟不永哉。笃叙乃正父，罔不若予，不敢废乃命。汝往敬哉！兹予其明农哉。彼裕我民，无远用戾。”

王若曰：“公，明保予冲子。公称丕显德，以予小子扬文武烈，奉答天命，和恒四方民，居师，惇宗将礼，称秩元祀，咸秩无文。惟公德明光于上下，勤施于四方，旁作穆穆，迓(yà)衡不迷，文武勤教。予冲子夙夜毖祀。”

王曰：“公功棐(fěi)迪笃，罔不若时。”

王曰：“公，予小子其退，即辟于周，命公后。四方迪乱未定，于宗礼亦未克敉(mǐ)，公功，迪将其后，监我士师工，诞保文武受民，乱为四辅。”

王曰：“公定，予往已。公功肃将祗欢，公无困哉。我惟无斁其康事，公勿替刑，四方其世享。”

周公拜手稽首曰：“王命予来承保乃文祖受命民，越乃光烈考武王弘朕恭。孺子来相宅，其大惇典殷献民，乱为四方新辟，作周恭先。曰其自时中乂，万邦咸休，惟王有成绩。予旦以多子越御事笃前人成烈，答其师，作周孚

先。考朕昭子刑，乃单文祖德。伻来毖殷，乃命宁予以秬（jù）鬯（chàng）二卣（yǒu），曰明禋（yīn），拜手稽首休享。予不敢宿，则禋于文王武王。惠笃叙，无有遘自疾，万年厌乃德，殷乃引考。王伻殷，乃承叙万年，其永观朕子怀德。"

戊辰，王在新邑烝祭岁。文王骍牛一，武王骍牛一。王命作册逸祝册，惟告周公其后。王宾杀禋咸格，王入太室祼。王命周公后，作册逸诰。在十有二月。惟周公诞保文武受命，惟七年。

▲ 语译 - 召公已经勘查好了宫殿、宗庙、朝市等重要建筑的选址，周公前往营建洛邑，派遣使者迎接成王前来，把所占卜的吉祥预兆报告给成王，史官写下了《洛诰》。

周公跪拜行礼说："我把君位还给您，而您却谦逊地不敢举行即位大典。我继太保之后，全面考察了洛邑，商定了激励老百姓的重要政策。我在乙卯日的早晨抵达洛邑。我首先占卜了黄河北部的黎水区域，我又占卜了涧水以东到瀍水以西区域，唯有洛地吉祥。我又占卜了瀍水以东区域，也只有洛地吉祥。于是请您来相商，并献上卜兆。"

成王回礼答道："公不敢不尊重上天赐给的福命，亲自勘察洛邑选址，将营建成一个能够与镐京相匹配的新城，非常好啊！公既然已经选定了地址，让我前来，我来了，又让我看到了吉祥的卜兆，我为卜兆都是吉祥的而感到高兴。让我们二人共同享受这一吉祥征兆。愿公带领我们永远尊重上帝赐予的福庆！叩头接受您的教导。”

周公说：“王啊，您开始以殷礼来会见诸侯，在洛邑进行祭祀活动，都已安排得井井有条了。我率领着百官，让他们在镐京跟随大王，我想：‘将会举行祭祀典礼。’如今王下令：‘记录下功绩，宗人带领功臣进行大规模祭祀活动。’王还有命令：‘你接受先王遗留下来的命令，督导辅助我来治理天下，你全面查阅记录功勋的书，随后你要亲自教导此事。’王啊！您应该和群臣一起到新都来“啊！你应该和群臣一起到新都来啊！希望你们来吧。不要犹如火刚燃烧时那样气势显得微弱；那燃烧的火焰，决不能让其熄灭。您要犹如我一样服从常法，率领待在镐京的官员前往洛邑。使他们各司其职，勉力建功立业，这样您就可以获得永久的美誉。”

周公说：“唉！您尽管还年轻，应当考虑完成先王没有完成的功业。您应当仔细考察各个诸侯的享礼，也应当考察其中没有重视享礼的。享礼必须要重视礼节，假如礼节与礼物不相匹配，应该视为没有重视享礼。由于诸侯对享礼不够诚心，老百姓得知后就会认为不必朝享了，这样，政事将会出现混乱。我急于让您来承担政务处理，我没空闲去管理这么多的政务啊！我教给您治理百姓的法度，您不努力去办好这些事，您的善政就无法推广实施啊。厚待各邦君长以及同姓的诸侯和大夫，使他们无不像我一样不敢违背您的号令。您前往新邑，必定要谨慎了！现在我们这些百官要奋发向上啊！去教导好百姓，远方的诸侯也就随之归附了。”

王这样说：“周公啊！请努力维护我这青年人。您应当发扬光辉的功德，使得我继承文王、武王的大业，尊奉上天的教诲，让四方百姓欢乐，居住在洛邑中。隆重举行大型祭祀典礼，都要有条不紊地实行。周公您的功德照耀天地，勤政恩德散布于四方，普遍推行极为出色的政事，就算遇灾祸也没有丝毫迷乱。文武百官都努力奉行您的教化，我这年轻人只需要整天举行祭祀就行了。”

王说：“周公您善于辅佐政事，我真的无不服从。”

王说：“周公啊！我这位年轻人就要返回镐京主政了，请周公继续治理洛邑。四方经过治理还没有彻底安定，宗礼也没完全完成，公善于教导扶持天下臣民，要继续督导各级官员，安定文王与武王接受的殷族遗民，作为我的辅政大臣。”

王说：“周公留下吧，我要前往镐京了。公要稳妥而又迅速地开展和睦殷民的政务，公不要让我陷入危困啊！我应当不懈地学习实施政事，公要不断示范，四方诸侯将要世代向我们周国朝贡了。”

周公跪拜说：“王命令我前往洛邑，继续维护您先祖文王所接受的殷民，宣扬您那光辉有功绩的父亲武王何等伟大，我奉行着您的命令。王视察洛邑，使得殷商贤良之臣都得到礼遇，制定了管理四方的法度，成为制定周法的先导。我曾说：‘从这九州的核心位置实施政令，万国都会欢欣鼓舞，王也会大有业绩。我姬旦统领诸位卿大夫与官员，经营先王留下的基业，集合诸位百姓，作为修筑洛邑的先导。'实现我告诉给您的以上法则，就可以发扬光大先祖的恩德。您派出使者来洛邑犒劳殷人，又送来两卣黍香酒赏赐给我。使者宣示王命说：'明洁地进行祭祀，应当跪拜庆幸地把供品祭献给文王与武王。'我不敢停留过夜，立即用黍香酒祭祀文王和武王。我祈祷说：'愿我很顺遂，不要遇到罪疾，万年饱受您的德泽，殷事能够长久成功。''愿王使殷民能够永远归顺，将长远地看到人民怀念您的恩德。'"

戊辰日时，成工在洛邑进行了冬祭，向先王报告一年来的事情，用一头红色的牛献祭给文王，同时以一头红色的牛献祭武王。成王下令一个叫逸的作册官来宣读册文，报告文王、武王，周公将接着居住在洛邑。助祭的各位诸侯在杀牲祭祀时也全都赶来了，成王让周公继续统治洛邑，叫逸的作册官将这件大事宣告于天下，时间是十二月。周公居住在洛邑继续完成文王、武王遗留的天命，时间为成王七年。

◎ 和解

1. 宗周与成周：西周最初定都岐邑，周文王迁都到丰，武王时又迁都镐京，镐京被称为宗周，周天子驻留在此。后周成王修建洛邑，将周公封到此地，洛邑也称成周。周幽王被犬戎杀掉后，周平王东迁，定都洛邑（洛阳），标志西周结束，东周开始。此后洛阳成为历代多个王朝的都城。

2. 牛与祭祀。在古代农耕文明中，牛是重要的生产工具，所以牛在古代有着极高的地位，不允许私自屠宰，在重要祭祀典礼中，把牛作为最重要的祭祀物供奉给先祖或是神灵。

3. 弗雷泽《金枝》："对这两条公牛（菲斯的公牛阿庇斯和赫利奥波利斯的公牛穆尼维斯）的崇拜是很普遍的……有个关于阿庇斯的事实却不容忽视。阿庇斯虽然被尊为神，仪式豪华，敬意慎重，但是它不许活过特定的期限。"

4. 许倬云："建立东都成周和在东方分封大批姬姓与姜姓诸侯配合起来，为周王国的统治打下了稳固的基础。这个基础上，不但有姬姜的宗族控制了战略要地，更在于经过调整以后，周人与东土的部族糅合成为一个文化体系与政治秩序下的国族。殷商自称大邑，却无'华夏'的观念。这些周王国内的各封国，自号华夏，成为当时的主干民族……新都洛邑是由庶殷建筑的，主持工程的大臣是周公与召公，而工程的分配则经过殷商邦国的领袖，《召诰》所谓'周公乃朝用书，命庶殷侯甸男邦伯，厥既命殷庶，庶殷丕作'。足见商人的社会组织并未解体，庶殷的动员仍须由这些侯甸男邦伯经手。新都既成，据《洛诰》：'周公曰：王肇称殷礼，祀于新邑，咸秩无文。'则是周王整体的接过了对殷商神祇与祖先的祀典。又说：'周公拜手稽首曰：王命予来承保乃文祖受命民，越乃光烈考武王，弘朕恭孺子来相宅，其大惇典殷献民。'则是礼敬殷商的贤人，用今天的话说，也就是殷商的社会领袖，协和殷人的目的在使殷商化而为周，‘万年厌于乃德，殷乃引考。王伻殷乃承叙万年’，两族永久的合而为一。”

多士

——成周既成，迁殷顽民，周公以王命诰，作《多士》。

惟三月，周公初于新邑洛，用告商王士。

王若曰："尔殷遗多士，弗吊旻(mín)天，大降丧于殷。我有周佑命，将天明威，致王罚，勅(chì)殷命终于帝。肆尔多士，非我小国敢弋殷命。惟天不畀允罔固乱，弼我。我其敢求位，惟帝不畀。惟我下民秉为，惟天明畏。

"我闻曰：'上帝引逸。'有夏不适逸，则惟帝降格，向于时夏。弗克庸帝，大淫泆有辞。惟时天罔念闻，厥惟废元命，降致罚。乃命尔先祖成汤革夏，俊民甸四方。自成汤至于帝乙，罔不明德恤祀，亦惟天丕建，保乂有殷。殷王亦罔敢失帝，罔不配天其泽。在今后嗣王，诞罔显于天，矧(shěn)曰其有听念。于先王勤家诞淫厥泆(yì)，罔顾于天显民祗，惟时上帝不保，降若兹大丧。惟天不畀不明厥德。凡四方小大邦丧，罔非有辞于罚。"

王若曰："尔殷多士，今惟我周王丕灵承帝事，有命曰：'割殷。'告敕于帝。惟我事不贰适，惟尔王家我适。予其曰：'惟尔洪无度，我不尔动，自乃邑。'予亦念天即于殷大戾，肆不正。"

王曰："猷（yóu），告尔多士，予惟时其迁居西尔。非我一人奉德不康宁，时惟天命，无违。朕不敢有后，无我怨。惟尔知，惟殷先人有册有典，殷革夏命。今尔又曰：'夏迪简在王庭，有服在百僚。'予一人惟听用德，肆予敢求尔于天邑商。予惟率肆矜尔，非予罪，时惟天命。"

王曰："多士，昔朕来自奄，予大降尔四国民命。我乃明致天罚，移尔遐逖，比事臣我宗多逊。"

王曰："告尔殷多士，今予惟不尔杀，予惟时命有申。今朕作大邑于兹洛，予惟四方罔攸宾，亦惟尔多士攸服奔走，臣我多逊。尔乃尚有尔土，尔乃尚宁干止。尔克敬，天惟畀矜尔。尔不克敬，尔不啻（chì）不有尔土，予亦致天之罚于尔躬。今尔惟时宅尔邑，继尔居，尔厥有干有年于兹洛。尔小子乃兴，从尔迁。"

王曰又曰："时予。乃或言尔攸居。"

▲ 语译 - 成周建成之后，周王朝就把不愿意接受周朝统治的殷商遗民迁徙到新都洛邑，周公以成王的命令告诫殷商遗民，写下了《多士》。

周成王元年的三月，周公在新都洛邑以成王的名义告诫殷商的遗民。

王如此说："你们这些殷商的遗民啊，纣王不尊重上天，使得灾祸降临到了殷国。我们周国承接天命，奉行上天的威严，执行上天的诛罚，宣告殷商的国运被上天断绝。如今，你们诸位官员啊！并非我们周国胆敢改变殷商的天命，是由于上天没有把天命给予那怙恶不悛的人，而来辅助我们，我们岂敢擅自谋求王位呢？上天没有把天命给予怙恶不悛的人，我们下民的行为，理应畏惧天命。

"我听说：'上帝制止住游乐。'夏桀游乐无度，上帝就降下诰命，劝导夏桀。他没有听取上天的指导，大肆恣意游乐，并且怀疑上天的指令。因此，上帝也就不再保佑、怜惜他，而废止了夏的天命，降下天罚。上帝于是命令殷商先祖成汤来取代了夏桀，任用杰出人才治理天下。从成汤直到帝乙的历代商王，没人不努力推行德政，谨慎进行祭祀。殷的先王也没人胆敢违背天意，没人不配合上天的恩典。后来纣王继位，并不尊奉上天意旨，更不必说让他听从、考虑先王勤政保民的训导。纣王淫游泆乐，不顾天意和民困，因此，上天不再眷顾殷商，降下大祸。上天没有把天命给予那些不遵行德政的人，凡是四方各个诸侯国的灭亡，无人不认为是上天降下的惩罚。"

王这样说："你们殷国的群臣，如今只有我们周王能够遵行天命，上天有命：'灭亡殷国，并告知上天。'我们征讨殷商，并非把你们当成敌人，只是把将殷商的王室看作是敌人。我没有想到你们诸位官员不够守法，我并没惩处你们，动乱却是从你们的封邑开始的。我也考虑到上天的目的仅仅是让殷商灭亡，在平定殷商后，因此没有惩处你们。”

王说：“啊！告知你们这些官员，我准备把你们迁居到西方，并非我喜欢不断折腾，这乃是天命。天命不能违背，我不敢迟缓地执行天命，你们不可以对我有怨恨！你们清楚，殷人的先祖留下了记载历史的典籍，其中记载了殷国灭掉夏国。如今你们说：‘从前夏朝的官员也在殷商的王庭中任职。’我只遵从、任用有德之人，如今我从大邑商把你们召唤过来，选拔你们中间有德行的人并任用你们。现在我是来宽恕你们的罪行并怜悯你们。这并非我的错，这乃是天命！”

王说：“殷商的众臣们啊，过去我从奄地前来，对你们参与叛乱的管、蔡、商、奄四国的臣民厚赐恩德。我随后明确地执行上天降下的惩罚，将你们从远方迁居到此处，好亲近我们的政权，服侍、承顺我们周王朝。”

王说：“遍告你们殷商众臣！如今我不打算杀你们，我想再次重申这一命令。如今我在洛邑建成一座城市，我是因为四方的诸侯无处进行朝贡，也是为你们近年来恭顺地服务我们的缘故。你们可以保留自身的土地，你们可以享受宁静的生活。你们如果谨慎，上天就会赐给你们福祉；你们如果不能谨慎，那你们不但不能保有土地，我也将会把上天的惩罚降临到你们的身上。现在你们要在城市里安居，继续你们的正当事业。你们在洛邑会有富足的生活。从你们迁居洛邑开始，你们的子孙也能够兴旺。”

王说："服从我！服从我！只有这样你们才能永远安居乐业。"

◎ **和解**

许倬云："《多士篇》'尔乃尚有尔士，尔乃尚宁于止'及'今尔惟时宅尔邑，继尔居，尔厥有干有年于兹洛，尔小子乃兴从尔迁。'二语似乎又指陈殷人仍居住旧日的城邑，拥有旧日的土地。但殷遗既已迁入洛邑，不能说仍居住原地。惟可说殷商的贵族依旧领有原来的采邑及属民。周人在这几篇诰命中再三声明殷商的原有社会结构不必改变，目的自然在安抚殷商的遗民，却也同时利用新邑洛巩固周人的统治。洛阳东郊周代遗址的残存中有二十几座殷遗民墓，其版筑、墓制、腰坑、犬骨、陶器、蚌器、画幔等，仍多保持殷俗。发掘人以为这种情形反映了殷遗仍保留畋田继居，自成聚落的情形。"

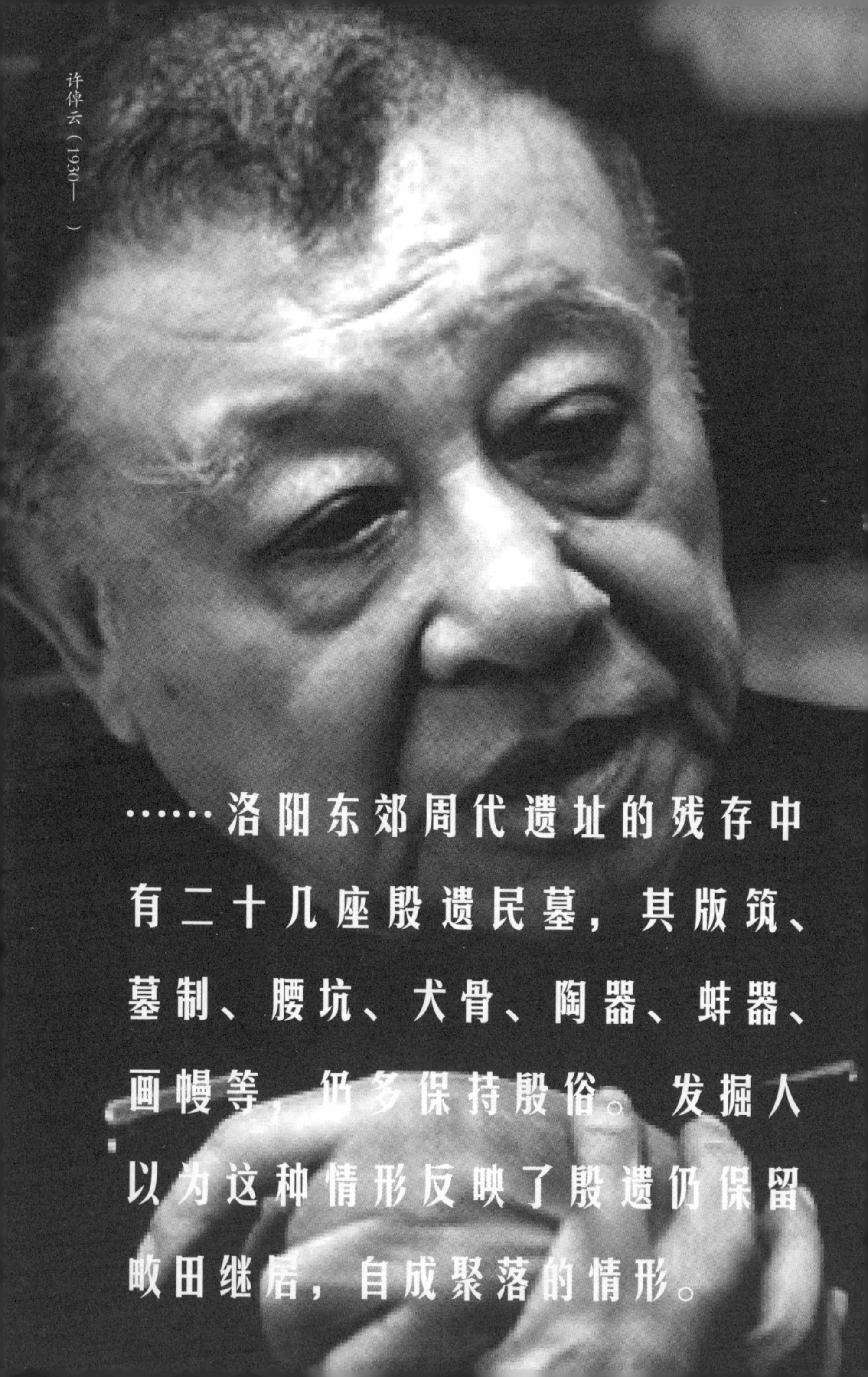

许倬云（1930— ）

……洛阳东郊周代遗址的残存中有二十几座殷遗民墓，其版筑、墓制、腰坑、犬骨、陶器、蚌器、画幔等，仍多保持殷俗。发掘人以为这种情形反映了殷遗仍保留畋田继居，自成聚落的情形。

无逸

——周公作《无逸》。

周公曰："呜呼！君子所其无逸。先知稼穑之艰难，乃逸则知小人之依。相小人，厥父母勤劳稼穑，厥子乃不知稼穑之艰难乃逸。乃谚既诞，否则侮厥父母，曰：'昔之人无闻知。'"

周公曰："呜呼！我闻曰：昔在殷王中宗，严恭寅畏，天命自度，治民祗惧，不敢荒宁，肆中宗之享国七十有五年。其在高宗，时旧劳于外，爰暨小人。作其即位，乃或亮阴，三年不言，其惟不言，言乃雍。不敢荒宁，嘉靖殷邦。至于小大，无时或怨。肆高宗之享国五十有九年。其在祖甲，不义惟王，旧为小人。作其即位，爰知小人之依，能保惠于庶民，不敢侮鳏（guān）寡。肆祖甲之享国三十有三年。自时厥后立王，生则逸！生则逸！不知稼穑之艰难，不闻小人之劳，惟耽乐之从。自时厥后，亦罔或克寿，或十年，或七八年，或五六年，或四三年。"

周公曰："呜呼！厥亦惟我周太王、王季，克自抑畏。文王卑服，即康功田功。徽柔懿（yì）恭，怀保小民，惠鲜鳏寡。自朝至于日中昃（zè），不遑暇食，用咸和万民。文王不敢盘于游田，以庶邦惟正之供。文王受命惟中身，厥享国五十年。"

周公曰："呜呼！继自今嗣王，则其无淫于观、于逸、于游、于田，以万民惟正之供。无皇曰：'今日耽乐。'乃非民攸训，非天攸若，时人丕则有愆。无若殷王受之迷乱，酗于酒德哉。"

周公曰："呜呼！我闻曰：古之人犹胥训告，胥保惠，胥教诲，民无或胥诪（zhōu）张为幻。此厥不听，人乃训之，乃变乱先王之正刑，至于小大。民否，则厥心违怨；否，则厥口诅祝。"

周公曰："呜呼！自殷王中宗及高宗及祖甲，及我周文王，兹四人迪哲。厥或告之曰：'小人怨汝詈（lì）汝！'则皇自敬德。厥愆，曰：'朕之愆。'允若时，不啻不敢含怒。此厥不听，人乃或诪张为幻。曰：'小人怨汝詈汝！'则信之。则若时，不永念厥辟，不宽绰厥心，乱罚无罪，杀无辜，怨有同，是丛于厥身。"

周公曰："呜呼！嗣王其监于兹！"

▲ 语译 - 周公写下了《无逸》。

周公说："唉！君子当官不可以贪图享乐，首先要明白春种秋收的困难，然后才享受安逸，这才懂得百姓的疾苦。看那些平民百姓，他们的父母辛勤劳作，他们的儿子却不懂得耕种的艰辛，贪图享乐。时间长了，还会轻视并侮慢其父母，还说：'这些老年人没有见识。'"

周公说："唉！我曾听说，过去殷中宗仪态端正，心存敬畏，自己衡量天命，治理万民，恭敬而又严谨，不敢稍微荒废政务、贪图享受。因此中宗才能在位七十五年之久。殷高宗还没继位时，长期在外面劳作，因此他非常爱护百姓。等到他继位后，时常沉默，曾三年不轻易讲话，但只要说出话来，就顺应事理。他从来不荒废政务、贪图享受，使得殷商变得和睦强大，从百姓到官员都对他称赞不已，没有怨怼之意。因此高宗得以在位五十九年。在祖甲在位期间，他认为代替兄长称王不合礼法，于是逃亡到乡间，当了很长时间的平民。等到他继位之后，由于清楚百姓的疾苦，能够安定与爱护百姓，对于那些处于困苦，无所依靠的人们也从不轻慢，因此祖甲得以在位三十三年。从此往后，在位的殷王生下来就享受荣华富贵，不清楚耕种劳作的艰苦，不清楚百姓的劳苦，只是不断追求奢华享乐。此后的殷王寿命都不算长，有些在位十年，有些在位七八年，有些只有五六年，甚至三四年。"

周公说："啊！唯有我们周族的太王、王季可以谦恭谨慎，敬畏上天。文王平时穿着平民百姓的衣服，亲自开山垦荒，耕种收割。他和蔼而又柔顺，善良而又恭谨，安定百姓，爱护并关照那些孤苦之人。从早晨直到中午，从中午再到晚上，他太过忙碌以至于没有时间休息吃饭，来求得万民安居乐业。文王不敢纵情游乐、田猎，不敢使用别国进献的贡品与赋税来享受。文王中年即位，在位五十年。”

周公说：“唉！从今往后继承王位的君主，绝对不可以沉湎于观赏、安乐、游玩、游猎当中，绝对不能无度地向百姓索取赋税。不要为自己找借口说我只是今天一天放肆地玩乐。这样并不能让百姓顺从，也并非上天能够允许的，这样的人就会有罪过。不要学纣王那样昏聩迷乱，把酗酒当作是美德啊！”

周公说：“唉！我听闻：‘古代的君主和臣民之间还可以彼此劝导，彼此爱护，彼此教诲，百姓没有彼此欺骗或是欺诈的情况。’不去听从那些劝诫，人们都去顺从自己的愿望，变革先王的法度，以及各个层面的法令。百姓于是心存怨怼，有异心。”

周公说：“唉！从殷商的中宗，到高宗，再到祖甲，我们的文王，这四位贤君都是极为明智的。有人告诉他们说：‘百姓在怨恨你们。’他们就会越发使自己的言行谨慎起来。有些人指出他们的过错，他们会说：‘我的过错的确是这样的。’并不会生气。不依照这样去治理国家，人们就会彼此欺骗，有人说百姓对你极为怨恨，你就相信了这话，就会这样做：不能从长远的角度来考量国家的法度，不能让自己胸怀宽广，胡乱惩罚没有犯错的人，乱杀无罪之人。百姓的怨恨就会汇集起来，最后聚集到你自己的身上。”

周公说："唉！以后的王要借鉴这些经验教训啊！"

◎ **和解**

1. 魁奈《经济表》："农民穷，则王国穷；王国穷，则国王穷。"

2. 吕思勉："历代开国之主，能够戡定大乱、抵御外患的，大抵在政治上、军事上，都有卓绝的天才，此即所谓文武兼资。而其所值的时局，难易各有不同。倘使大难能够及身戡定，则继世者但得守成之主，即可以蒙业而安。如其不然，则非更有文武兼资的人物不可。此等人固不易多得，然人之才力，相去不远，亦不能谓并时必无其人；尤其做大事业的人，必有与之相辅之士。倘使政治上无家天下的习惯，开国之主，正可就其中择贤而授，此即儒家禅让的理想，国事实受其益了。无如在政治上，为国为民之义，未能彻底明了，而自封建时代相沿下来的自私其子孙，以及徒效忠于豢养自己的主人的观念，未能打破，而君主时代所谓继承之法，遂因之而立。而权利和意气，都是人所不能不争的，尤其以英雄为甚。同干一番事业的人，遂至不能互相辅助，反要互相残杀，其成功者传之于其子孙，则都是生长于富贵之中的，好者仅得中主，坏的并不免荒淫昏暴，或者懦弱无用。前人的功业，遂至付诸流水，而国与民亦受其弊。这亦不能不说是文化上的病态了。"

3. "无代表不纳税"的说法是由乔纳森·梅修牧师在1750年的

魁奈（1694—1774）

农民穷，则王国穷；

王国穷，则国王穷。

布道文中最初使用的。截至1765年，这个口号已经在波士顿流传开来，波士顿的政治人物詹姆斯·奥蒂斯也曾经说："没有代表的征税就是暴政。"1775年，帕特里克·亨利在弗吉尼亚州的决议中包括了：美洲殖民地人民拥有英国公民的全部权利；无代表不纳税是英国宪法的核心思想；只有弗吉尼亚才有权对弗吉尼亚人民征税。在独立战争爆发以前，卡姆登伯爵肯定了"无代表不纳税"的原则，并反驳诺星顿大法官等人说："英国议会无权对美洲居民征税。我不愿意考虑桌案上摆放的这项《宣示法案》；因为要考虑这个法案的内容，除了浪费时间之外，还能有什么意义呢？须知该法案的存在本身就是不合法的，甚至完全非法，与基本的自然法则背道而驰，与英国宪法的基本法则也完全相悖。宪法的基础在于永恒不变的自然法则；宪法的基础与核心乃是自由，将自由赋予有幸生于大英帝国的每个公民。各位议员，这个原则并不是新创的，它与宪法同样悠久；它是与宪法同时发展起来的；里面融入了上帝的懿旨，任何一届英国议会均不得将它们分割开来；若企图那样做，就像用利器捅入我们的要害……我要再次重申我至死不渝的立场，即税收与代表权是不可分割的；这个立场的基础在于自然法；不仅如此，它本身就是永恒的自然法则；因为个人所拥有的无论是什么，都必定是他自己的；任何人若不经他的同意（或者由其本人直接表达、或者是通过其代表表达），都无权将其财产夺走；任何人倘若企图那样做，就是在伤害他人；而无论谁那样做了，就相当于犯了抢劫罪；那个人就是在抛弃、抹杀自由和奴役之间的界限。税收和代表权与宪法既是共生关系，同时前者又是后者的核心所在。”

君奭

召公为保，周公为师，相成王为左右。召公不说，周公作《君奭(shì)》。

周公若曰："君奭，弗吊，天降丧于殷，殷既坠厥命。我有周既受，我不敢知曰厥基永孚于休。若天棐(fěi)忱，我亦不敢知曰其终出于不祥。呜呼！君已曰时我。我亦不敢宁于上帝命，弗永远念天威。越我民罔尤违，惟人。在我后嗣子孙，大弗克恭上下，遏佚前人光在家，不知天命不易。天难谌，乃其坠命，弗克经历，嗣前人恭明德。在今予小子旦非克有正，迪惟前人光，施于我冲子。"

又曰："天不可信，我道惟宁王德延，天不庸释于文王受命。"

公曰："君奭，我闻在昔成汤既受命，时则有若伊尹，格于皇天。在太甲时，则有若保衡。在太戊时，则有若伊陟(zhì)、臣扈，格于上帝。巫咸乂王家。在祖乙时，则有若巫贤，在武丁时，则有若甘盘。率惟兹有陈保乂有殷，故殷礼陟配天，多历年所。天维纯佑命则，商实百姓王人，罔不秉德明恤。小臣屏侯甸，矧（shěn）咸奔走。惟兹惟德称，用乂厥辟。故一人有事于四方，若卜筮，罔不是孚。”

公曰：“君奭，天寿平格，保乂有殷，有殷嗣天灭威。今汝永念，则有固命，厥乱明我新造邦。”

公曰：“君奭！在昔上帝割申劝宁王之德，其集大命于厥躬？惟文王尚克修和我有夏。亦惟有若虢（guó）叔，有若闳夭，有若散宜生，有若泰颠，有若南宫括。”又曰：“无能往来，兹迪彝教，文王蔑德降于国人。亦惟纯佑秉德，迪知天威，乃惟时昭文王迪见冒，闻于上帝，惟时受有殷命。哉！武王，惟兹四人尚迪有禄。后暨武王诞将天威，咸刘厥敌。惟兹四人昭武王惟冒，丕单称德。今在予小子旦若游大川，予往暨汝奭其济。小子同未在位，诞无我责？收罔勖不及，耇（gǒu）造德不降，我则鸣鸟不闻，矧曰其有能格！”

公曰：“呜呼！君，肆其监于兹，我受命无疆惟休，亦大惟艰。告君乃猷裕，我不以后人迷。”

公曰：“前人敷乃心，乃悉命汝，作汝民极。曰：汝明勖偶王，在亶，乘兹大命，惟文王德丕承，无疆之恤。”

公曰：“君，告汝，朕允保奭。其汝克敬以予，监

于殷丧大否，肆念我天威。予不允，惟若兹诰？予惟曰：'襄我二人，汝有合哉。'言曰：'在时二人，天休兹至，惟时二人弗戡。'其汝克敬德，明我俊民，在让后人于丕时。呜呼！笃棐(fěi)时二人，我式克至于今日休，我咸成文王功于不怠，丕冒海隅出日，罔不率俾。"

公曰："君，予不惠若兹多诰，予惟用闵于天越民。"

公曰："呜呼！君，惟乃知，民德亦罔不能厥初，惟其终。祗若兹，往敬用治。"

▲ 语译 - 周成王在位时，召公担任太保，周公担任太师，辅佐成王，担任左右大臣。召公非常不高兴，周公写下了《君奭》。

周公这样说："君奭！商纣王没能顺从好上天，结果导致殷国遭受了大祸，殷国就这样丧失掉了福命，我们周国接受了殷商失掉的天命。我不敢认为在王业起始之时，上天总是赋予顺利而又美好的事情。顺应上天，任命诚信的人辅佐君王，我也不敢认定周的国运最后是否长久。唉！您曾说同意我的看法，我们也不敢安然享受上帝赐予的福祉，不去时常顾念上天的尊严与我们的子民；会不会产生过错和违背天意，只能依靠我们自己。考察我们的后代，大多不能恭敬上天，顺从百姓，把先祖的光辉限制到国内，不清楚天命难得，不懂得天意难测，就容易失掉天命，无法长久。继承先辈，奉行明德，就在如今了。我姬旦对您的看法很赞成，勤于政事的操持，我想把前人的光辉传给我们的后代。”

周公又说道：“‘上天不可信赖。’我只想把文王的美德加以推广，上天将不会废弃文王所接受的福命。”

周公说：“君奭！我听说过去成汤接受天命，当时就得到上天嘉奖有伊尹这种贤臣辅佐。在太甲在位，当时则有贤臣保衡，在太戊当政时，当时就有贤臣伊陟与臣扈，使他祭祀时享配于天帝。又有巫咸辅佐太戊治国。在祖乙时代，当时就有巫贤主政。在武丁时代，当时又有贤臣甘盘。依靠这些有道贤臣来治理殷国，因此殷人的君王死后，能够配祀天帝，经历了许多年代。上天以贤良教导民众，于是，殷商的贵族与官员们，没人不保有美德，谨慎谦恭，君王周围的小臣与诸侯手下的官员，也都在拼命奔走效力。由于这些官员全是依据其自身拥有的美德而被选拔出来，辅佐其君王治理国家，因此君王对普天之下施政，犹如卜筮一般，没有人不信任、不服从。”

周公说：“君奭！上天使得正直有位的官员长寿，他们使得殷国安定，于是殷王继承了夏朝的统治，上天也就不再降下惩罚。如今您深远的考虑到这些因素，那么上天自然会有定数，我们会把这个新建立起来的国家治理好。”

周公说：“君奭！过去上天为何不断嘉勉文王的品德，降下天命给他呢？因为文王重视那些能够治理好国家，让百姓安居乐业的贤人，也因为有虢叔、闳夭、散宜生、泰颠、南宫括这些贤臣。有人说：没有这些贤臣奔波劳碌，努力推行教化，文王也就没有恩德施予国人了。也因为这些贤臣保持了美德，清楚上天的威严，辅助文王出力甚多，被上天得知，因此，文王才能承接殷国的天命啊！武王在位时，文王时代贤臣还有四人尚在。后来，他们与武王一起代表上天对纣王实施惩罚，完全消灭了敌人。也由于这四人尽力辅助武王，于是天下全都颂扬武王的恩德。现在我小子姬旦，犹如在大河中游泳，我必须和你一起努力渡河才能成功，我见识不足却身居高位，你如果不时常督责、纠正我，就没人勉励我去做力量不足以胜任的工作了。您这种年高有德之人没有指示治国的法则，我连凤凰的鸣叫都听不到，何况说是被上天所嘉许呢！”

周公说：“啊！您现在应该明确这一点，我们接受的天命，有着无限的喜庆吉祥，也存在着无尽的艰难，如今请求您尽快教导我，不要使得后人迷惑啊！”

周公说：“武王表明其心意，详尽地告知您要当百姓的表率。武王说：‘您要尽心辅助成王！诚心接受天命。要继承文王的恩德，切记天下有无穷的忧患啊！’”

周公说：“君奭！请求您，我信赖你，太保奭。希望您可以与我一起反思殷商灭亡的大祸，长久使我们顾虑上天的惩罚。我不但这样告知你，我还道：‘除去我二人，您身边还有志同道合之人吗？’您会说：‘唯有你我二人。’上天赐予的美好事物越来越多，仅靠你我两人是无法胜任了。希望您可以敬重贤德，提拔优秀人才，最终帮助我们后人继承大业。啊！不是我们两个共同努力，我们还能达到今天的欢欣局面吗？我们共同来让文王的功业继续下去吧，不懈地努力操劳，就算是那海边日出之地的人们也都归顺我们。”

周公说：“君奭啊！我不想再多劝诫了，我们要对天命和民心感到忧虑。”

周公说：“唉！君奭！您清楚百姓的行为，开始时全都踏实肯干，但并不能善始善终。我们要搞好这件大事，要勤劳恭谨地治理天下啊！”

◎ **和解**

1. 许倬云：“白川静（日本汉学家）认为旨方当是召方，其地域跨商西的大片土地，北至山西垣曲的邵亭，东至河南修武的召城，南至河南郾城的召陵及南召，均是这个商西雄族的分布地区。他以为召方原是殷商势力以外的古国，经商人压服，在召方立了监督的‘西史’专制西道。在周人东进时，召族折而与周人合作，遂有周初与太公周公齐名的召公，同为当时重要的领袖。后来‘召南’的地域仍在两周都城轴线的南方。周召分治的故事，当由召族分布原在晋南豫西一线。但白川静对于召族是否姬姓，不予断定，只以为是古族。按召公为姬姓从无别说，但向来不能决定其所自出。如果召族为姬姓诸族中由山西向南开拓的支派，则向西开拓的周人在东向图商时，同为姬姓的召族与周联盟，自在情理之中，崇为商人重镇，然在周召合击之下，恐

白川静（1910—2006）

旨方当是召方，其地域跨商西的大片土地，北至山西垣曲的邵亭，东至河南修武的召城，南至河南郾城的召陵及南召，均是这个商西雄族的分布地区。

也难为商守。周人在晋南沿河东进，殆也有召族接应。”

2. 弗雷泽《金枝》：“世界其他许多地区，国王们曾被期待着要为他们人民的利益去控制自然进程，并在他们未实现人们的期望时受到惩罚。西徐亚人就是这样：碰到食物缺少时便将他们的国王监禁起来。在古埃及不但神圣的国王由于农作物歉收要受到谴责，连那些圣兽也得对这种自然灾难负责。当长期干旱，瘟疫和其他灾害降临时，祭司就在深夜恐吓圣兽。但如果灾难仍不休止，他们就杀死它们。在南太平洋的纽埃岛或‘野人岛’等珊瑚岛上，从前曾经由系列国王统治过。但由于国王也是大祭司，并被人们认定可以使五谷丰登，因而在缺粮时，人们便愤怒地杀死了他。”

蔡仲之命

——蔡叔既没，王命蔡仲，践诸侯位，作《蔡仲之命》。

惟周公位冢宰，正百工，群叔流言。乃致辟管叔于商；囚蔡叔于郭邻，以车七乘；降霍叔于庶人，三年不齿。蔡仲克庸祇德，周公以为卿士。叔卒，乃命诸王邦之蔡。

王若曰："小子胡，惟尔率德改行，克慎厥猷（yóu），肆予命尔侯于东土。往即乃封，敬哉！尔尚盖前人之愆，惟忠惟孝；尔乃迈迹自身，克勤无怠，以垂宪乃后；率乃祖文王之彝训，无若尔考之违王命。皇天无亲，惟德是辅；民心无常，惟惠之怀。为善不同，同归于治；为恶不同，同归于乱。尔其戒哉！慎厥初，惟厥终，终以不困；不惟厥终，终以困穷。懋（mào）乃攸绩，睦乃四邻，以蕃王室，以和兄弟，康济小民。率自中，无作聪明乱旧章；详乃视听，罔以侧言改厥度。则予一人汝嘉。"

王曰："呜呼！小子胡，汝往哉！无荒弃朕命！"

▲ 语译 - 蔡叔死后，成王将蔡仲册封为诸侯，写下了《蔡仲之命》。

周公位居太宰、统领百官时，管叔、蔡叔等人散播谣言，中伤周公。周公于是讨伐商地，杀掉了管叔；将蔡叔囚禁到郭邻，用七辆车押解；将霍叔废为庶人，三年内不得为官。蔡叔之子蔡仲能够坚持操守与德行，周公让他担任卿士。蔡叔死后，周公便禀告成王，把蔡仲封到了蔡国。

成王这样说："年轻的姬胡！唯有你遵循先祖的德行，改正前人的过错，能够谨守做臣子的道理，所以我命令你在东方做诸侯，在你的封地要谨慎啊！你当改变前人的罪过，思忠思孝，你要从自己开始迈步前进，能够勤劳而不懈怠，为你的后人留下好榜样，要遵循你祖父周文王留下的教诲，别像你的父亲那样犯上作乱。上天不会特别亲近某些人，只会护佑那些贤德之人。百姓心中没有永远的君主，只归顺有恩于人的君主。行善的方法不同，但都可以使得天下大治；作恶的方法不同，都会导致天下大乱。你要谨慎而又警惕啊！事物的开端要谨慎，也要慎重考虑到其终局，最终因此不会出现困窘。不考虑其结局，终将陷入困窘。勉力实行你的功业，和睦周围的同姓诸侯，以保卫周王室，使百姓得以安居乐业。要循用中道，不要自以为聪明地改变原有法度。要审慎你的见闻，不要听信片面之词而更改法度。你如果都能做到，我就会赞美你。"

成王说："啊！年轻的姬胡，你前去封国吧！不要忘却我的教导！”

◎ **和解**

1. 成语“慎始慎终”的出处。

2.《道德经》：“天道无亲，常与善人。”

3. 屈原《离骚》：“皇天无私阿兮，览民德焉错辅。”

4.《周易·坤·文言》：“积善之家，必有余庆；积不善之家，必有余殃。”

屈原（约前 340—前 278）

皇天无私阿兮，

览民德焉错辅。

多方

——成王归自奄，在宗周，诰庶邦，作《多方》。

惟五月丁亥，王来自奄，至于宗周。

周公曰：“王若曰：猷(yóu)！告尔四国多方惟尔殷侯尹民，我惟大降尔命，尔罔不知。洪惟图天之命，弗永寅念于祀。惟帝降格于夏，有夏诞厥逸，不肯戚言于民，乃大淫昏，不克终日劝于帝之迪，乃尔攸闻。厥图帝之命，不克开于民之丽，乃大降罚，崇乱有夏，因甲于内乱，不克灵承于旅，罔丕惟进之恭，洪舒于民。亦惟有夏之民叨懫(zhì)日钦，劓割夏邑。天惟时求民主，乃大降显休命于成汤，刑殄有夏。惟天不畀纯，乃惟以尔多方之义民，不克永于多享惟夏之恭，多士大不克明保享于民，乃胥惟虐于民；至于百为，大不克开。乃惟成汤克以尔多方简，代夏作民主。慎厥丽，乃劝。厥民刑，用劝。以至于帝乙，罔不明德慎罚，亦克用劝。要囚，殄戮多罪，亦克用劝。开释无辜，亦克用劝。今至于尔辟，弗克以尔多方享天之命。呜呼！”

王若曰：“诰告尔多方，非天庸释有夏，非天庸释有殷，乃惟尔辟以尔多方，大淫图天之命，屑有辞。乃惟有夏，图厥政，不集于享，天降时丧，有邦间之。乃惟尔商后王逸厥逸，图厥政，不蠲烝，天惟降时丧。惟圣罔念作狂，惟狂克念作圣。天惟五年须暇之子孙，诞作民主，罔可念听。天惟求尔多方，大动以威，开厥顾天。惟尔多方罔堪顾之。惟我周王灵承于旅，克堪用德，惟典神天。天惟式教我用休，简畀（bì）殷命，尹尔多方。今我曷敢多诰，我惟大降尔四国民命。尔曷不忱裕之于尔多方？尔曷不夹介乂我周王，享天之命？今尔尚宅尔宅，畋尔田，尔曷不惠王熙天之命？尔乃迪屡不静，尔心未爱，尔乃不大宅天命，尔乃屑播天命。尔乃自作不典，图忱于正。我惟时其教告之，我惟时其战要囚之，至于再至于三。乃有不用我降尔命，我乃其大罚殛（jí）之。非我有周秉德不康宁，乃惟尔自速辜。”

王曰：“呜呼！猷，告尔有方多士暨殷多士，今尔奔走，臣我监五祀。越惟有胥伯小大多正，尔罔不克臬（niè）。自作不知，尔惟和哉；尔室不睦，尔惟和哉。尔邑克明，尔惟克勤乃事；尔尚不忌于凶德，亦则以穆穆在乃位。克阅于乃邑谋介。尔乃自时洛邑，尚永力畋尔田，天惟畀矜

尔，我有周惟其大介赉(lài)尔，迪简在王庭，尚尔事，有服在大僚。”

王曰：“呜呼！多士，尔不克劝忱我命，尔亦则惟不克享，凡民惟曰不享。尔乃惟逸惟颇，大远王命，则惟尔多方探天之威，我则致天之罚，离逖尔土。”

王曰：“我不惟多诰，我惟祇告尔命。”

又曰：“时惟尔初，不克敬于和，则无我怨。”

▲ 语译 - 成王从奄地返回镐京，周公代表成王告诫各国诸侯，史官记录下来写成《多方》。

五月的丁亥日，成王从奄地返回，抵达宗周。

周公说：“成王如此说：啊！告诉你们天下四方的各国诸侯还有诸侯国下属的治理百姓的官员，我向你们下达教令，你们不可昏聩不听。夏桀太自信天命在自己身上，对祭祀不够重视，上帝就对夏国降下了严重警告。夏桀依旧大肆玩乐，不肯体恤百姓，竟然大肆淫乱，没有一天时间去努力遵从上天的教导，这些事情是你们都知道的。夏桀夸大天命，不懂得统治者必须得到老百姓归附的道理，大肆杀戮，使得夏朝大乱。夏桀由于宠幸妹喜而荒废政事，不能顺应民心，无时不向百姓索取财物，极大毒害了百姓。也因为夏民中贪婪、暴戾之风逐渐盛行，使得夏国逐渐凋残。上天于是重新寻找能够担当天下之主的人，于是把重大而光荣的使命赋予成汤，命令成汤灭掉夏国。上天没有把天命赐予众位诸侯，就是由于当时各国诸侯没能时常勉励人民，因为夏国的官员太不懂得保护与勉励人民，竟然暴虐地对待人民，使得国家政务无法开展。就是因为成汤拥有各国邦君的拥护，才取代夏桀成为天下之主。他谨慎地发布政令，是为了劝勉人；他惩罚罪犯，也是为了劝勉人；从成汤直到帝乙，殷商的历代君主全都宣明德政，慎用刑罚，也能够时常劝勉他人；他们能够囚禁罪人，杀掉那些罪大恶极的人；他们开释无罪的人，也能够劝勉别人。后来天下到了你们国君纣王手中，不能与你们诸国邦君享受上天赐予的天命，实在是非常可悲啊！”

王如此说：“告知诸位邦君，并非上天想要舍弃夏国，也不是上天想要舍弃殷商，是由于你们夏、殷的君主与列国诸侯大肆淫乐，自以为天命在己，安逸而又懈怠。因为夏桀筹划政事，并非为了使百姓安乐，勉励人民，于是上天降下灭国大祸，成汤得以取代夏桀。因为你们殷商的后王只知享乐，施政不好，于是上天也同样降下亡国大祸。贤能之人不思考就会变得无知，无知之人勤于思考就能变成贤人。上帝用五年时间来等待殷商后人悔改，如果能悔改，就宽恕他们，让纣王继续担任万民之主，但是，没有办法让他思索、听从上天的意愿。上帝也同样要求你们各个诸侯国，降下诸多灾异，启发你们这些诸侯明白天意，但是众国也无人顾及它。唯有我们周王擅长顺从民众，用明德治理天下，尊重天命。上帝就改用祥瑞来指示我们，明确地把伟大的天命授予我们，来治理天下诸侯。现在我怎敢再多说？我只是普遍发一个政令给四方诸侯，你们为何不教导各国的臣民？你们为何不努力辅助我周王共享天命呢？现在你们依旧居住在故土，整治你们原有的田地，你们为何不顺从周王宣扬上天大命呢？你们居然受到多次教导却依旧不安定，你们内心中仍不归顺，你们竟然不遵从天命，你们竟然胆敢做不法之事，图谋反叛天子。我因此作文警告你们，我因此出兵讨伐你们，把你们囚禁起来，一次又一次地重复。假如还有人不服从我的号令，那么我就要严惩他们。这并非我们周国不实施德政，只是你们咎由自取！”

王说：“啊！告诉你们各国官员和殷国遗留下来的官员。如今你们为我周国服务已有五年了，对于征收的徭役赋税以及大小政务，你们没有不遵守规定的时候。你们自己导致了不和睦，你们应当和睦起来！你们的家庭不和睦，你们也应当和睦起来！你们统治下的城邑政治清明，你们就算能够勤于处理政务。你们应当拒绝坏人的教唆，也要好好地恪尽职守，完成本职工作，这样你们就可以留在城邑当中过美好生活了。你们如果在洛邑安居，长期尽力耕种自己的田地，上天会怜惜你们，我们周国会重赏你们。把你们选拔进入朝廷，努力做好你们的本职工作，朝廷也会让你们担任大官。”

王说：“啊！官员们，假如你们不听从我的教诲与命令，你们也就不会享有尊位，老百姓也将认定你们不配享有尊位。你们假如作出放荡而又邪恶的事，违抗了王命，那就表明你们敢于触犯天威，我就要实施天罚，使你们彻底离开故土。”

王说：“我不准备再多说，我只是认真地将上天的旨意告知你们。”

王又说："现在是你们从头开始的好机会！如果不能恭谨地遵从天命并和睦相处，我就要严惩你们，你们就不要怨恨我了。"

◎ **和解**

1. 马基雅维利《君主论》："你要显得慈悲，守信，人道，虔诚，正直，而且还要这样做，但是，你必须同时做好心理准备，当你必须不这样做的时候，你能够并且知道如何反其道而行之。"

2. 斯宾诺莎《神学政治论》："若是每个人把他的权利全部交付给国家，国家就有统御所有事物的天然之权；就是说，国家就有唯一绝对统治之权，每个人必须服从，否则就要受最严厉的处罚。"

3. 许倬云："商王国以族为显著的统治结构，征战及生产多以某族、多子族……为单位，大率系于后妃、王子及重臣。王畿以外，某侯之属，大致为戍守的商人。方国有与商敌对，也有与商友好，甚而服属于商。这些方国在卜辞中号为多方，数字可多到三十余……方国大率以子姓之外的异姓为多。是则商的政治势力，仍以'姓'为国家的基础，其中再分出若干氏或族。"

立政

——周公作《立政》。

周公若曰："拜手稽首，告嗣天子王矣。"用咸戒于王，曰："王左右常伯、常任、准人、缀衣、虎贲(bēn)。"

周公曰："呜呼！休兹知恤，鲜哉！古之人迪惟有夏，乃有室大竞，吁俊，尊上帝迪，知忱恂于九德之行。乃敢告厥后曰，拜手稽首后矣，曰：宅乃事，宅乃牧，宅乃准，兹惟后矣。谋面用丕训德，则乃宅人，兹乃三宅无义民。桀德，惟乃弗作往任，是惟暴德，罔后。亦越成汤陟，丕釐(xī)上帝之耿命。乃用三有宅，克即宅，曰三有俊，克即俊。严惟丕式，克用三宅三俊。其在商邑，用协于厥邑；其在四方，用丕式见德。

"呜呼！其在受德，暋惟羞刑暴德之人，同于厥邦；乃惟庶习逸德之人，同于厥政。帝钦罚之，乃伻我有夏式商受命，奄甸万姓。

"亦越文王武王克知三有宅心，灼见三有俊心。以敬事上帝，立民长伯。立政：任人、准夫、牧，作三事。虎贲、缀衣、趣马小尹、左右携仆，百司庶府。大都小伯、艺人、表臣百司、太史、尹伯，庶常吉士。司徒、司马、司空，亚旅。夷微卢烝。三亳阪尹。文王惟克厥宅心，乃克立兹常事司牧人，以克俊有德。文王罔攸兼于庶言。庶狱庶慎，惟有司之牧夫是训用违。庶狱庶慎，文王罔敢知于兹。亦越武王率惟敉（mǐ）功，不敢替厥义德，率惟谋从容德，以并受此丕丕基。

“呜呼！孺子王矣，继自今我其立政。立事、准人、牧夫。我其克灼知厥若，丕乃俾乱，相我受民，和我庶狱庶慎。时则勿有间之，自一话一言。我则末惟成德之彦，以乂我受民。

“呜呼！予旦已受人之徽言，咸告孺子王矣！继自今文子文孙，其勿误于庶狱庶慎，惟正是乂之。

“自古商人，亦越我周文王立政，立事、牧夫、准人。则克宅之，克由绎之，兹乃俾乂。国则罔有立政，用憸人，不训于德，是罔显在厥世。继自今立政，其勿以憸人，其惟吉士，用劢（mài）相我国家。今文子文孙，孺子王矣。其勿误于庶狱，惟有司之牧夫。其克诘尔戎兵，以陟禹之迹，方行天下，至于海表，罔有不服。以觐文王之耿光，以扬武王之大烈。呜呼！继自今后王立政，其惟克用

常人。”

周公若曰：“太史、司寇苏公，式敬尔由狱，以长我王国。兹式有慎，以列用中罚。”

▲ 语译 - 周公写下了《立政》。

周公如此说：“跪拜叩首，报告继承天子大位的君王。我要同时对王和左右的常伯、常任、准人、缀衣以及虎贲等官员告诫一番。”

周公说：“唉！处于美好的处境中的人还可以谨慎的，非常少啊！古代的人仅有夏代的君王，其手下的卿大夫很有能力，夏王还要求他们长期遵守上天的教导，让他们懂得诚恳地遵守九德的原则。夏王经常告诫手下的诸侯：‘跪拜行礼吧，诸侯们！’夏王说：‘擅长考察任命你们手下的常任、常伯、准人，这样无愧于君主称号。假如不依照德行，以貌取人，假如这样任用官员，你们的常任、常伯和准人当中就没有贤人了。’夏桀掌权后，他没有继续沿用过去任命官员的法则，而是任用暴虐之人，终于灭亡。等到成汤继承帝位，接受上天的命令，他能够选用适当的人担当事、牧、准三宅的官员，都能各司其职，选拔的三宅的属官，也全都是贤能之人。他尊奉上天选拔官员的方法，能够非常好地选任各级官员，他在殷商的首都用这些官员来让都城的臣民安居乐业，他对天下四方用此种大法彰显其圣德。

“唉！等到商王纣登上帝位，竟然把很多罪人与暴虐之人聚集在国家当中，竟然任用诸多宠信与失德的人，共同管理政务。上帝于是严惩了他，让我们周王取代商纣王接受天命，安抚并统治天下百姓。

“到了文王和武王，他们都知道应该从这三个方面来考核并了解官员们的思想，对他们的思想了解得非常清楚。任命他们做官，以恭敬地按照上帝的意旨行事。他们设立了以下官职：任人、准人、牧夫，分别负责政务、法律、管理臣民三方面的事情。此外，还设立了保卫国君的卫官，为国王管理衣服的官，养马的官，以及国王的左右携仆和其他官员。三公封地的官长，卿大夫封地的负责征收赋税的官长和朝外百官，以及朝内的太史、尹伯诸官，这些官员们都各司其职，把事情处理得很好。司徒、司马、司空、亚旅等官也一一建立起来。东夷、西戎、南蛮等少数民族，都一一为他们设立了国王。

“啊！您现在已是天下之主了！从现在起，我们要如此设置官员：设置立事、准人、牧夫，我们应当清楚其优点，才能放手让他们去办理政务。管理我们治下的人民，处理好国土上出现的各类刑狱及诉讼案件，还有各种禁止的事件，这些事务无法取代。甚至只是一言一语，我们最终会拥有兼具德才的人，来帮助我们治理百姓。

“啊！我姬旦把前人的优秀教导都告诉了君王您！从今往后，先王的贤能子孙千万不可以在各类刑狱与禁戒上犯错，这些事只需要让主管官员去处理就可以了。

“从古代的商代诸王直到周文王设置的官员，设置立事、牧夫、准人，都一直在考察他们，从旁扶持他们，这样才能够使得他们顺利处理政务，国事不出现失误。假如选取官员，任用那些贪婪奸佞之人，不遵从德行，那么君王终生都会没有显耀的政绩。从今往后选拔官员，千万不能任用贪婪的奸诈小人，应当只选拔善良而又贤能的人，来治理国家。如今，作为先王贤能的子孙，您已成为君王！您不要在各种刑狱之事上耽误精力，只需要让主管官员去办理那些事务就可以了。您应当把军队治理好，循着大禹的足迹，走遍天下，直到海外，使得普天之下的臣民都顺从。以此来彰显文王的无限圣德与光辉，继续完成武王的崇高功业。啊！从今往后，在位的君王选拔官员，必须任用贤能良善之人。”

周公如此说：“太史！司寇苏公要求必须认真处理刑狱案件，使我们的国家能够长治久安。现在的规定极为谨慎，处理每一件事都应轻重适当而合乎法律。”

◎ 和解

1.《慎子·民杂》：“君之智未必最贤于众也。以未最贤而欲善尽被下，则下不赡矣。若君之智最贤，以一君而尽赡下则劳，劳则有倦，倦则衰，衰则复返于人不赡之道也。”

2. 许倬云：“《尚书·立政》篇的官名正是令彝铭所见政府组织的补充。大约西周在天下安定后，王朝的政府就开始制度化。世官制度给周人贵族以充分共享政权的机会，史官系统（包括祝宗卜史与乐官）由于其承受知识的圣职性格，成为王朝政府中的专门人材，举凡典故、纪录与档案方面的事务，王室必须依仗他们的服务。殷士肤敏，祼将于京，这一系统的殷遗多士，应即官府幕僚的主要成分。中期以后，制度化的趋势日强，世官制度渐起变化，可见的迹象则是共和时代毛公鼎铭代表的政府组织。官中及府中的权力在卿事寮与太史寮，三有司的执掌，与小子虎臣是并列的。舀由太卜而任军中司土，以及程伯休父由史官而任领兵大将，都可象征内朝人物的出头。《诗经·小雅·十月之交》中，掌权的官员有卿士、司徒、宰、膳夫、内史、趣马、师氏，三有司中的成员远少于内朝直接控制的文武官员。这个现象，不同于以家内臣仆参政的原始状态。'十月之交'描述的掌权人物，毋宁是政府制度化过程中的变态：内朝人物的出头。"

3. 张荫麟《中国史纲》："严格地说封建的社会的要素是这样的：在某个王室的属下，有宝塔式的几级封君，每个封君，虽然对于上级称臣，事实上是该区域的世袭的统治者而兼地主；在这社会里，凡统治者皆是地主，凡地主皆是统治者，同时各级统治者属下的所有农民非农奴即佃客，他们不能私有或转卖所耕的土地。照这界说，周代的社会无疑的是封建社会……。"

张荫麟（1905—1942）

严格地说封建的社会的要素是这样的：在某个王室的属下，有宝塔式的几级封君，每个封君，虽然对于上级称臣，事实上是该区域的世袭的统治者而兼地主……

4. 涂尔干《社会分工论》："大规模的政治社会是不能依靠专业化工作来维持平衡的，劳动分工即使不是社会团结的唯一根源，也至少是主要根源……孔德首次提出了劳动分工并不是纯粹现象的命题。孔德从分工中看到了'社会生活最本质的条件'，认为分工涵盖了'理性的所有范围，换言之，为我们提供了各种活动的全部领域，而不是被普遍限定在单纯的物质利用的范围'……如果这个假设可以得到证明，那么劳动分工所扮演的角色就比我们平常想象的还要重要。它不只是给社会带来了奢华，奢华虽然令人艳羡，但却不是必不可少的，它更是社会存在的条件。社会的凝聚性完全依靠，或至少主要依靠劳动分工来维持。社会构成的本质特性也是由分工决定的。"

周官

——成王既黜（chù）殷命，灭淮夷，还归在丰，作《周官》。

惟周王抚万邦，巡侯、甸，四征弗庭，绥厥兆民；六服群辟，罔不承德。归于宗周，董正治官。

王曰："若昔大猷（yóu），制治于未乱，保邦于未危。"

曰："唐虞稽古，建官惟百，内有百揆四岳，外有州、牧、侯伯。庶政惟和，万国咸宁。夏商官倍，亦克用乂。明王立政，不惟其官，惟其人。

"今予小子，祗勤于德，夙夜不逮。仰惟前代时若，训迪厥官。立太师、太傅、太保，兹惟三公。论道经邦，燮（xiè）理阴阳。官不必备，惟其人。少师、少傅、少保，曰三孤。贰公弘化，寅亮天地，弼予一人。冢宰掌邦治，统百官，均四海。司徒掌邦教，敷五典，扰兆民。宗伯掌邦礼，治神人，和上下。司马掌邦政，统六师，平邦国。司冠掌邦禁，诘奸慝（tè），刑暴乱。司空掌邦土，居四民，时地利。六卿分职，各率其属，以倡九牧，阜成兆民。六年，五服一朝。又六年，王乃时巡，考制度于四岳。诸侯各朝于方岳，大明黜陟（zhì）。”

王曰：“呜呼！凡我有官君子，钦乃攸司，慎乃出令。令出惟行，弗惟反。以公灭私，民其允怀。学古入官，议事以制，政乃不迷。其尔典常作之师，无以利口乱厥官。蓄疑败谋，怠忽荒政。不学墙面，莅事惟烦。戒尔卿士，功崇惟志，业广惟勤。惟克果断，乃罔后艰。位不期骄，禄不期侈。恭俭惟德，无载尔伪。作德，心逸日休；作伪，心劳日拙。居宠思危，罔不惟畏，弗畏入畏。推贤让能，庶官乃和，不和政厖。举能其官，惟尔之能；称匪其人，惟尔不任。”

王曰：“呜呼！三事暨大夫，敬尔有官，乱尔有政，以佑乃辟，永康兆民，万邦惟无斁（yì）。”

▲ 语译 - 周成王废掉了殷商的国运，灭掉了淮夷之后，返回都城丰，写下了《周官》。

周成王继位之后坐拥天下万国，于是就前往各个诸侯国进行巡视，四处征讨不来朝拜的诸侯，安定全天下的老百姓。六服范围内的诸侯全都奉承周国的德行。成王返回王都丰邑，督促指导各级官员。

成王说：“顺从昔日的大法，在国家安定，没有动乱时制定法条；没有危险时，就要注重安定国家。”

成王说：“尧、舜考核古代的典章制度，设立了一百多个官职。内部有百揆与四岳，外部有州牧与侯伯。各种政事都极为和顺，万国全都安定。夏朝与商朝二代，官职数量增加了一倍，也能很好地治理国家。英明的君主设置官位、选拔官员，不去考虑官员的多少，而只是考虑任用贤能之人。

“现在我恭谨而又勤奋实施德政，昼夜操劳还是赶不上古人。我准备参照古代的做法，来建立我们自己的官制。设置太师、太傅、太保，合称三公。他们阐述道理，治理国家，调和阴阳万物。三公未必都要齐备，要选用适当之人，宁缺毋滥。设置少师、少傅、少保，合称三孤。他们辅助三公弘扬教化，参拜天地，辅助君主一个人。冢宰主管国家政务，统领百官，协调四海之事。司徒负责国家的教育事业，传布五常的教诲，使得万民和顺。宗伯掌管国家的相关典礼，协调神与人之间的沟通，调和上下尊卑的关系。司马负责国家的军事事宜，统率六师军队，平定邦国。司寇负责国家法制，惩治奸邪之人，杀掉暴乱之徒。司空负责掌管天下土地，分配给天下的士、农、工、商四民，按照时令发展好地利。六卿有着各自的职事，分别统率其属官，以督导九州的官员，使得百姓安居乐业，同时制订朝谒的制度。每隔六年，五服范围内的诸侯来京师朝觐一次。每间隔六年，王便会外出巡视，到四岳之地去考察礼法制度。四方诸侯会在各自所属的地方来觐见，王将会对各位诸侯进行升赏降罚。”

成王说："啊！凡是在职的各级官长，都要认真恪尽职守，慎重地发布号令。命令一旦发出，就必须贯彻执行，不得违抗。用公正消除私欲，百姓才能信任归服统治者。首先学会古代的典章制度，然后才能做官。依据古代的典章制度处理政事，政治才不会出现混乱。议论政事依据古代的法制典章，政事就不会出现错误，不要用言语干扰官员。犹豫不决必定会误事，怠惰荒废政务，人不去学习犹如面向墙站着，什么都看不到，遇到事就会慌乱。告诫你们诸位卿士：功高由于树有志向，业广是依靠勤劳，只要能够做到果敢善断，后来就不会出现艰难困境。地位尊崇不应当骄傲，俸禄丰厚不该奢侈。恭敬节俭是美德，不要欺诈。做好事就会逐渐生活好起来；做奸诈的事就会逐渐笨拙起来。身处尊荣之位时要防备遭遇危险，无事时应当感到敬畏，不懂得敬畏，就会陷入危险的境地。选用贤能之人，百官就能和谐，百官如果不和，政务就会混乱。提拔的官员称职，说明你有才能；提拔的官员不够称职，说明你们无法胜任自己的官位。"

成王说："啊！诸位公卿大夫们，要恪守你们的职责，处理好你们的政务，来辅佐好君主。时常安抚百姓，天下才不会厌倦憎恨我们大周。"

◎ **和解**

1. 成语"以公灭私"的出处。

2. 柏拉图："这个城邦之所以被认为是正义的，乃是因为城邦里天然生成的三种人（哲学家、士兵、生产者）各自履行其功能，还有，城邦之所以拥有节制、勇敢和智慧，也是由于这三种人拥有这些情感和习惯。”

3. 亚里士多德：“政治社会的存在是为了高贵的行为，而不是仅仅为了单纯的共同相处。”

4. 索福克勒斯《安提戈涅》：“我并不认为你的命令是如此强大有力，以至于你这个凡人，竟敢僭越诸神不成文的且永恒不衰的法。不是今天，也非昨天，它们永远存在，没有人知道它们在时间上的起源！”

5. 西塞罗：“真正的法律乃是正确的理性。它与自然和谐一致，它散播至所有的人，且亘古不变，万世长存。它以其命令召唤人们履行义务，以其禁令约束人们不得为非作歹，这是神圣的义务，而且不得损毁该法，更不得废弃该法。事实上，无论是元老院，还是人民，都无法使我们不受该法的约束。”

6. 吕思勉：“我国的官制，大略可分为六期：（一）自周以前，为列国时代的制度。（二）而秦及汉初统一时代的制度，即孕育于其末期。（三）因其大体自列国时代蜕化而来，和统一时代不甚适合，不久即生变迁。各方面变迁的结果，极其错杂不整。直至唐朝，才整理之，成为一种有系统的制度。（四）然整理甫经就绪，又和事实不符。唐中叶以后，又生变迁，而宋朝沿袭之。（五）元以异族，入主中原，其设施自有特别之处。明朝却沿袭着他。清朝的制度，又大略沿袭明朝。然因实际情形的不同，三朝的制度，又自有其大相违异之处。（六）清朝末叶，因为政体改变，官制亦随之改变。然行之未久，成效不著。直至今日，仍在动荡不定之中。”

君陈

——周公既没，命君陈分正东郊成周，作《君陈》。

王若曰："君陈，惟尔令德孝恭。惟孝友于兄弟，克施有政。命汝尹兹东郊，敬哉！昔周公师保万民，民怀其德。往慎乃司，兹率厥常，懋（mào）昭周公之训，惟民其乂。我闻曰：'至治馨香，感于神明。黍稷非馨，明德惟馨尔。'尚式时周公之猷训，惟日孜孜，无敢逸豫。凡人未见圣，若不克见；既见圣，亦不克由圣。尔其戒哉！尔惟风，下民惟草。图厥政，莫或不艰。有废有兴，出入自尔师虞，庶言同则绎。尔有嘉谋嘉猷，则入告尔后于内，尔乃顺之于外，曰：'斯谋斯猷，惟我后之德。'呜呼！臣人咸若时，惟良显哉！"

王曰："君陈，尔惟弘周公丕训，无依势作威，无倚法以削，宽而有制，从容以和。殷民在辟，予曰辟，尔惟勿辟；予曰宥（yòu），尔惟勿宥，惟厥中。有弗若于汝政，弗化于汝训，辟以止辟，乃辟。狃于奸宄（guǐ），败常乱俗，

三细不宥。尔无忿疾于顽，无求备于一夫。必有忍，其乃有济；有容，德乃大。简厥修，亦简其或不修。进厥良，以率其或不良。惟民生厚，因物有迁。违上所命，从厥攸好。尔克敬典在德，时乃罔不变，允升于大猷。惟予一人膺受多福，其尔之休，终有辞于永世。"

▲ 语译 - 周公去世后，周成王下令君陈将殷商遗民分开居住，治理成周的东郊，写了策书，史官写下了《君陈》。

王这样说道："君陈啊，唯有你具备优良的品格，孝敬父母，对上级恭谨。由于你孝顺父母，友爱兄弟，就能够顺利从政了。如今任命你来治理王都的东郊成周之地，一定要恭敬而又谨慎啊！过去周公在成周教导安抚百姓，百姓非常怀念他的恩德。前去吧，谨慎地处理你的政务，依循周公留下的法规，努力将周公的遗训发扬光大，这样百姓也就安定了。我曾听人这样说：'最好的统治，馨香能够传播到很远，可以感动天上的神灵。黍稷的香气并非是可以传播很远的香味，只有明德才是可以在远方闻到的香味。'你要学习周公的训诫，每天都孜孜不倦地努力，不可以过于安逸享乐。常人大多在没看见圣道时，好像自己永远见不到；等到真的见到了圣道，却又不能应用圣道，你可一定要避免这种情况啊！你是风，百姓就是草，风吹而草动，上行下效，千万要谨慎。治理政务，没有不艰难的，有废除，有所兴办，要反复与众人商议，众人的意见如果相同，还要深刻思考，然后才能实施。你有着很好的谋略，就要进入内廷告知你的君主，你身处外地要时刻拥戴君主，并说：‘这些谋略之所以能得以实施，全是依靠我们君主的恩德。’唉！人臣如果都能像这样做，就会臣子贤良，君主显达啊！”

王说：“君陈，你执政要把周公的伟大教诲发扬光大，不要依仗权势作威作福，不要依靠法制来实施苛刻的统治，应当宽容而又有所节制，施政和谐。殷商遗民犯下罪过，我说要惩治，你不可立刻惩治；我说要赦免，你也不能立刻赦免，应当公平合理地予以裁决。有人不服从你的政令，拒绝你的教化，惩罚能够制止不法行为，就予以惩罚。有人经常违法乱纪，败坏礼教，扰乱世间风俗，就算是小罪，也不可以赦免。你对于那些冥顽不灵的人，不要愤怒，对于一个人不能求全责备。必须有忍耐，才可以成功；必须宽容，德行才能广大。鉴别那些修心养德之人，任用那些贤良之人，来勉励那些不够贤良之人。百姓的本性原本是纯良的，但因为受到外界的影响而出现了改变，导致违背了君命，顺从了他们的喜好。你一定要重视日常的法典，讲求德行，殷民就必然有所改变。你的政令与教诲确实可以提升到大道的境界，我将会享有厚福，也许你的美名终究会得到百代人民的称颂。”

◎ 和解

1. 成语“有容乃大”的出处。

2. 尔惟风，下民惟草。《论语·颜渊》：“季康子问政于孔子曰：‘如杀无道，以就有道，何如？’孔子对曰：‘子为政，焉用杀？子欲善而民善矣。君子之德风，小人之德草，草上之风，必偃。'”

3. 厄奈斯特·巴克《希腊政治理论》：“中世纪的教会就是那种理想（即柏拉图的哲学王统治）实现的场所。部分地因为它的教皇君主制对应着哲学家王，它的牧师—修士—俗人等级对应着柏拉图的三阶级；部分地因为它的功能，因为它试图让生活去适应那种受唯一的神圣理念支配的外在秩序或设计，罗马教会把柏拉图的理想转化成了现实的、活生生的制度。”

4. 柏拉图：“世上如果出现这样的人物，他既然善德优于他人，而且兢兢为善，没有人能够胜过他，只有遇到这样的人，大家才可永远追随并一致服从他，仍然不失其为正义和优美的治道。”

顾命

——成王将崩，命召公、毕公率诸侯相康王，作《顾命》。

惟四月哉生魄，王不怿。甲子，王乃洮颒（huì）水，相被冕服，凭玉几。乃同召太保奭（shì）、芮伯、彤伯、毕公、卫侯、毛公、师氏、虎臣、百尹、御事。

王曰："呜呼！疾大渐，惟几，病日臻。既弥留，恐不获誓言嗣，兹予审训命汝。昔君文王武王宣重光，奠丽陈教，则肄（yì）肄不违，用克达殷集大命。在后之侗（tóng），敬迓（yà）天威，嗣守文武大训，无敢昏逾。今天降疾，殆弗兴弗悟。尔尚明时朕言，用敬保元子钊，弘济于艰难，柔远能迩，安劝小大庶邦。思夫人自乱于威仪，尔无以钊冒贡于非几兹。"

既受命还，出缀衣于庭。越翼日乙丑，王崩。

太保命仲桓、南宫毛俾爰齐侯吕伋，以二干戈、虎贲百人逆子钊于南门之外。延入翼室，恤宅宗。丁卯，命作册度。越七日癸酉，伯相命士须材。

狄设黼(fǔ)扆缀衣，牖间南向，敷重篾席、黼纯，华玉仍几。西序东向，敷重底席、缀纯，文贝仍几。东序西向，敷重丰席、画纯，雕玉仍几。西夹南向，敷重笋席，玄纷纯，漆仍几。越玉五重，陈宝，赤刀、大训、弘璧、琬琰在西序。大玉、夷玉、天球、河图在东序。胤之舞衣，大贝、鼖(fén)鼓在西房。兑之戈、和之弓、垂之竹矢在东房。大辂(lù)在宾阶面，缀辂在阼阶面，先辂在左塾之前，次辂在右塾之前。

二人雀弁，执惠，立于毕门之内。四人綦(qí)弁，执戈上刃，夹两阶戺(shì)。一人冕，执刘，立于东堂。一人冕，执钺(yuè)，立于西堂。一人冕，执戣(kuí)，立于东垂。一人冕，执瞿，立于西垂。一人冕，执锐，立于侧阶。

王麻冕黼裳，由宾阶隮。卿士邦君麻冕蚁裳，入即位。太保、太史、太宗皆麻冕彤裳。太保承介圭，上宗奉同瑁，由阼阶隮。太史秉书，由宾阶隮，御王册命，曰："皇后凭玉几，道扬末命。命汝嗣训，临君周邦，率循大卞，燮和天下，用答扬文武之光训。"王再拜，兴，答曰："眇眇予末小子，其能而乱四方，以敬忌天威。"

乃受同瑁，王三宿，三祭，三咤(zhà)。上宗曰飨。太保受同，降，盥，以异同秉璋以酢，授宗人同。拜，王答拜。太保受同，祭哜(jì)宅，授宗人同。拜，王答拜。太

保降，收。诸侯出庙门俟。

▲ 语译 - 周成王即将去世时，下令召公、毕公带领着各位诸侯辅佐周康王，史官写下了《顾命》。

四月初的一天，成王患病。甲子日，成王洗了头发与面部。太仆为成王戴上了王冠，穿上了朝服，王倚靠在玉几上。成王接见了太保召公奭、芮伯、彤伯、毕公、卫侯、毛公、师氏、虎臣、百官的首领以及各位办事大臣们。

王说："唉！我的病越发严重了，还在不断恶化，或许已经到了临终的时刻，恐怕无法极为郑重地嘱咐后嗣之人的事了，现在我来详细地告诫你们。过去，先君文王与武王的德行照耀天下，制定律法，颁布教令，天下的百姓都努力奉行，因此才能讨伐殷商，建立了我们周朝。武王死后，我还是一个年幼的孩子，恭敬地奉行上天的威严，严格遵循文王与武王的教导，不敢恣意妄为，更改法纪。如今上天降下灾祸，我身染重病，几乎无法起床说话，希望你们努力遵从我的嘱托，认真辅佐我的长子姬钊渡过难关，使得远方安定，与周围的诸侯和睦相处。我想大家都应当以礼法克制自己，你们不可以让姬钊违反礼法，陷入到悖理的境地。"

大臣们接受成王的遗命，就纷纷离开了，将国王的朝服供放到王庭之上。第二天是己丑日，成王便逝世了。

太保命令仲桓以及南宫毛跟随齐侯吕伋，率领二人手持干戈和一百名虎贲，在南门外奉迎太子姬钊。把太子姬钊请到侧室当中，太子于是满怀悲痛地居住在这里主持丧事。丁卯日，下令制定葬礼的相关的事宜与礼节。又过了七天，召公、毕公便下令百官分别着手准备葬礼时所要用到的器物。

主持葬礼的人摆放好带有黑白相间的斧纹屏风以及先王遗留下的礼服，门窗间朝南的地方铺设双层的竹席，竹席有着黑白相间的丝质花边，摆放有美玉以及几案。在西墙朝东边的位置，铺设双层细竹篾席子，并缀有彩色花边，摆放着花贝与几案。在东墙靠西侧，铺设双层莞席，并点缀有云气形状的花边，摆放雕刻过的玉器与几案。在堂屋西侧的夹室当中，铺设有双层青竹席，并缀有黑丝线组成的花边，摆放有漆器、几案。各种宝物与器物都被摆放好了，五种越玉、赤刀、先王训诫、大玉璧、琬、琰，都被摆放在西墙朝东的竹席前。把大玉、夷玉、天球、河图放在西墙朝东的竹席上。由巧匠胤制作的舞衣、大贝、鼖鼓都放到西屋当中；把巧匠兑制作的戈、巧匠和制作的弓、巧匠垂制作的竹箭，摆放在东屋。王乘坐的用玉装饰的车停在迎宾的台阶前，用黄金装饰的车停在主人行走的台阶前，用象牙装饰的车停在门侧左边堂屋前，木车停在门侧右边堂屋前。

武士二人戴着赤黑色的礼帽，执矛站在祖庙门里边。武士四人头戴青黑色礼帽，手拿长戈，长戈的锋刃朝外，面对着站在台阶两边的斜石上。武士一人头戴礼帽，手拿大斧，站在东堂前。另一人头戴礼帽，手拿大斧，站在西堂前。一人头戴礼帽，手拿三面锋刃的矛，站在东堂外。另一人头戴礼帽，拿着三面锋刃的矛，站在西堂外。还有一人头戴礼帽，手拿矛，站立在北堂北面的台阶上。

康王头戴麻制礼帽，身穿绣着斧形花纹的礼服，从西侧台阶走上来。卿士与各诸侯国君也都头戴麻制礼帽，身穿黑色礼服，步入中庭。太保、太史、太宗也都头戴麻制礼帽，身穿红色礼服。太保手捧大圭，太宗手捧酒杯与瑁，从东阶走上来。太史手拿册书，从西阶走到前面，面对康王宣读成王遗命："大王倚靠着玉几，宣示其临终遗命。命令你继承文王与武王的天命，统治周朝，完全遵循国家大法，治理天下，来报答文王、武王，彰显先祖的光荣传统与遗训。"康王再次施礼，起身答道："我这微不足道的青年，怎能像先王那般将天下治理好，并敬畏天命呢！"

于是康王从太宗手中接过酒爵，缓缓向前行进三次，将酒三次洒到地上，向后退三次。太宗说："王请饮酒！"太保接受了酒杯与瑁，从台阶走下来，清洗双手，行礼后用璋瓒酒杯饮酒，又给太宗一杯酒，行礼，王回礼。太保拿过酒杯，祭拜后浅尝一口，后退，把这杯酒给太宗，行礼，康王回礼。太保走下台阶，礼仪完成。各位诸侯从太庙走出来，恭候新君康王。

◎ **和解**

1. 日本屏风的出现和使用：日本大和绘屏风，早期也只是上流社会才能享受的贵族艺术。日本皇室贵族用它装饰室内来显示权势。奈良时代，障壁画开始出现。所谓障壁画，就是画在贴纸或绢的木构框架隔扇上的画，同时起分隔作用，可以推拉。

2. 王国维《殷周制度论》:“盖天下之大利莫如定；其大害莫如争。任天者定，任人者争；定之以天，争乃不生。故天子诸侯之传世也，继统法之立子与立嫡也，后世之用人之以资格也，皆任天而不参以人，所以求定而息争也。古人非不知官天下之名美于家天下，立贤之利过于立嫡，人才之用优于资格，而终不以此易彼者，盖惧夫名之可借而争之易生，其敝将不可胜穷，而民将无时或息也。故衡利后取重，絜害而取轻，而定为立子立嫡之法，以利天下后世……”

3. 吕思勉:“君主前身，既然是氏族的族长，所以他的继承法，亦即是氏族族长的继承法。在母系社会，则为兄终弟及，在父系社会，则为父死子继。当其为氏族族长时，无甚权利可争，而其关系亦小，所以立法并不十分精密。”

4. 许倬云:“《顾命》记载康王即位的仪式。太保是最主要的仪式主持人，辅助的是太宗，由太史宣读新王的册命。在场的诸侯朝见新王，分别由太保率领西方诸侯，毕公率东方诸侯，奉圭币致敬。这个仪式中，太保是圣职人员，太宗代表周人宗族的权威，而太史则是记载仪式的证人，也当是撰作及宣读册命的文职人员。太保与毕公分别率领西方与东方诸侯，仍承袭周初周召分陕而治的两分制度。”

康王之诰

——康王既尸天子，遂诰诸侯，作《康王之诰》。

王出在应门之内，太保率西方诸侯入应门左，毕公率东方诸侯入应门右，皆布乘黄朱。宾称奉圭兼币曰："一二臣卫，敢执壤奠。"皆再拜稽首。王义嗣德答拜。

太保暨芮伯咸进相揖，皆再拜稽首曰："敢敬告天子，皇天改大邦殷之命，惟周文武诞受羑若，克恤西土。惟新陟王毕协赏罚，戡（kān）定厥功，用敷遗后人休。今王敬之哉。张皇六师。无坏我高祖寡命。"

王若曰："庶邦侯甸男卫，惟予一人钊报诰。昔君文武丕平富，不务咎，底至齐，信用昭明于天下。则亦有熊罴之士，不二心之臣，保乂王家，用端命于上帝。皇天用训厥道，付畀四方，乃命建侯树屏，在我后之人。今予一二伯父尚胥暨顾，绥尔先公之臣服于先王。虽尔身在外，乃心罔不在王室。用奉恤厥若，无遗鞠子羞。"

群公既皆听命，相揖，趋出。王释冕，反，丧服。

▲ 语译 - 康王继位成为天子，于是诏命各个诸侯，史官写下了《康王之诰》。

康王走出了太庙，来到应门里，西伯召公带领西方的诸位诸侯进入应门的左侧，东伯毕公带领东方的诸侯进入应门的右侧，他们都身穿绣有纹饰的礼服以及黄赤色的蔽膝。摈者传语进献命圭以及贡品，诸侯走上前来进贡，说道：“我们身为护卫天子的臣民，向天子进献贡品。”诸侯们都跪拜磕头，康王按照礼仪答谢，并升座回拜。

太保召公与芮伯一起走向前，彼此作揖行礼，一起向康王再拜叩首，说：“恭谨地奏报天子，伟大的天帝更改了大国殷商的命运，我们周国的文王与武王接受了上天的福祥，安定西方。刚去世的成王赏罚合宜，能够继承文王与武王的功业，因此将幸福留给我们这些后人。如今的王应当谨慎啊！应当加强军队的建设，不要破坏我们先祖留下的天命。”

王这样说道：“侯、甸、男、卫范围内的诸位诸侯听着，如今我姬钊回答你们的劝告。过去，先君文王与武王极为公平，仁厚而又慈爱，不滥用刑罚，尽量做到公正适宜，将信义昭告天下。所以就有犹如熊罴般勇猛的战士，坚贞不屈的大臣来保卫我们周国，从天帝那里接受天命。皇天以大道来教导先王，把天下交给先王来治理，先王分封诸侯，建立藩卫，眷顾我们这些后世子孙。如今我的一些伯父辈的诸侯还能彼此照顾，犹如你们先祖臣服于先王那样侍奉我。虽然你们处于王都之外的诸侯国内，但你们的心始终顾念王室，要辅佐关注王室，不要使我这个年轻人愧对先王。”

各位诸侯都已经听完了康王的诰命，彼此行礼，迅速退出，康王脱下礼帽，返回到居丧期间居住的侧室，重新穿上了丧服。

◎ **和解**

1. 应门。范仲淹《明堂赋》：“中阶之前，三公屹然；应门之外，九采察焉。”钱谦益《寿福清公六十序》：“天子高居九重，应门沉沉，莫可扣击。”

2. 刘大櫆《方氏支祠碑记》：“封建废而大宗之法不行，则小宗亦无据依而起。于是宗子遂易为族长。”

3. 冯·米瑟斯《自由主义》：“民主是一种国家的宪法形式，即它可以保证在不使用暴力的前提之下使政府符合被统治者的意愿。假如按照民主的原则组成的政府不遵照大多数人的意愿执政，人们不用打内战就可以将它推翻，并将那些受到大多数人拥护的人推到政府的执政地位。民主的国家体制中的选举机构和议会就专司此职，它们使政府的更迭得以平稳、无摩擦、不用武力以及不流血地加以完成。”

4. 亨廷顿《二十世纪末的民主化浪潮》：“民主国家中常有违法现象，但很少诉诸政治暴力。在现代世界中，民主的体制比不民主的体制更容易避免社会暴力。民主政府对其国民所使用的暴力远远少于威权政府对其国民所施加的暴力。民主国家也提供具有公信力的传播管道，使异议分子和反对派得以在体制内表达他们的意见。因此，政府和反对派都不大可能用武力来相互对抗。民主国家也借着法律所规定之定期更换政治领袖和不断地兑现公共政策的机会，而得以维持政治稳定。而民主国家很少在一夜之间发生戏剧性的变化；变化通常是温和的和渐进的。”

毕命

——康王命作册毕，分居里，成周郊，作《毕命》。

惟十有二年，六月庚午，朏（fěi）。越三日壬申，王朝步自宗周，至于丰。以成周之众，命毕公保釐（lí）东郊。

王若曰："呜呼！父师，惟文王、武王敷大德于天下，用克受殷命。惟周公左右先王，绥定厥家。毖殷顽民，迁于洛邑，密迩王室，式化厥训。既历三纪，世变风移，四方无虞，予一人以宁。道有升降，政由俗革，不臧厥臧，民罔攸劝。惟公懋（mào）德，克勤小物，弼亮四世，正色率下，罔不祗师言。嘉绩多于先王，予小子垂拱仰成。"

王曰："呜呼！父师，今予祗命公以周公之事，往哉！旌别淑慝（tè），表厥宅里，彰善瘅（dàn）恶，树之风声。弗率训典，殊厥井疆，俾克畏慕。申画郊圻（qí），慎固封守，以康四海。政贵有恒，辞尚体要，不惟好异。商俗靡靡，利口惟贤，馀风未殄，公其念哉！我闻曰：'世禄之家，鲜克由礼'。以荡陵德，实悖天道。敝化奢丽，万世同流。

兹殷庶士，席宠惟旧，怙侈灭义，服美于人。骄淫矜侉，将由恶终。虽收放心，闲之惟艰。资富能训，惟以永年。惟德惟义，时乃大训。不由古训，于何其训。”

王曰：“呜呼！父师，邦之安危，惟兹殷士。不刚不柔，厥德允修。惟周公克慎厥始，惟君陈克和厥中，惟公克成厥终。三后协心，同厎于道，道洽政治，泽润生民，四夷左衽，罔不咸赖。予小子永膺多福。公其惟时成周，建无穷之基，亦有无穷之闻。子孙训其成式，惟乂。呜呼！罔曰弗克，惟既厥心；罔曰民寡，惟慎厥事。钦若先王成烈，以休于前政。”

▲ 语译 - 周康王命令写下册书，命令毕公来治理成周，分清楚殷商遗民的善恶，区分居里疆界，安定周王都城的周围，史官写下了《毕命》。

周康王十二年，六月庚午日，新月刚刚发出光亮。三天的壬申日，周康王清早从镐京出发，抵达丰邑，命令太师毕公将居住在成周的殷民在都城的东郊予以安定并进行治理。

康王说：“啊！父师，只有文王与武王在普天之下施行大的恩德，因而可以接收殷商的福命。周公辅佐成王，安定天下，告诫殷商的遗民，将他们迁移到洛邑，让他们居住在靠近王室的地方，因此他们得以被周公的教诲所感化。从此往后，到如今已经过了三十六年，沧桑变化，风俗迁移，四方都没有祸患，我因此感到极为安宁。世道有起有伏，有兴有衰，政教也随着风俗的转变而转变。假如不能予以褒奖，民众将没有仰慕学习的对象。毕公努力施行德政，可以为小事都不断忧劳，先后辅佐了四代周王，以庄重的仪态，率领群臣，臣下当中没有人不敬佩、尊重太师的训诫。您在先王在位时就已经取得了很多丰功伟绩，年轻的我可以坐享其成。”

康王说：“啊！父师，今天我极为郑重地将周公治理殷商遗民的重任托付给你，你就前去吧！要能够辨别善恶，对于善良的殷人，应当在他的乡里予以表彰，斥责邪恶，树立善良的名声与习气。不遵从教令的殷人，单独划分出他们的井田界限，使得他们懂得荣辱祸福。还要划分出郊圻的界限，谨慎地加固边疆的武备，来使得天下安定。处理政务贵在有常法，言辞应当精炼扼要，不要喜欢奇异的事物。商人的风俗是崇尚奢侈华丽，以巧舌如簧与阿谀奉承为贤能，这种习气还没得到改观，毕公您对这种情况要有所考虑啊！我听说：‘世代享有俸禄爵位的卿大夫，很少有能够遵守礼法之人。’他们向来骄狂地欺侮有德行的人，实在是有悖于天道。奢侈浮华这类陋习风华，世代都是如此。这些殷商的人们，处在尊位时间已久，依仗着富贵奢侈，道德与恩义都已泯灭，服饰过于华美。他们骄狂自大，夸夸其谈，终其一生都在作恶。如今虽然放纵之心有所收敛，但仍然要小心防备他们，这是很艰难的事情。资财富足而能接受教化，就能够长寿。按照德义的标准做事，这是最为重要的教诲。假如不奉行古人的教诲，那还能顺从什么呢？”

康王说："啊！父师，国家的安危都在于能否教化好这些殷商遗民。不刚不柔，宽容与严酷并行，那么德政就必然能够施行起来。起初，周公能够谨慎地予以管教；中间，君陈能够使其和睦；最后，您要能彻底完成教化。三君共同努力，一起教导，使其和谐融洽，政治稳定，就能像春风化雨般滋润人民。周边的少数民族也都依赖你们，我这个年轻人就可以享受福命了。您一定要治理好成周，建立起周朝的永固江山，您也可以流芳百世。后世子孙遵照你的成法，天下也就此安定了。唉！不要说无法胜任，应当尽心竭力；不要说百姓稀少，处理政务要谨慎。认真地继承并治理好先王留下的事业，还要取得比前人更好的政绩。"

◎ **和解**

1. 卢梭《论科学和艺术》："风化的解体是奢侈的必然后果，它反过来又引起了趣味的腐化。"
2. 雨果《海上劳工》："财富本身就是危险。那会招引虚伪的朋友来到你的身边，贫穷就可能使虚伪的朋友离开，使你安静下来。"
3. 许倬云："成康之世，实是西周建国的成型期。东方的叛乱底定了，姬姜的诸侯在东方巩固了立足点。显然周人认为成康之世是安定的开始。"

君牙

——穆王命君牙，为周大司徒，作《君牙》。

王若曰："呜呼！君牙，惟乃祖乃父，世笃忠贞，服劳王家，厥有成绩，纪于太常。惟予小子嗣守文、武、成、康遗绪，亦惟先正之臣，克左右乱四方。心之忧危，若蹈虎尾，涉于春冰。今命尔予翼，作股肱心膂（lǚ），缵（zuǎn）乃旧服。无忝祖考，弘敷五典，式和民则。尔身克正，罔敢弗正，民心罔中，惟尔之中。夏暑雨，小民惟曰怨咨；冬祁寒，小民亦惟曰怨咨。厥惟艰哉！思其艰以图其易，民乃宁。呜呼！丕显哉，文王谟！丕承哉，武王烈！启佑我后人，咸以正罔缺。尔惟敬明乃训，用奉若于先王，对扬文、武之光命，追配于前人。"

王若曰："君牙，乃惟由先正旧典时式，民之治乱在兹。率乃祖考之攸行，昭乃辟之有乂。"

▲语译 - 周穆王任命君牙为周朝的大司徒，写下了册书《君牙》。

穆王说："啊！君牙，你的先祖世世代代都是极为忠实、坚贞的，为王室效劳，立有功勋，他们的功绩全都被记录在的太常旗上。我这个年轻人继承了文、武、成、康四位先王留下的大业，也想要先王留下的忠臣辅佐我治理好天下。心怀忧愁畏惧，犹如踩着老虎的尾巴，恰似行走在春天的薄冰之上。如今我命令你来辅佐我，作为我身边的得力大臣，继承你祖先的官职。不要玷污了你先祖的英名，将五常的教诲广泛地传播出去，作为使得民众和谐的准则。假如你自身能够极为端正，就没人敢不端正，民心做不到中正，希望你可以做到中正，成为表率。夏天时炎热或是洪水，百姓只能哀叹；冬天时严寒雪灾，百姓也只能哀叹。他们在为自己的生活困苦而哀伤啊！你要考虑到他们的艰难，这样百姓就安定了。啊！伟大而且贤明，这是文王的伟略！伟大而传承啊，这是武王的功绩！他们开导庇佑我们这些后世子孙，使得我们走正道，不出差错。你只要奉行五常的教诲，奉顺先王，就能彰显文王与武王的光辉业绩，可以与你的先祖媲美了。"

王说："君牙，你应当奉行你先祖的旧法，这是能否治理好百姓的关键，你应当遵循你先祖的做法，辅佐你的君王，天下就能够大治了。"

◎ 和解

1. 成语"虎尾春冰"的出处。《诗经·小雅·小旻》："战战兢兢，如临深渊，如履薄冰。"

2. 亚里士多德：“以政治方式行事，生活在城邦里，这意味着所有事情都必须通过言辞和劝说，而不是通过强力和暴力来决定……暴力是前政治行为，旨在将每个人从生活的必然性中解放出来，以便建立自由的世界。”

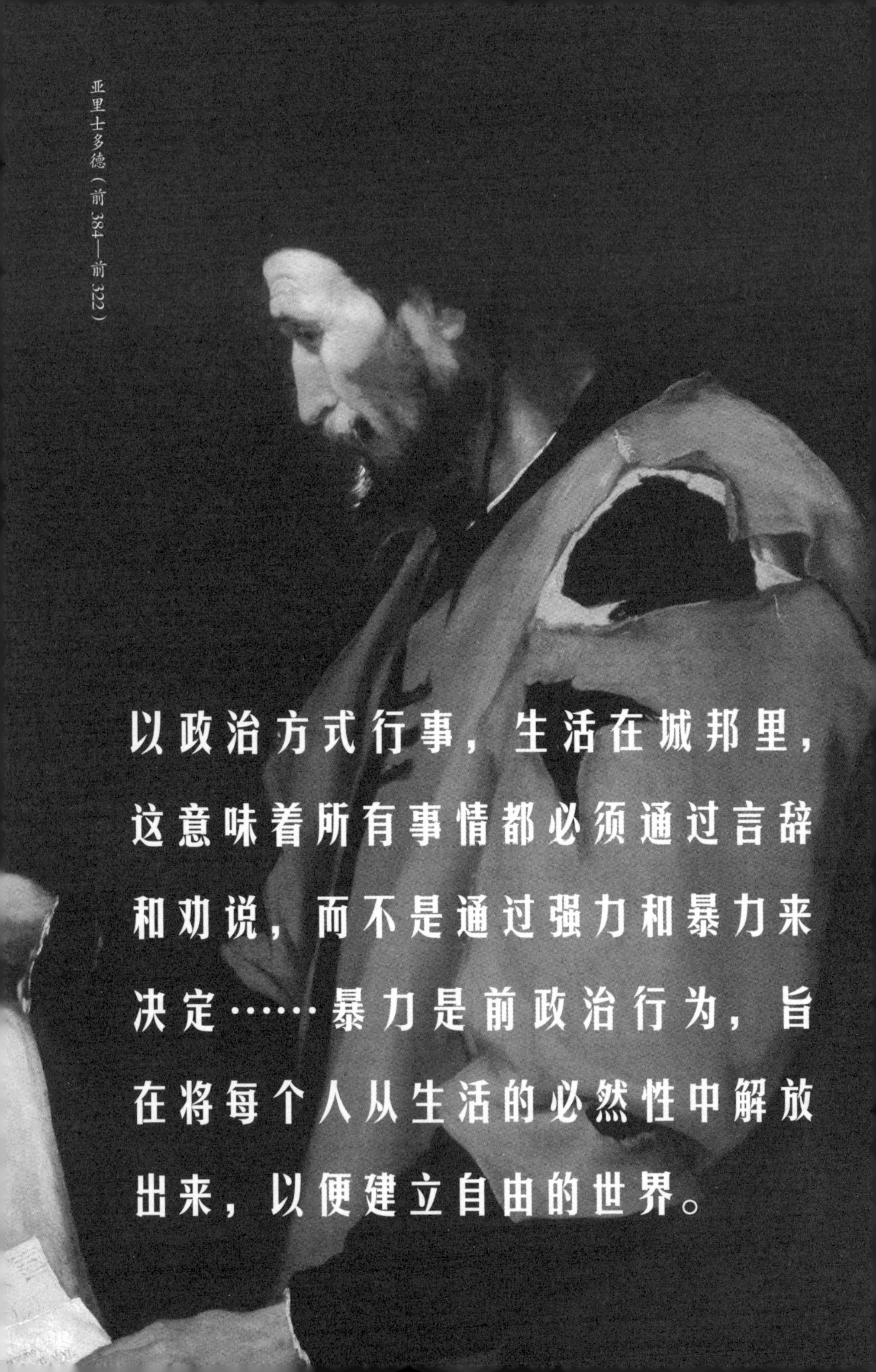

亚里士多德（前384—前322）

以政治方式行事，生活在城邦里，这意味着所有事情都必须通过言辞和劝说，而不是通过强力和暴力来决定……暴力是前政治行为，旨在将每个人从生活的必然性中解放出来，以便建立自由的世界。

冏命

—— 穆王命伯冏，为周太仆正，作《冏命》。

王若曰："伯冏，惟予弗克于德，嗣先人宅丕后，怵惕惟厉。中夜以兴，思免厥愆。昔在文、武，聪明齐圣，小大之臣，咸怀忠良，其侍御仆从，罔匪正人。以旦夕承弼厥辟，出入起居，罔有不钦；发号施令，罔有不臧。下民祗若，万邦咸休。惟予一人无良，实赖左右前后有位之士，匡其不及，绳愆纠缪，格其非心，俾克绍先烈。今予命汝作大正，正于群仆侍御之臣，懋（mào）乃后德，交修不逮。慎简乃僚，无以巧言令色，便辟侧媚，其惟吉士。仆臣正，厥后克正；仆臣谀，厥后自圣。后德惟臣，不德惟臣。尔无昵于憸（xiān）人，充耳目之官，迪上以非先王之典。非人其吉，惟货其吉，若时，瘝（guān）厥官。惟尔大弗克祗厥辟，惟予汝辜。"

王曰："呜呼！钦哉！永弼乃后于彝（yí）宪。"

▲ 语译 - 穆王任命伯冏担任周朝的太仆正，写下了册书《冏命》。

王这样说："伯冏啊，我不能恭谨地修德，继承先王的位置，成为天子，心中十分惶恐，甚至在半夜里突然惊醒，思考怎样才能避免过失。过去，文王、武王博闻强识、通达、圣哲，上下臣子都能忠诚而善良。那些追随左右，执掌车马、服装的近臣与仆人，全都是忠贞可靠的正直之人。他们从早到晚都侍奉其君王，因此君王的出入及起居，全都是极为慎重的；发布的政令也都是完善的。百姓都恭敬顺从，天下诸侯都很和睦。我没有足够的德行，实在是非常需要依赖身边的贤能之士，来弥补自身的不足，批评我的错误，纠正自己的邪恶之心，使得我可以继承祖先功业。如今我任命你担任太仆正一职，领导群仆、侍御等这些近臣，劝谏你的君主实行德政，在不足的方面互相勉励。你要谨慎地选取你的下属，不要提拔那些只会阿谀奉承的小人，必须选用那些品德高尚的君子。近臣正直，他们的君主才能正直；近臣谄媚逢迎，他们的君主就会自以为是。君主有德行是因为臣下，君主失德也与臣下的为人有关。你不要与那些谄媚小人亲近，让他们充当近臣，使得君王违背先王的常法。不把贤能的人看作是最好的，而是把财物看作是最好的，像是这样的人，就是亵渎自己的官职，就是你不尊重君主，那样的话我就会处罚你。"

穆王说："啊！要谨慎啊！永远辅佐你的君主实施常法。"

◎ **和解**

1. 马基雅维利《君主论》："通选大臣，对于君主说来实在是很重大的事情；他们是否是良臣，取决于君主的明智。人们对于君主及其能力的最初印象，就是通过对他左右的人们的观察得来的，如果左右的人们是有能力的而且是忠诚的，他就常常能够被认为是明智的，因为他已经知道怎样认识他们的能力并且使他们忠贞不渝。但是如果他们不是这样的人，人们就往往会对他作出不好的判断，因为他所犯的第一个错误就是出在此项选择上……但是，君主怎样能够识别大臣呢？这里有个历试不爽的方法：如果你察觉该大臣想着自己甚于想及你，并且在他的所有行动中追求他自己的利益，那么，这个人就绝不是个好的大臣，你绝不能信赖他；因为国家操在他的手中，他就不应该想着他自己，而应该只想着君主，并且决不想及同君主无关的事情。另一方面，为了使大臣保持忠贞不渝，君主必须常常想着大臣，尊敬他，使他富贵，使他感恩戴德，让他分享荣誉，分担职责；使得他知道如果没有自己，他就站不住，而且他已有许多荣誉使他更无所求，他已有许多财富使他不想更有所得，他已经肩负的重任使他害怕更迭。因此，当大臣们以及君主和大臣们的关系是处于这种情况的时候，他们彼此之间就能够诚信相孚；如果不如此，其结果对此对彼都总是有损的。”

2. 莎士比亚：“国王们最不幸的事，就是他们的身边追随着成群逢迎取媚的奴才，将他们一时的喜怒当作了神圣的谕旨，狐假虎威地杀戮无辜的生命。这些佞臣们往往会在君王的默许之下曲解法律，窥承主上的意志，虽然也许那只是未熟虑的愤怒。”

莎士比亚（1564—1616）

国王们最不幸的事，就是他们的身边追随着成群逢迎取媚的奴才，将他们一时的喜怒当作了神圣的谕旨，狐假虎威地杀戮无辜的生命。

吕刑

惟吕命。王享国百年，耄，荒度作刑，以诘四方。

王曰："若古有训，蚩尤惟始作乱，延及于平民。罔不寇贼，鸱（chī）义奸宄（guǐ），夺攘矫虔。苗民弗用灵，制以刑，惟作五虐之刑曰法。杀戮无辜，爰始淫为劓（yì）刵（ěr）椓黥。越兹丽刑并制，罔差有辞。民兴胥渐，泯泯棼棼，罔中于信，以覆诅盟。虐威庶戮，方告无辜于上。上帝监民，罔有馨香德，刑发闻惟腥。皇帝哀矜庶戮之不辜，报虐以威，遏绝苗民，无世在下。乃命重黎绝地天通，罔有降格。群后之逮在下，明明棐（fěi）常，鳏（guān）寡无盖。

"皇帝清问下民，鳏寡有辞于苗。德威惟畏，德明惟明。乃命三后恤功于民：伯夷降典，折民惟刑；禹平水土，主名山川；稷降播种，农殖嘉谷。三后成功，惟殷于民。士制百姓于刑之中，以教祗德。穆穆在上，明明在下，灼于四方，罔不惟德之勤，故乃明于刑之中，率乂于民棐(fěi)彝。典狱，非讫于威，惟讫于富。敬忌，罔有择言在身，惟克天德，自作元命，配享在下。”

王曰：“嗟！四方司政典狱，非尔惟作天牧？今尔何监？非时伯夷播刑之迪？其今尔何惩？惟时苗民匪察于狱之丽。罔择吉人，观于五刑之中，惟时庶威夺货，断制五刑以乱无辜。上帝不蠲，降咎于苗，苗民无辞于罚，乃绝厥世。”

王曰：“呜呼！念之哉！伯父、伯兄、仲叔、季弟、幼子、童孙，皆听朕言，庶有格命。今尔罔不由慰曰勤，尔罔或戒不勤。天齐于民，俾我一日。非终惟终在人。尔尚敬逆天命，以奉我一人。虽畏勿畏，虽休勿休。惟敬五刑，以成三德。一人有庆，兆民赖之，其宁惟永。”

王曰：“吁！来，有邦有土，告尔祥刑。在今尔安百姓，何择非人？何敬非刑？何度非及？两造具备，师听五辞。五辞简孚，正于五刑。五刑不简，正于五罚。五罚不服，正于五过。五过之疵：惟官、惟反、惟内、惟货、惟来。其罪惟均，其审克之。

“五刑之疑有赦，五罚之疑有赦，其审克之。简孚有众，惟貌有稽，无简不听，具严天威。墨辟疑赦，其罚百锾，阅实其罪。劓辟疑赦，其罚惟倍，阅实其罪。剕(fèi)辟疑赦，其罚倍差，阅实其罪。宫辟疑赦，其罚六百锾，阅实其罪。大辟疑赦，其罚千锾，阅实其罪。墨罚之属千，劓罚之属千，剕罚之属五百，宫罚之属三百，大辟之罚，其属二百，五刑之属三千。

“上下比罪，勿僭乱辞。勿用不行，惟察惟法，其审克之。上刑适轻，下服。下刑适重，上服。轻重诸罚有权。刑罚世轻世重。惟齐非齐，有伦有要。罚惩非死，人极于病。非佞折狱，惟良折狱，罔非在中。察辞于差，非从惟从。哀敬折狱。明启刑书胥占，咸庶中正。其刑其罚，其审克之。狱成而孚，输而孚。其刑上备。有并两刑。”

王曰：“呜呼！敬之哉，官伯族姓。朕言多惧，朕敬于刑，有德惟刑。今天相民，作配在下。明清于单辞，民之乱，罔不中听狱之两辞。无或私家于狱之两辞。狱货非宝，惟府辜功，报以庶尤。永畏惟罚。非天不中，惟人在命。天罚不极，庶民罔有令政在于天下。”

王曰：“呜呼！嗣孙，今往何监？非德于民之中，尚明听之哉？哲人惟刑。无疆之辞，属于五极。咸中有庆，受王嘉师，监于兹祥刑。”

▲ 语译 - 吕侯向周穆王申述关于夏朝减轻处罚的刑律，史官写下了《吕刑》。

吕侯成为卿相时，穆王已经当了很多年的天子，年事已高，依旧准备制定刑法，来使得天下臣民都有所约束与禁戒。

王说："古代是有教训的：蚩尤开始造反，影响到平民百姓，这些人全都成为贼寇，到处抢掠，行为不端，四处作乱，诈骗强夺。苗民不遵奉政令，制定了重刑来压服众人，制定了五种酷刑作为刑罚。杀害无辜之人，开始大肆滥用劓、刖、椓、黥等刑罚。于是，实施杀戮，不遵从法制，不管是否有罪，都滥用酷刑。苗民彼此欺诈，纷纷乱乱，没有忠心与诚信，背叛盟誓。遭受虐刑和一些被欺辱的人都向上帝申述自己乃是无罪之人。上帝观察苗民，没有足够的德行，刑罚只能散发出血腥气。颛顼哀怜众多无辜受害之人，就用威罚惩治那些使用虐刑的人，消灭掉施虐的苗民，使他们没有后嗣留存在人间。又命令重和黎禁止使用让人和天神相互沟通的法术，神与人从此无法升降往来了。随后的高辛氏、尧、舜等君主，都任用贤德之人，并用常道来治理国家，于是就算是孤苦无依的人都不会受到伤害了。

"天帝亲自询问百姓，连鳏寡孤独的人都对苗民心存怨怼。于是选拔贤能有德之人，贤人有所惩处，则大家都畏服，贤人能明断是非，则百姓也都分得清是非。命令三后慎重地为百姓服务：伯夷制定颁布法典，用刑律治理人民；大禹治理水土，负责给山川命名；后稷教百姓播种，种植庄稼。三后获得了成功，百姓变得忠厚。士师又以公正的刑罚对待百官，教导臣民慎重德行。天帝恭敬在上，三后努力治理在下，政治清明，恩及四方，没有人不戮力实施德政，因此能够明察秋毫而刑罚适中，治理老百姓也是用常道。主管刑罚的官员，并非总是依靠刑罚，更要依靠仁厚之心。恭敬、畏惧地处理政务，自身不能说不好的话。他们只要能够遵守上天仁爱的美德，自己就可以享有天命，拥有上天赐予的禄位。”

王说：“啊！负责天下刑狱的四方诸侯们，不正是你们帮助天帝统治百姓吗？如今你们要效仿谁呢？难道不是要学伯夷施行刑罚的道理吗？现在你们要把哪种做法作为教训呢？难道苗民没能详察狱事而滥用刑罚吗？由于没能选择善良之人，监察五刑是否公正施用，因此那些极其暴虐的人便强抢财物，滥用五刑伤害无辜之人，上帝不予赦免，降下灾祸给苗民，苗民对上帝的惩罚无言以对，于是他们的后嗣被断绝了。”

王说：“啊！你们一定要记住这惨痛教训啊！伯父、伯兄、仲叔、季弟还有年纪还小的子孙们，都要听从我的训诫，或许会有好命。如今你们当中没人不因为我的宽慰和勉励而非常勤劳了，你们没有人告诫自己不够勤劳。上帝治理百姓，使得我们暂时掌管了治理天下的权力，能否成功，完全在我们的行为。你们一定要恭敬地接受天命，尽心辅助我。即便是遇到可怕的事，也不要害怕；虽然能够休息了也别休息，希望慎重使用五刑，养成这三种德行。一人做下好事，万民都能够受益，国家也就能够长久安宁下去了。”

王说：“啊！过来吧！各位诸侯国君与大臣们，我告诉你们应当善用刑罚。如今你们要想安定百姓，要选取什么呢，难道不是贤人吗？要慎重对待什么呢，不就是刑罚吗？要考虑什么，不就是判断施政是否公正适宜吗？原告和被告都已齐至，法官于是审查五刑的条例。假如罪行已经得到核实并且可信，就用五刑予以惩治。如果行为不适合用五刑处理，就用五罚来惩处；假如用五罚处理也不适合，就用五过来惩处。采取五过的弊端是：法官畏惧权势，报私人恩怨，接受别人的说情，索取贿赂，受人请求。发现以上五种弊端，法官的罪就与罪犯等同，你们必须要详细查验啊！

“根据五刑定罪的案件有疑点，可以从轻按照五罚来定罪，按五罚来定罪的案件有疑点，可以从轻按照五过来处理，一定要查实啊！要从众人当中进行核实验证，审理案件也必须有与之共同办案的人。没有核实就不可以治罪，应当一起敬畏上天的威势。判处墨刑有所怀疑的，可以从轻处罚，缴纳罚金一百锾，要核实其罪过。判处劓刑有所怀疑的，可以从轻处罚，罚金二百锾，要核实其罪过。判处剕刑有所怀疑，可以从轻处罚，缴纳罚金五百锾，要核实其罪过。判处宫刑有所怀疑，可以从轻处罚，罚金六百锾，要核实其罪过。判处死刑有所怀疑，可以从轻处罚，罚金一千锾，要核实其罪过。可以判处墨刑的条目有一千，可以判处劓刑的条目有一千，可以判处剕刑的条目有五百，判处宫刑的条目有三百，可以判处死刑的条目有二百,五种刑罚的条目总共有三千。

“刑律当中所没有的罪过，按照罪行情节的轻重，应当比对相关条文进行定罪，不要使得判决出现差错，已经被赦免的，不要再次进行处罚，应当明察，依法处理，一定要查清核实案情！

犯下重罪，适用从轻处罚的，用轻刑予以惩治。犯下轻罪，但适用加重处罚的，用重刑惩治。各种刑罚的轻重可以在一定程度上灵活掌握。刑罚的轻重可以依据当时的社会治安状况而变动，相同或不同，都有其内在的道理和要求。实行罚金赎罪，虽然可以使犯罪者免死，但受罚之人会感到非常的痛苦。审理案件不是依靠巧舌如簧来使犯人悔过，而是应该由善良公正之人来审理，务必要使得判决准确，没有错误。从存在矛盾的地方审查供词，不服从的犯人也终将服从。负责断狱应当心怀哀怜来判决案件，明确地查看刑书，依据法律条文详加斟酌，力求公正恰当。怎样判罚，必须要详细查实啊！要做到案件判决完毕后，人们全都信服；更改判决，人们也同样信服。刑罚必须慎重，有时也可以将二罪合并量刑，只处罚其中一种。”

王说：“啊！要谨慎啊！诸侯国君还有同姓的官员们，对我的话要抱有戒惧之心。我重视刑罚，对老百姓有所恩德也要靠刑罚来实现。现在上天扶助百姓，你们在下面应当顺应天意，应当仔细考察一面之辞，不能偏听偏信，百姓得到有效治理，无不是做到公正地对待案件的双方，不去偏袒任何一方。收受贿赂所得财物并不是宝贝，而只是积聚罪恶，将会导致民众怨恨，国家也会严惩你们。永远值得畏惧的乃是上天惩罚，并非天道不公，只是人们抗拒天命。上天如果不惩罚他们，天下百姓就无法享受到善政了。”

王说：“啊！子孙们，从今往后，以什么作为镜鉴呢？难道不是美德吗？对于百姓的案件判决，要明察啊！治理老百姓必然要运用刑罚，使得诸多讼辞都符合五刑的判决标准，如果案件都可以恰当地处理，就是做下了善事，有了福泽。你们从我这里获得治理百姓的权柄，一定要明察我所说的善德刑律。”

◎ **和解**

1. 习惯法。习惯法是独立于国家制定法之外，依据某种社会权威和社会组织，具有某种强制性的行为规范的总和。它是所有法律的最初形态。

2. 卢梭《社会契约论》：“……这种法律既不是铭刻在大理石上，也不是铭刻在铜表上，而是铭刻在公民的内心里；它形成了国家的真正宪法；它每天都在获得新的力量；当其他的法律衰老或消亡的时候，它可以复活那些法律或代替那些法律，它可以保持民族的创新精神，并在不知不觉地以习惯的力量代替权威的力量。”

3. 黑格尔《法哲学原理》：“……整个立法和它的各种特别规定不应孤立地、抽象地来看，而应把它们看作在整体中依赖的环节，这个环节是与构成民族和时代特性的其他所有特点相联系的。只有在这种联系中，整个立法和它的各种特别规定才获得它们的真正意义和它们的正当理由。”

4. 马林诺夫斯基《科学的文化理论》：“法学也正逐渐地倾向于不再将法律看作自立自足的话语世界，而是看作几个社会控制系统之一，其中除了由法典、法庭、警察组成的纯正式设置之外，还必须考虑动机、价值、道德和习俗力量的概念。”

5. 哈耶克《自由秩序原理》：“……成功的自由社会，在很大程度上将永远是一个与传统紧密相连并受传统制约的社会。”

6. 孟德斯鸠《论法的精神》：“如果刑法的每种刑罚都是依据犯罪的特殊性质去规定的话，便是自由的胜利。”

7. 比附援引。对于法律没有明文规定的犯罪，古人就以“比附援引”的方法来解决。此时，用类推的方法参考以前此类案件的裁决结果，或是类似案件的法律规定进行推断判决。例如《唐律疏议》规定：“诸夜无故入人家，笞四十，主人登时杀者，勿论。”但没有对主人打伤闯入者进行规定，但依据杀死闯入者都无罪的规定类推，则打伤闯入者也是无罪的，这就是比附援引原则。

8. 判例法：就是基于法院的判决而形成的具有法律效力的判定，这种判定对以后的判决具有法律规范效力，能够作为法院判案的法律依据。也就是说以前有位法官裁决某案的方法与结果，可以作为下次裁决类似案件的参考标准，如果没有特殊情况，两次裁决结果不能相差太大。英美法系中，判例法是相当重要的法律判决依据。但大陆法系不使用判例法。中国也不使用判例法。

9. 全球两大法系。①英美法系：又称普通法法系，是指以英国普通法为基础发展起来的法律的总称。它首先产生于英国，后扩大到曾经是英国殖民地、附属国的许多国家和地区，包括美国、加拿大、印度、巴基斯坦、孟加拉、马来西亚、新加坡以及非洲的个别国家和地区。英美法系的主要特点是注重法典的延续性，以判例法为主要形式。②大陆法系：又称民法法系、罗马－日耳曼法系或成文法系。在西方法学著作中多称民法法系，中国法学著作中惯称大陆法系。指包括欧洲大陆大部分国家从19世纪初以罗马法为基础建立起来的，以1804年《法国民法典》和1896年《德国民法典》为代表的法律制度以及其他国家或地区仿效这种制度而建立的法律制度。它是西方国家中与英美法系并列的渊源久远和影响较大的法系。中国目前的法律与英美法系和大陆法系都有所不同，但相对更接近于大陆法系。

10. 疑罪的处理。意大利刑法学家贝卡利亚：“在法官判决之前，人们是不能被称为罪犯的。只要还不能断定他已经侵犯了给予他公共保护的契约，社会就不能取消对他的公共保护。”

《大通元律》：“诸疑狱在禁五年以下不决者，遇赦释免。”

11. 无罪推定。无罪推定与疑罪从无类似，任何人在未经证实和判决有罪之前，应视其无罪。无罪推定所强调的是对被告人所指控的罪行，必须有充分、确凿、有效的证据，如果审判中不能证明其有罪，就应推定其无罪。①联合国《公民权利和政治权利国际公约》第14条第2款:“凡受刑事控告者,在未依法证实有罪之前,应有权被视为无罪。”②《欧洲人权公约》第6条第2项,任何被指控实施犯罪的人在依法被证明有罪之前应被假定为无罪。③联合国《世界人权宣言》第11条:“凡受刑事控告者,在未经依法公开审判证实有罪前应视为无罪。”

12. 吕思勉:“古代的用法,其观念,有与后世大异的。那便是古代的‘明刑’,乃所以‘弼教’……而后世则但求维持形式上的互助。人和人的相处,所以能(一)平安无事;(二)而且还可以有进步,所靠的全是善意。苟使人对人,人对社会,所怀挟的全是善意,必定能彼此相安,还可以互相辅助,日进无疆,所做的事情,有无错误,倒是无关紧要的。若其彼此之间,都怀挟敌意,仅以慑于对方的实力、社会的制裁,有所惮而不敢为;而且进而作利人之事,以图互相交换;则无论其所行的事,如何有利于人,有利于社会,根本上总只是商业道德。商业道德,是决无以善其后的。

13. 著名神话学家袁珂认为,《吕刑》中的神话实际上包含着两个故事母题,即:诸神之间的战争,以及天地分离,前者可参考《山海经》中‘黄帝禽杀蚩尤’的记载,后者可参考《楚语》中‘颛顼命重黎绝地天通’的记载。相应的,《吕刑》神话中的两个出场人物也分别是黄帝和颛顼。他在

《中国神话通论》中说：“《吕刑》文中所说的皇帝，实即黄帝，也就是上帝的意思，但是揆其实际，这里的皇帝，又不单指黄帝，而是兼指黄帝和颛顼祖孙二人而言，因为惩蚩尤的作乱而遏绝苗民的是黄帝事，绝地天通则是颛顼事，这里把二人的所为都统括在皇帝这个词里了。完全看得出来，这段神话已不是原始神话，而是经过严重历史化的神话，历来历史化的神话都是如此，而此为甚。不过从中还是能看出某些（原始）神话的痕迹，如‘上帝监民’、‘皇帝……命重黎绝地天通。’”

14. 张光直《中国青铜时代》：“东周时代的重黎神话……代表商周神话史的关键性的转变，即祖先的世界与人的世界为近，而与神的世界直接交往的关系被隔断了。它进一步说明东周时代的思想趋势是使这个神仙的世界变成不论生人还是祖先都难以达到的世界；同时使这个世界成为某个美化的乐园，代表生人的理想。”

文侯之命

——平王赐晋文侯秬(jù)鬯(chàng)、圭瓒(zàn)，作《文侯之命》。

王若曰："父义和，丕显文武，克慎明德，昭升于上，敷闻在下，惟时上帝，集厥命于文王。亦惟先正克左右昭事厥辟，越小大谋猷罔不率从，肆先祖怀在位。呜呼！闵予小子嗣，造天丕愆，殄资泽于下民，侵戎，我国家纯。即我御事，罔或耆寿，俊在厥服，予则罔克。曰：'惟祖惟父其伊恤朕躬。'呜呼！有绩予一人，永绥在位。父义和，汝克昭乃显祖。汝肇刑文武，用会绍乃辟，追孝于前文人。汝多，修扞(hàn)我于艰，若汝，予嘉。"

王曰："父义和，其归视尔师，宁尔邦。用赉(lài)尔秬鬯一卣，彤弓一，彤矢百，卢弓一，卢矢百，马四匹。父往哉！柔远能迩。惠康小民，无荒宁。简恤尔都，用成尔显德。"

▲ 语译 - 周平王把秬鬯、圭瓒赏赐给晋文侯，写下《文侯之命》。

周平王如此说："族父义和啊！伟大的文王与武王，能够慎重地实施德政，光辉一直照耀到天上，名声传播到下土，于是上帝降下福命，赐予文王与武王。也由于当时的公卿大夫尽力辅佐、指导、帮助其君主，对于君主的大小谋略尽皆遵从，所以先祖可以安然治理天下。啊！不幸我这个年轻人继承了王位，遭受了上天的巨大责罚。没能把福利德泽布施给百姓，而侵略我国的异族很多。如今我身边的大臣，缺乏老成持重的贤能之人，也没有长期掌权的大臣，我真是难担重责。我恳请：'属于我祖辈或父辈的各位诸侯国君，你们要帮我分忧啊！'啊！我拥有能够保证我坐稳王位之人了。族父义和啊！您能够继承您的先祖唐叔，您努力统御百官，以集合诸侯的方法延续了您的君主的福命，缅怀效法先祖。您有诸多优点，在困难时护卫了我，像您这样的人，值得我来赞美。"

王说："族父义和啊！希望你回国治理好臣民，安定国家。如今我赐予您黑黍香酒一卣，红色弓一张，红色箭一百支，黑色的弓一张，黑色的箭一百支，以及骏马四匹。您返回吧！安抚远方的臣民，与近邻亲善友好，爱护百姓并使其安定，不要荒废政务，不要贪图享受与安逸生活。专心安定您的国家，从而成就您的伟大德行。"

◎ **和解**

1. 王国维《今本竹书纪年疏证》："王立褒姒之子曰伯服，以

王立褒姒之子曰伯服，以为太子。九年，申侯聘西戎及鄫。十年春，王及诸侯盟于太室。王师伐申。申人、鄫人及犬戎入宗周，弑王及郑桓公。

为太子。九年，申侯聘西戎及鄫。十年春，王及诸侯盟于太室。王师伐申。申人、鄫人及犬戎入宗周，弑王及郑桓公。犬戎杀王子伯服。执褒姒以归。申侯、鲁侯、许男、郑子立宜臼于申，虢公翰立王子余臣于携。晋侯会卫侯、郑伯、秦伯，以师从王入于成周。二十一年，晋文侯杀王子余臣于携。”

2. 钱穆《国史大纲》：“晋文侯觊觎黄河西岸之土地，乃起兵杀携王，自为兼并。平王德其杀仇，而无力索还故土，立于申乃暂局，于是东迁洛邑。史记不知其间曲折，谓平王避犬戎东迁。犬戎助平王杀父，乃友非敌，不必避也。”

费誓

——鲁侯伯禽宅曲阜，徐、夷并兴，东郊不开。作《费(bì)誓》。

公曰："嗟！人无哗，听命！徂兹，淮夷徐戎并兴。善敹(liáo)乃甲胄，敿(jiǎo)乃干，无敢不吊！备乃弓矢，锻乃戈矛，砺乃锋刃，无敢不善！今惟淫舍牿牛马，杜乃擭(huò)，敜(niè)乃阱，无敢伤牿。牿之伤，汝则有常刑。马牛其风，臣妾逋逃，勿敢越逐。祗复之，我商赉(lài)汝。乃越逐，不复，汝则有常刑。无敢寇攘，逾垣墙，窃马牛，诱臣妾，汝则有常刑。

"甲戌，我惟征徐戎。峙乃糗(qiǔ)粮，无敢不逮，汝则有大刑。鲁人三郊三遂，峙乃桢榦。甲戌，我惟筑，无敢不供，汝则有无余刑，非杀。鲁人三郊三遂，峙乃刍茭，无敢不多，汝则有大刑。"

▲ 语译 - 鲁侯伯禽居住在曲阜，徐戎、淮夷一起造反，鲁国的东部全都不安宁了。鲁侯即将前去讨伐，写下《费誓》。

公说："喂！大家不可喧哗，听从我的号令！如今淮夷、徐戎一起作乱。好好缝缀好你们的军服与头盔，系好盾牌，不许准备不周全！准备好弓箭，锻造好戈矛，磨利锋刃，不许准备不好！如今要放开圈中的牛马，关闭带有机关的捕兽夹，将捕兽用的陷阱填上，不要使得那些牛马受到伤害。如果牛马受伤了，你们就会受到处罚。牛马丢失了，男女奴仆逃走了，不许离开部队前去追赶，如果有人抓住了逃走的牛马、仆人，要恭谨地送还给失主，我会赏赐你们的。不要伤害牛马，伤害了牛马，你们就要受到刑罚！假如你们擅自离队前去抓捕，或者不把东西还给原主，你们就要受到刑罚！不许抢夺，跨越围墙，偷窃牛马，骗走他人的奴仆，这样做的话，你们都要遭受刑罚！

"甲戌日这天，我们前去讨伐徐戎。准备好足够的干粮，不许不来，不来，你们就会遭受死刑！鲁国都城外的郊遂地区的人，要准备好筑墙的器具。甲戌日，我们准备修建营垒。不许不供给，假如不供给，你们将遭受终身监禁，只是不杀你们。鲁国都城外的郊遂地区的人，要准备好你们的生草料以及干草料，不许数量不足，假如不足，你们就要遭受死刑。"

◎ **和解**

吕思勉："奴隶的起源，由于以异族为俘虏。《周官》五隶：曰罪隶，曰蛮隶，曰闽隶，曰夷隶，曰貉隶。似乎后四者为异族，前一者为罪人。然罪人是后起的。当初本只以异族为奴隶，后来本族有罪的人，亦将他贬入异族群内，当他异族看待，才有以罪人为奴隶的事。"

秦誓

——公曰：“嗟！我士，听无哗！予誓告汝群言之首。古人有言曰：‘民讫自若是多盘，责人斯无难，惟受责俾如流，有惟艰哉。’我心之忧，日月逾迈，若弗云来。惟古之谋人，则曰未就予忌；惟今之谋人姑将以为亲。虽则云然，尚猷(yóu)询兹黄发，则罔所愆。

“番番良士，旅力既愆，我尚有之；仡(yì)仡勇夫，射御不违，我尚不欲。惟截截善谝言，俾君子易辞，我皇多有之。

“昧昧我思之，如有一介臣，断断猗无他伎，其心休休焉，其如有容。人之有技，若已有之；人之彦圣，其心好之，不啻(chì)若自其口出。是能容之，以保我子孙黎民，亦职有利哉！人之有技，冒疾以恶之；人之彦圣，而违之俾不达，是不能容，以不能保我子孙黎民，亦曰殆哉！

“邦之杌(wù)陧(niè)，曰由一人；邦之荣怀，亦尚一人之庆。”

▲ 语译 - 穆公说："啊！我的诸位官员们，听好，不许喧哗！我有非常重要的话要告诫你们。古人说：'人总是要听取别人的劝告，才能获得快乐和幸福。责备别人并非难事，受到别人的责备却能够如流水般顺畅接受，这就很困难了！'我心中很忧虑，时光飞逝，无法再回来。昔日的谋臣，我觉得他们不服从我的指导；如今的谋臣，我愿意把他们看作是亲密之人。虽然是这样，国家大事还是要请教那些老臣，这样才不会有失误。

"白发苍苍的善良老臣，年老体衰，我依旧与他们亲近；强壮勇敢的武士，精擅射箭与赶车，我却往往不愿意与其接近。只是那些浅薄，善于逞口舌之利的人，使君子容易陷入疑惑，我竟然与他们非常亲近！

"我暗中思量，假如有位官员，诚实忠心但别无所长，他的胸怀宽广善于包容。别人有专长，就犹如自己拥有一般。别人有才能德行，他的心里也非常高兴，甚至比自己口头上的赞美更加真心诚意。这样的宽容大度之人，用来辅佐我的子孙，利于民众，这才是有利的啊！别人有才能，就妒忌不已，对别人极为厌恶；别人品行高尚，却百般阻挠，使他无法成功。这样不能容人，是无法保护我的子孙与百姓的，也可以说是很危险的啊！

"国家陷入危险不安的境地，可以是因为君主用人不当；国家得以繁荣安定，则是因为君主用人得当！"

曾国藩（1811—1872）

善莫大于恕，德莫凶于妒。

◎ **和解**

1. 曾国藩《忮求诗二首》："善莫大于恕，德莫凶于妒。"

2. 培根《论嫉妒》："人的各种情欲中，有两种可以看出是具有特别迷人的魔力，这就是爱情和嫉妒。"

3. 叔本华："嫉妒是与生俱来无法摆脱的卑劣人性，因为嫉妒的东西本应是受到敬佩和感动的。"

4. 钱穆《秦汉史》："然余颇疑秦世著述，亦有属于儒生经术者。如汉世所传伏生《尚书》二十八篇，以《秦誓》终，当为秦博士所增，或是东方儒者增此以献媚秦廷，而始得列于博士。要之非秦前书也。史称缪公既报殽之役，乃誓于军云云，《书序》则谓系败殽还归而作。若依《书序》，则何以不废孟明，而自称己过。又何以云仡仡勇夫，我尚不欲。若依《史记》，则未有既报殽耻，得志于晋，大功未赏，而转斥勇夫，谓我尚不欲之理。且《秦誓》文后半如有一个臣以下，全与蹇叔孟明殽事不涉。其非缪公时文字，灼然易知。以秦之文化言，其时亦不能有此典雅之誓诰。然则今《尚书》终《秦誓》，明为秦并天下后东方儒者所编次。"

叔本华（1788—1860）

嫉妒是与生俱来无法摆脱的卑劣人性，因为嫉妒的东西本应是受到敬佩和感动的。